Harald Juhnke · *Die Kunst, ein Mensch zu sein*

Harald Juhnke

Die Kunst ein Mensch zu sein

Erinnerungen

Aufgezeichnet von
Inge Dombrowski und
Rudolf Borchert

Herbig

Bildnachweis

Ludwig Binder, Berlin: 14; Ilse Beehs, Berlin: 23, 24, 25, 27; Foto Croner, Berlin: 10, 21, 22, 28, 30, 31, 36, 60, 61, 62, 63, 64; Winfried Esch, Berlin: 49, 50; Arthur Grimm, Berlin: 17, 40, 47, 48, 52, 53, 54, 55, 56, 57, 59; Groß-Studio für Foto, Film und Ton, Berlin: 19; Pressebilderdienst Kindermann, Berlin: 51; Heinz Köster, Berlin: 11, 26; Gerhard Lentz, München: 34; Lindner, Berlin: 32; Privat: 1, 2, 3, 4, 5, 6, 7, 8, 12, 20, 33, 38, 39, 42, 44, 45, 46, 58; Rich, Berlin: 15, 16, 29; Sascha/Constantin/Meroth: 43; Bilderdienst Süddeutscher Verlag, München: 9; Stark-Otto, Berlin: 18; Presse-Photo Stümpel-Klein, Erlangen: 13; Gabriele du Vinage, Hamburg: 37; Werler/Delos/Prisma: 41; Wimmer, Berlin: 35

Schutzumschlaggestaltung: Christel Aumann, München
(Foto: Kövesdy)
Schutzumschlag-Rückseite: Grit Boettcher und Harald Juhnke
in der ZDF-Serie »Ein verrücktes Paar«
Verlagsredaktion: Bernhard Struckmeyer
Herstellung und Layout: Franz Nellissen, München
Reproduktionen des Schutzumschlages und des Bildteils:
Gebr. Czech, München
Satz: Otto Gutfreund, Darmstadt
Druck und Binden: Druck- und Bindereiwerkstätten
May & Co, Darmstadt
Printed in Germany 1980
ISBN: 3-7766-1043-3

Für Susanne & Oliver

I.

Es liegt rund dreißig Jahre zurück. Ich saß in der Garderobe des Filmateliers in Berlin-Tempelhof und erwartete, meinen ersten Film zu drehen.

Ein Maskenbildner nahm sich meines Gesichts an.

»Wohl neu?« fragte er.

Ich nickte.

»Wie alt?«

»Zwanzig.«

»Glück gehabt.«

»Wieso?«

»Na ja – keen Heldentod jestorben und det janze Leben noch vor sich: is doch Glück, oder?«

»Ach so«, begriff ich. »Jaja.«

Und wie sollte man's auch sonst nennen?

Vor 'ner Woche war ein Mann in der Schauspielschule aufgekreuzt, hatte sich als Rolf von Gooth vorgestellt und gesagt, er sei der Regieassistent von Carl Froelich.

Der Alte, schaltete ich, der Professor: hat die Porten und die Leander groß gemacht.

Gooth betrachtete mich prüfend. Er fand, ich hätte was an mir, das Froelich brauchte, um eine Rolle in seinem neuen Film zu besetzen. Was speziell, wußte ich nicht. Ich sah mich als schmales Handtuch.

Aber, bemerkte Gooth, bei der Rolle handele es sich um einen jungen Pfarramtskandidaten, der zwar auch Liebha-

ber, doch ein etwas komischer Liebhaber sei. Und das war ich wohl.
Jedenfalls vom Bühnenfach her; privat schätzte ich mich resoluter ein.
Zwei Tage später machte ich Probeaufnahmen. Auf das Ergebnis lauerte ich in der Kantine bei 'ner Tasse Kaffee und sehr viel mehr Hoffnung. Und die zerstob auch nicht mal, als der Assistent wieder auftauchte.
»Die Aufnahmen sind sehr gut«, begann er verheißungsvoll. Und wiederholte: »Wirklich sehr gut.«
Aber danach legte er die Stirn in Falten und sprach davon, daß es leider auch noch 'n Mitbewerber gäbe und, ganz klar, 'n gleichfalls sehr guten.
Schließlich drückte er mir einen Brief in die Hand.
Ein Brief, der so endete: »Sie hören von uns.«
Mit zwanzig vertraute ich noch solchen Floskeln.
Und in der Tat, nach weiteren zwei Tagen, in denen meine Zuversicht freilich einen merklichen Knacks erlitten hatte und ich für jeden Trost meiner Mitschülerinnen dankbar war, kam Froelichs Abgesandter erneut in die Schule. Ich stand sofort auf.
»Bleib sitzen«, sagte er. Und darauf: »Du bist es doch geworden.«
»Nein«, tat ich noch übertrieben erstaunt, aber da schrien schon alle. Und klatschten. Denn in der Schauspielschule kennt man noch keinen Neid.
Glück ist dort teilbar.

Nun also sollte mein erster Drehtag anlaufen. Ich guckte ein bißchen unsicher aus der Wäsche.
Allerdings nur ein bißchen.
Und nur, weil ich vom Filmen noch keinen Schimmer hatte.

Auf der Bühne fühlte ich mich nach drei Rollen bereits fast zu Hause. Besonders nach der letzten. Ein Kritiker hatte sich nicht gescheut, mich mit dem jungen Gérard Philipe zu vergleichen.
Ich blickte in den Spiegel.
Der Maskenbildner schmierte mir Rouge auf die knochigen Wangen.
Vielleicht stimmte es ja: die Augen – ja, kann sein, die Augen waren dem Zeitungsfritzen aufgefallen –, ich stierte wie 'ne Eule.
Doch interessant vermutlich.
Hättense ma sonst zum Film jeholt?
Der Maskenbildner trat einen Schritt zurück, kontrollierte sein Werk und schien zufrieden.
»Na denn toi, toi, toi!« sagte er.
»Danke.«
Ich erhob mich. Ich fühlte mich wohl.
Lauter nette Leute hier.
Da ging die Tür auf.
Ein Herr erschien.
Groß, schlank, soigniert. Vierzig.
Ein Herr von Adel.
Ich erkannte ihn sogleich:
Axel von Ambesser hatte vor den Kameras der Ufa schon beinahe allen Stars die Hand geküßt, er schrieb Theaterstücke und war ihr bester Interpret.
»Juhnke«, sagte ich und machte einen Diener.
»Ach – Sie spielen den Liebhaber?«
»Ja«, freute ich mich.
Ich freute mich, weil Herr von Ambesser davon gehört hatte. Offenbar auch ein netter Kollege, dachte ich und sah ihn gespannt an.

Aber Herr von Ambesser ließ sich Zeit. Als Dramatiker, der etwas vom Timing versteht, war er sich's schuldig.
»Merkwürdig«, enthüllte er dann, das Kinn an den Hals gepreßt, in den Augen ein Glitzern, die Ursache seines Nachdenkens endlich: »Merkwürdig... mit so einem Gesicht wollen Sie Karriere machen?«

*

Es war nicht in Schöneberg und auch nicht im Mai; es war in Charlottenburg und am zehnten Tag des Monats Juni anno 1929: Ich wurde geboren.
Berlin flaggte.
Der Reichstag, das Rathaus, jedes staatliche und städtische Gebäude.
Um 10 Uhr morgens ertönte die Nationalhymne. Danach erschollen Hochrufe.
Die da riefen, zählten zum Volk. Weiter vorn standen Würdenträger, Minister der Republik. Ihre Kleidung schon unterschied sie von den Hochrufern.
Laut Protokoll trugen sie Gehrock oder weggeschnittenen Rock. Oder einen dunklen Mantel und einen hohen Hut.
Das Militär glänzte im großen Gesellschaftsanzug.
Das Militär brauchte sich deshalb zum Diner beim Herrn Reichspräsidenten, abends um acht, auch nicht umzuziehen. Fünf Spritzer Eau de Cologne genügten.
Die Herren Zivilisten hingegen stiegen in den vorgeschriebenen Chiffrefrack oder den Frack mit weißer Weste, auf den Pomadescheitel stülpten sie einen Zylinder, die Hände wurden mit weißen Handschuhen verziert.

Ihre Damen zelebrierten Abendroben, vorn höher als hinten. Und Bubikopf.

Jawohl, genau so war's, ich habe es nachgelesen. Nur fand das alles nicht meinetwegen statt: Aus dem fernen Ägypten gab König Fuad am selben 10. 6. 29 Berlin die Ehre, sich in Unkosten zu stürzen.
Sogar die Theater zogen mit.
Trotz schönstem Sommerwetter erhöhten sie die Preise und offerierten Festwochen.
Den Knüller lieferte Max Reinhardt im Deutschen Theater mit der Einstudierung der »Fledermaus«. Kein Beobachter vergaß zu erwähnen, daß ab der ersten Szene alles im Walzertakt tänzelte, trällerte und parlierte – ab der Pause spätestens auch die Zuschauer.
Nun, der Parkettplatz kostete 25 Mark.
Indessen offerierte der Gloria-Palast am Ku'damm eine Sensation: Seit sechs Tagen (gerechnet nach Juhnke-Time) lief dort der erste Tonfilm über die Leinwand. Al Jolson, »Der singende Narr«, ließ Tränen strömen dank »Sonny Boy«.
Ansonsten: Rund ein Fünftel der vier Millionen Berliner hatte nichts zu lachen. Sie waren ohne Job.

Der Witz der Woche lautete:
Trifft ein Mann 'nen anderen. Der andere schluchzt. »Wat is'n los, Mensch, is wat passiert?«
»Meine Frau is jestorben, huhuhu ...«
»Ach Jott, det tut ma aber leid.«
»Ja, mir ooch, huhuhu ... vor allem, weil ick ihr erst vor zwee Monaten für 300 Mark neue Zähne hab machen lassen.«

Mir sollten erst welche wachsen.
Bis dahin schrie ich.
An sich ist das normal. Und in der städtischen Frauenklinik Charlottenburg – links der Güterbahnhof, rechts der Schloßpark – machte man auch kein Aufhebens davon. Aber ich schrie noch feste weiter, als ich längst in den Wedding, in die zweite Etage der Stockholmer Straße 29, zum Aufpäppeln verfrachtet worden war. Und dieses Schreien, behauptete später meine Mutter, hatte nicht mehr die geringste Ähnlichkeit mit normalem Babyverhalten.
Am schlimmsten soll es vor der Fütterung gewesen sein. Und währenddessen.
»Was kann ich bloß tun«, lamentierte Mutter. »Das Kind schreit wie 'n Affe und futtert wie 'n Löwe. Zum Verrücktwerden.«
»Ja, ja«, kommentierte Tante Elsa. »Da habta euch wat einjebrockt.«
Worauf beide gemeinsam versuchten, mir die Backen zu stopfen. Hier 'n Löffel, dort 'n Löffel und vereint singend: »Dein ist mein ganzes Herz« – sonst brüllte ich eben laut Juhnkescher Familienüberlieferung.
Und die muß stimmen.
Daraus nämlich resultiert die Tatsache, daß ich ein Einzelkind geblieben bin.
Zwei oder gar drei von meiner Sorte hätten meine Eltern überfordert, heißt es.
Beide waren zur Familienausweitung nach Berlin gezogen. Vater Herbert Hermann Heinrich stammt aus Znin, einer 4000-Seelen-Kreisstadt im königlich preußischen Regierungsbezirk Bromberg; Mutter Margarete kam aus Frankfurt an der Oder.
Ich stütze mich also auf einen Stammbaum, der guter Berli-

ner Tradition entspricht. Und selbst das Techtelmechtel, das zu dem wilden Kind führte, begann stilecht.
Auf 'm Schwoof in Frankfurt angelte sich Herbert seine Grete.
»Gestatten?«
»Bitte.«
Links rum, rechts rum – geradeaus.

Frankfurt an der Oder spielte denn auch in meinen Anfangsjahren eine Hauptrolle.
Mutter war Bäckermeistertochter. Sämtliche Feiertage verlebten wir in der Leipziger Straße in Frankfurt. Opa Kolbergs Kuchen war der beste.
Außerdem: es gab so viel, wie man wollte. Ich wollte immer sehr viel.
Und ich fand es ungemein bedeutsam, wenn ich die Backwaren vom Backhaus in den Laden tragen durfte. Für Mutter stand daher nie etwas anderes zur Debatte, als daß ich ebenfalls mal Bäcker werden würde. »Hier, beim Opa, kannste lernen und dann das Geschäft übernehmen«, suggerierte sie regelmäßig.
Niemand widersprach.
Ich stellte den jüngsten Fortsatz der gesamten Verwandtschaft dar, die sich jeweils an Weihnachten in Frankfurt an der Oder zusammenfand. Ich wurde heftig verwöhnt. Viel mehr als mein ältester Cousin Harald.
Mir gefiel das sehr. Ich vermißte keine Geschwister. Ich machte Putz für zwei.
Verwechslungen beim Rufen nach uns Jungen kamen nicht vor: damals hieß ich noch taufscheingerecht Harry.
Rund fünfzehn Jahre später erst änderte sich das.
Da nahm ich in Berlin Schauspielunterricht bei Marlise

Ludwig, das unbestrittene As aller Schauspiellehrerinnen hierzulande. Seit vier Jahren Professor, unterrichtet sie immer noch: 94 Lenze jung.
Marlise hatte was gegen den Namen Harry.
»Der ist nichts für dich«, befand sie. »Der klingt so flapsig. Flapsig bist du aber schon genug!«
Womit sie wohl recht hatte und ich mich in Harald verwandelte.
Äußerlich.

Dabei habe ich ausgerechnet als Harry die längste Zeit jenem Typ geähnelt, der vom Staat zum Ideal erhoben worden war.
Wie erinnerlich bildete die Partei, die allgegenwärtige senfbraune, den Pimpf-Typ heran: hart wie Kruppstahl, zäh wie Leder, flink wie Windhunde. Ich brachte zumindest die Zähigkeit mit. Der Rest wurde einexerziert.
Nicht zu Hause – Gott bewahre. Zu Hause träumte Mutter weiterhin den nahrhaften Bäckertraum für mich, und in den großen Ferien fuhren wir stets nach Wolgast bei Peenemünde zu Onkel Walter, der prompt auch 'ne Bäckerei hatte.
Eigentlich war's ein Kunststück, nicht Bäcker zu werden.
Aber ich hatte mich allmählich an Kuchen überfressen, und Vater, der ruhigere Juhnke-Pol, hielt sich aus der ständigen Zukunftsbäckerei für mich ohnehin raus. Ich schaffte das Kunststück. Es durfte neu geplant werden.
Doch nun von mir selber. Denn ich entwickelte mehr und mehr Eigensinn. Und der wurde respektiert.
Wie gesagt: ich war 'n Einzelkind.

Wir waren unterdessen um zwei Ecken rum in die kleine

Fordoner Straße gezogen – mein Vater, seinerzeit Angestellter im Archiv des Berliner Polizeipräsidiums, wohnt dort, nur einen Steinwurf von der Panke entfernt, heute noch –, und ich ging in die Schule.
Zuerst in die Volksschule, gleich nebenan, danach auf die Oberschule in der Badstraße.
Ich lehnte beides ab.
Wenn es nicht Belobigungen für so nützliche Tätigkeiten wie Altpapiersammeln gegeben hätte, wären diese Jahre noch unstreitiger gewesen. Die Belobigungen, eingetragen im Zeugnis, glichen indes die gleichfalls vorhandenen Tadel für mein übriges Benehmen aus.
Ich ließ mich vom Jungvolk prägen. Mit zehn wurde ich Pimpf. Automatisch. Zum Unterschied von anderen vielleicht war ich jedoch begeistert. Meine Eltern mußten mir sofort eine Uniform kaufen. 70 Mark kostete die.
Ich legte mich voll ins Zeug.
Sonntagmorgens um sieben, als für brave Volksgenossen die Welt noch in Ordnung schien, sammelte ich eine Truppe gleichgesinnter Knirpse um mich und kommandierte: »Jetzt gehen wir Kommunisten verjagen!«
Natürlich im Marschtritt und mit Gesang: »Es zittern die morschen Knochen . . .«
Zu meiner Entschuldigung möchte ich anfügen: Wir haben nie einen Kommunisten getroffen. (Daß es gar keine mehr gab, jedenfalls offiziell, und warum es keine mehr gab, ist der Teil der deutschen Geschichte, der damals an Pimpfen, wie ich einer war, erfolgreich vorbeigemogelt werden konnte.)
Für mich wurden Jungvolk und Hitlerjugend Verwirklichung von Abenteuern mit Kameraden. Am liebsten wäre ich gleichzeitig Trommler und Wimpelträger gewesen.

Immerhin wurde ich Anführer, trug eine Affenschaukel, versäumte kein Zeltlager, keine Schnitzeljagd. Und als eines Tages gar Goebbels meine Schule besuchte und mir – neben anderen – die Hand drückte, glaubte ich, ausgezeichnet worden zu sein.
Was mich freilich nicht daran hinderte, auf sogenannten Heimabenden der HJ besagten Herrn lautstark und gestenreich zu kopieren. Mit volkstümlichen Sprüchen wie »Die Zeiten, in denen die Filmschauspielerinnen durch die Betten der Regisseure gingen, ist vorbei – jetzt sind wir dran!« erregte ich nämlich Gelächter.
Gelächter und Applaus gefielen mir.
Ich ließ kaum eine Gelegenheit aus, Applaus einzuheimsen. Ich war zur Hälfte ein Raufbold, zur Hälfte ein Aufschneider.
Aber einer, dem man immer zuhörte.
So 'n Mini-Münchhausen von der Berliner Plumpe. Ich erzählte dauernd haarsträubende Geschichten, die ich angeblich erlebt hatte.
Etwa, daß ich nachts überfallen worden sei. Von hinten. Im Dunkeln. Menschmeier ... die halbe Klasse kriegte Stielaugen.
»Wat hastn da jemacht?«
»Na jeduckt, Mann, und den Stoß abjewehrt und zurückjesprungen, is doch klar!«
»Und dann?«
»Druff. Immer feste druff! Erst 'n linker Haken, dann 'n rechter und dann in 'n Bauch – ich kann euch sagen, der hat jestöhnt, der Kerl ...«
»War't 'n alter?«
»Quatsch, keen alter. Aber« – ich kam ins Schleudern – »aber so jenau ha ick ma den ooch nich anjesehen, war ja

stockdunkel! Ick hab ihm dann den Arm umjedreht, so'n Polizeigriff, kennta ja – na und dann ab zur Wache.«
»Zur Wache? Bei de Polente? Dann mußt'n doch jesehn ham, Mensch!«
»Nee, eben nich. Der Bursche war stark. Kurz vorher hatta sich losjerissen, ick – ich hab'n nich mehr jekricht, der is jeloofen wie'n Auto.«
»Mannomann – wat dir allet passiert!«
»Jaaa. Ick muß aber ooch uffpassen, wa?!«
Alle nickten.
Ich hatte mein Erfolgserlebnis.
Und obwohl sich danach bestimmt jeder vornahm, nunmehr besonders auf Vorkommnisse im Dunkeln zu achten, geschah keinem Mitschüler auch nur annähernd ähnliches.
Mit meinen Märchen gewann ich sogar die Aufmerksamkeit des Mathematiklehrers. Er zog den exakten Schluß: »Du wirst mal einen künstlerischen Beruf ausüben, einen, in dem du deine Phantasie einsetzen kannst. Also, ich kann mir dich mal als Schriftsteller oder Schauspieler vorstellen, glaub mir.«
Ich glaubte ihm kein Wort.
Blödsinn, dachte ich, was versteht so'n Pauker davon?

Ich war inzwischen bei der Flieger-HJ, machte zwei Lehrgänge mit, schaffte den A- und den B-Segelfliegerschein. Flieger wollte ich werden, Jagdflieger, Ritterkreuzträger – nichts darunter. Über meinem Bett hingen die Fotos von Werner Mölders, Adolf Galland und Hans-Joachim Marseille, niemals das Bild eines Schauspielers, nicht mal einer Schauspielerin.
Dennoch ging ich ins Kino.
Aber ich bevorzugte Filme mit Hans Albers. Dessen super-

männliche Ausstrahlung mit dem Schuß Leichtsinn zog mich an. Kaum geringer beeindruckte mich jedoch auch die eigenartige Eleganz eines Viktor de Kowa.
Eines Spätnachmittags, direkt nach einem de-Kowa-Streifen, packte es mich. Ich fuhr zur Friedrichstraße, spazierte die Linden herauf und steuerte geradewegs ins Hotel Adlon. Ich wollte es einfach mal wissen. Wollte schnuppern, was ›große Welt‹ genannt wurde.
In kurzen Hosen.
Der Portier fing mich ab. Ich behauptete, einen Herrn Doktor Sowieso zu suchen.
Der Portier schmiß mich raus.
Ich mußte schon Flieger werden. Offizier, Ritterkreuzträger.
Meine Eltern übrigens, rechtschaffen kleinbürgerlich, bezweifelten nie, daß ich das Ziel erreichen würde. Jedes Ziel.
Sie hielten mich schlicht für verrückt.
Verrückt, vom Weddinger Milieu aus gesehen.
1944, ich war fünfzehn, da meldete ich mich freiwillig als Offiziersbewerber zur Luftwaffe. Ich wurde tatsächlich registriert.
Zum ersten Mal reagierte Vater sauer. Er verwies auf seine Verwundung aus dem Weltkrieg I.
Ich wischte den Einwand weg. Und nachträglicher Elternprotest bei der Meldestelle kam sowieso nicht in Betracht. Nicht in jener Zeit, dessen war ich sicher.

Mein Mathematiklehrer hatte gemeint: »Ich kann mir dich auch nicht als Offizier vorstellen. Wenn dir das Soldatenleben gefallen soll, müßtest du disziplinierter sein. Und bilde dir nicht ein, du wirst gleich General.«

Ich bildete es mir aber ein.
Zu Haus, im Kinderzimmer.
Da war ich nicht nur General, sondern gleich Staatschef. Natürlich ein diktatorischer.
Weil ich an der deutschen Kriegsführung nichts korrigieren konnte, suchte ich mir auf der Landkarte eine neue Spielwiese. Meine Wahl fiel auf die Türkei.
Ich sah mich als HJ-Atatürk oder NS-Ayatollah. Es gab kein Land, gegen das ich nicht Krieg führte. Ich schrieb Aufmarschpläne, steckte Fähnchen. Und selbstverständlich siegte ich ununterbrochen.
Bis mich die nüchterne Wirklichkeit einholte: per Kinderlandverschickung ging's ab nach Tschaslau oder Čáslav in die Tschechoslowakei. Oder wie die damals hieß: Protektorat Böhmen-Mähren.
Ich war dennoch zufrieden.
Endlich passierte überhaupt was.
Ich wollte raus. Und so nüchtern verlief das Leben dort draußen auch gar nicht. Vielmehr lernte ich plötzlich Reize kennen, die mir bis dahin ein Rätsel waren.
Weibliche Reize.
Vor lauter strategischem Eifer hatte ich Mädchen ganz übersehen. Nun sah mich eins.
Ich lag im Bett. Allein.
Es war heller Tag.
Wir Schüler sollten Panzergräben ausheben. Vorsorglich. Ich fand das nicht spannend. Ich stellte mich krank. Mir wurde Bettruhe verordnet.
Ruhe schlechthin.
Als das Mädchen aus der Küche mir etwas zum Essen brachte, hielt ich mich auch an dieses Gebot. Ich hätte gar nicht gewußt, was ich sonst tun sollte.

Das Mädchen war ungefähr Anfang zwanzig.
Es wußte durchaus, was sich anbot zu tun.
So'n blonder Knabe mit Streichholzschnitt und Kulleraugen, lang ausgestreckt, erschien der Küchenhilfe vielleicht als Kompott. Als Palačinka gewissermaßen.
Womöglich hatte sie aber auch pädagogische Neigungen. Ganz gewiß besaß sie Lehrbefähigung. Und ich ... nun ja, ich zeigte vermutlich etwas Talent. Denn sie sprach nur tschechisch, und ich kapierte es doch.
Das heißt, wir sprachen ohnedies kaum. Das Mädchen kam gleich zur Sache. Und ich staunte, was es so alles gibt auf Erden.
Fabelhaft fand ich es.
Ich war so lange nur von der Absicht erfüllt gewesen, ein junger Held zu werden, ein junger Flieger. Jetzt, da ich wenigstens zum jungen Mann ausgebildet wurde, spürte ich Zweifel: war fliegen wirklich schöner?

Heini verneinte es längst.
Heini Heise, mein Klassenkamerad und als Offiziersbewerber wie ich aus der Kinderlandverschickung unmittelbar in den Fliegerhorst Susiče berufen, verschwendete überhaupt keinen Gedanken mehr an die Erringung von Eisernen Kreuzen.
»Die Jelejenheit ist vorbei«, konstatierte er sachlich. Wir müssen bloß zusehn, daß wa aus dem Schlamassel det Beste noch machen.« Und das Käppi zwei Zentimeter schiefer als erlaubt, schaute er sich entschlossen unter den Töchtern des Landes um.
Mit Erfolg.
Ich heftete mich an seine Fersen. Der unverhoffte, aber rechtzeitige Sonderkurs der feurigen schwarzhaarigen

Küchenfee in Tschaslau, 76 km östlich von Prag, hatte mich auf den Geschmack gebracht.
Ein Geschmack ohne Bitternis war es.
Das Mädchen – ich danke ihm – hatte mir den rein akrobatischen Weg gewiesen.
Doch in Susiče war mir der Weg verbarrikadiert. Nur Heini gelang es, die Hindernisse zu überwinden.
Der Fliegerhorst in Susiče oder Schüttenhofen, südöstlich von Prag, zwischen den Bierstädten Pilsen und Budweis gelegen, demaskierte sich sowieso als Potemkinsches Dorf.
»Wir haben hier keine Maschinen mehr, wir bauen Panzergräben und üben uns infanteristisch«, erfuhren wir beim Empfang und durften mitmachen.
Woche für Woche.

Kann sein, daß ich deshalb die Dienstfahrt so stürmisch begrüßte: da würde eventuell etwas Unvorhergesehenes geschehen.
Die Fahrt ging nach Leipzig.
Wir waren zu dritt: ein Unteroffizier, der Heini und ich.
Wir sollten für unsere Ausbildung Panzerfäuste aus Leipzig holen. Nachts trafen wir ein.
Es war März 1945.
Ein riesiger Bahnhof, ein Kommen und Gehen von zahllosen Menschen, ein Geruch von Suppe inmitten des Qualms der Lokomotiven: erregend das Ganze.
Zumindest für mich.
Und wir hatten schon unsere Kisten mit Panzerfäusten empfangen, löffelten einen Teller Rennfahrersuppe – die hieß wegen der raschen Verdrängung so –, als es mich plötzlich durchzuckte.
Blitzartig.

Es war auch ein Blitzmädchen, eins, das zu signalisieren verstand.
Ich fuhr hoch. »Muß mal an die Luft, Herr Unteroffizier, der Zug kommt ja noch lange nicht.«
»Ist gut, Juhnke. Aber verlaufen Sie sich nicht.«
»Nein, Herr Unteroffizier.«
Verlaufen – der hatte 'ne Ahnung. Ich lief sofort hinter dem Mädchen her.
Das stolperte mit einem Haufen Gepäck den Bahnsteig entlang und suchte seinen Zug.
»Wo wollen Sie denn hin?« fragte ich.
»Wollen ist übertrieben« antwortete das Mädchen. Es sah auch aus der Nähe sehr hübsch aus. Hübsch und pfiffig. Und unternehmenslustig, wie ich schätzte.
»Ich muß nach Halle.«
»Nach Halle – prima!«
»Wieso? Fahren Sie mit?«
»Ich?« Mich stach der Hafer. »Klar! Ick weeß jar nich, wat ick hier soll.«
Ohne Papiere und zudem in der falschen Richtung angetroffen zu werden, bedeutete Kriegsgericht, Schnellverfahren, Strick um den Hals. Wie weiland im Wilden Westen...
Das Mädchen war 'ne Hexe, oder ich so wenig normal, wie's Mutter von Anfang an befürchtet hatte – in jedem Fall rollte der Zug ab, ich saß mit dem Blitzmädchen drin, das Abteil für Wehrmachtsangehörige war leer, wir zogen die Vorhänge zu, und ich konnte gerade noch beichten, daß ich leider doch in 'ner Stunde zurückkehren müßte, da traf mich der Funkenschlag.
Will sagen, wir hielten uns nicht mehr mit Vorreden auf, wir taten, was angezeigt war.
Dalli-dalli.

Auf der dritten Station verabschiedete ich mich.
Das Mädchen winkte.
Offensichtlich hatte ich den Blitztest bestanden.
Ich winkte retour.

Bis zu dieser Minute war ich wohl nicht zurechnungsfähig gewesen. Wenn mich eine Streife Kettenhunde erwischt hätte, wäre es mir an den Kragen gegangen.
Jetzt kam ich zu mir, drehte mich um: ein verschlafener, abgedunkelter Bahnhof. Ich stand am Ende des Bahnsteigs.
Ich sah nach wie vor keine Streife.
Ich sah aber auch keinen Zug, der mich nach Leipzig befördern konnte. Zurück zum Unteroffizier und zu Heini auf dem Hauptbahnhof.
Auskunft einholen? Unmöglich.
Ich mußte ein Auto erwischen. Irgendeins und das auf der Stelle.
Die Bahnhofssperre ließ ich rechts liegen.
Ich kletterte über die Gleise, rannte auf die Chaussee und hatte Schwein.
Ein LKW hielt.
Der Fahrer entpuppte sich als Menschenfreund. Er kurvte mich bis vor den Leipziger Hauptbahnhof.
Ich befahl mir: Tief durchatmen, Ruhe bewahren. Und dazu 'n doofes Gesicht und ganz langsam schlendern.
Ich schlenderte in den Wartesaal.
Tatsächlich, dort hockten die beiden und warteten immer noch.
»Wo haben Sie denn gesteckt, Mann? Wir haben Sie schon gesucht!«
»Ich weiß nicht, Herr Unteroffizier. Das is alles so groß hier, so fremd – ick hab ma valoofen, Herr Unteroffizier.«

»Was ich gesagt habe.« Er schüttelte den Kopf. Aber es schien auch, als sei er erleichtert.
Daß er noch »Idiot« zischte, quittierte ich nach Vorschrift.
Ich machte Männchen. »Jawoll, Herr Unteroffizier.«
Dann guckte ich wieder wie gewöhnlich und nahm Platz.
Dabei schoß es mir in den Schädel: Harry, du scheinst 'n Glückspilz zu sein, wenn du nur tust, was du willst – nicht, was andere von dir wollen ...

II.

Alles färbt, insbesondere färbt die Umgebung, in der man aufwächst.
Ich wuchs im Berliner Bezirk Wedding auf. Das ist ein rund 200 000-Einwohner-Bezirk im Norden Berlins, der fast ausschließlich von Arbeitern, kleinen Angestellten und um so größeren Fabriken besetzt gehalten wird. Und zwar seit der Jahrhundertwende schon.
Zum Wedding gehören die Ortsteile Plötzensee und Gesundbrunnen. Letzteren nennen Einheimische nur kurzerhand Plumpe.
Diese Respektlosigkeit rührt sicherlich nicht allein daher, daß seit rund hundert Jahren bereits der einstige Eisensäuerling-Brunnen versiegt ist. Eher dürfte sie Ausdruck einer Lebensart sein.

Als Berliner geboren zu werden, ist in den meisten Fällen wohl Zufall. Berliner zu sein dagegen neben Absicht auch notwendig.
Notwendig schon deshalb, um nicht untergebuttert zu werden. Um Luft zu schnappen und sein Fell so teuer wie möglich zu verkaufen.

Im ehemaligen Groß-Berlin drängelten sich über vier Millionen Menschen. Es gab mehr Berliner, als es Norweger gibt. Ein riesiger Ameisenhaufen also.

Aber doch so ausgedehnt, daß die Gebiete von München, Stuttgart und Frankfurt am Main damals äußerst bequem darin Platz gehabt hätten. Und etliche Mittel- und Kleinstädte noch dazu.
Größe schwoll hier zu Elefantiasis.
Das färbt.
Dabei erklärt aber seit dieser Zeit (genauer seit den 20er Jahren unseres Jahrhunderts) jeder Berliner, falls er nicht eh gleich identifiziert wird, nur außerhalb Berlins, daß er Berliner sei. Untereinander ist er lokalbewußter.
Untereinander bezeichnet er sich treffender als Weddinger oder Neuköllner, Spandauer, Moabiter, Charlottenburger, Dahlemer, Grünauer, Köpenicker, Lichtenberger oder oder oder.
Denn untereinander grenzt er sich ab, entfaltet eigenwilligen Trotz, um sich als elefantische Ameise von Ameisen zu unterscheiden.
Der Name Berlin für diese Addition von zwanzig Bezirken (sprich: Großstädten) mit -zig Gemeinden ist dem Einheimischen nicht mehr als eine gigantische Käseglocke. Er ist immer bestrebt, darunter den Harzer Roller, das Stolper Jungchen oder den vollfetten Schichtkäse zu spielen.
Und es ist absolut keine Übertreibung, wenn es heißt, daß es Berliner im Norden gab (und gibt), die niemals im Süden ihrer Stadt waren oder umgekehrt. Es ist ja auch nicht übertrieben zu sagen, daß vom Funkturm, dem »langen Lulatsch«, nach wie vor mehr Fremde als Berliner in die Gegend glotzen.

So issa eben nu mal, der Berliner: Watta hat, det beachtetta kaum, watta kricht, recht'n bloß 'n bißchen uff – aber ham möchta am liebsten allet.

Nach dem Krieg kam der Slogan auf: Berlin ist eine Reise wert. Vorm Krieg erübrigte sich der.
Die 4,2 Millionen, die sich Berliner nannten, waren von ganz allein angereist.
Daß sie blieben, kann damit begründet werden, daß es keine Kunst ist, Berliner zu werden.
Manche werden's in vierzehn Tagen, andere lernen's erst von ihren Kindern, die sie hier in die Welt setzen.
Aber det tut der Liebe keenen Abbruch: Berlin war (und ist) der (einzige) Fleck in Deutschland, wo jeder nach seiner eigenen Fasson selig werden kann.
Das wurde schon vom Alten Fritz garantiert.

Der gelernte Berliner Theodor Fontane hat mal veranschaulicht, weshalb es so viele Menschen nach Berlin zog: »Was heißt Karriere machen anders, als in Berlin leben«, erläuterte er den Trieb. »Und was heißt in Berlin leben anders, als Karriere machen«, das Wurzelschlagen.

Die meisten Berliner haben ihre Wurzeln von irgendwo östlich der Stadt mitgebracht. Von sehr weit östlich sogar.
Das ist merkwürdig.
Aber von Osten aus den Acker im Westen und Süden anzusteuern, scheint so ein Relikt aus der Zeit der Völkerwanderung zu sein (und sehr salopp geurteilt, würde es auch erhellen, weshalb es immer mehr Türken als Rheinländer in die heute -zigfach umzäunte Stadt spült).
Herbert Juhnke, mein Vater, verhielt sich da mit seiner Auswanderung gen Westen nur folgerichtig.
Die Etappe Frankfurt/Oder konnte er freilich nicht auslassen. Der Brötchen wegen schon nicht.
Vater hatte in seinem Heimatstädtchen Znin bei einem

Anwalt Bürogehilfe gelernt. 1916 wurde er Soldat, 1918 schwer verwundet.
1920 packte er einen Koffer – für zwei reichte der Inhalt gar nicht – und machte sich auf den Weg nach Frankfurt. Denn dort hatte er endlich wieder eine Stellung gefunden: bei der Eisenbahnverkehrskontrolle kontrollierte er Frachten.
So eine Tätigkeit schärft das Auge.
So ein Junggesellendasein fördert zudem das Anlehnungsbedürfnis.
Herbert Juhnke ließ sich was einfallen: Er gründete mit anderen einsamen Herzen einen Verein (was ihn unbestritten als echten Deutschen ausweist).
Und trotzdem war das etwas Besonderes. Dieser Verein diente nämlich nicht der Zucht von Kleintieren aller Art, sondern ausschließlich der Züchtung von Geselligkeit jeder Art. Im kleinen wie im großen Kreis. Drei-, viermal im Jahr wurde beispielsweise zum Tanz getrommelt, und mein Vater, der erst dreiundzwanzig Lenze zählte und noch nicht mein Vater war, wuchs dabei in die Rolle eines Maître de plaisir: mit gestreifter Hose, mausgrauer Weste und 'ner weißen Chrysantheme im Knopfloch.
Selbstverständlich führte er auch die Polonaise an.
Und dabei geschah es. Sein kontrollgeschärfter Blick fiel auf des Bäckermeisters Töchterlein: Grete Kolberg, eben neunzehn.
Herbert geriet in Wallung. Grete nicht minder.
Die nächsten Kapitel mit Händchenhalten und der Einmündung ins gesellige Leben zu zweit sind logisch. Nicht ganz so logisch ist, daß der Herr Bäckermeister und Vorstandsmitglied der Bäckerinnung von Frankfurt/Oder sich schließlich bequemte, den in diese Mittelstand-Hierarchie reingeschneiten Herbert Juhnke aus dem fernen (seit 1920) polni-

schen Znin (zwischen dem Großen und Kleinen Zniner See, ähnlich wie Ratzeburg, gelegen; Knotenpunkt der Eisenbahn Hohensalza-Wongrowitz) auch als Schwiegersohn zu akzeptieren.

Aber standesamt- und kirchenurkundliche Dokumente beweisen es: Die Juhnkes sind wie Efeu.

Aus den Dokumenten geht allerdings nicht hervor, wieviel Hefe aus der schwiegerväterlichen Bäckerei noch vonnöten war, um aus dem dürren Reingeschmeckten einen mindestens äußerlich halbwegs Dazugehörigen zu machen. »Ich wog bei der Hochzeit 68 Kilo«, erinnert sich Vater. »Doch in einem Jahr legte ich 50 Pfund zu. Denn schon zum Frühstück gab's da zehn Schrippen und 'n halbes Pfund Butter.«

Erstaunlich nur, daß er sich davon losreißen konnte: Die Juhnkes gleichen demnach auch Weichselkirschen.

Der erste Sprung fiel ins Inflationsjahr 1923. Vater fand eine Anstellung als Buchhalter bei der Deutschen Bank in Berlin. Weil jeden Tag mehr Scheine gedruckt wurden, benötigte man Personal.

Als im Juli 1924 die Rentenmark kam, stand Vater wieder auf der Seite der Abgebauten. Etwas zerknittert kehrte er an die vollen Frankfurter Backtröge zurück.

Bis zum September. Bis er als ziviler Sachbearbeiter für Löhne und Gehälter bei der Polizeiverwaltung in Frankfurt/Oder zu arbeiten anfing.

Und allmählich hätte er sich nun wohl vom zugereisten zum seßhaften Frankfurter gewandelt, wenn nicht im Frühjahr 1929 diese Polizeidienststelle aufgelöst und ihre Mitarbeiter von der Polizeiverwaltung Berlin übernommen worden wären.

Der Umzug stand an.

Der Umzug, dem ich verdanke, daß ich mit Spreewasser getauft wurde.

Wir wohnten vier Jahre in der Stockholmer Straße. Vor der Tür, jenseits des Fahrdamms, fließt die Panke. Ein besserer Graben bloß, einen bis anderthalb Meter breit. Immerhin ist es aber jenes Flüßchen, das einem ganzen Bezirk (Pankow) den Namen gab und nicht selten besungen wurde.
Daß wir dann doch um zwei Ecken weiterzogen, hatte nur einen Anlaß: In dem vierstöckigen Neubau in der kleinen Fordoner Straße, vis-à-vis einem winzigen Park mit Bäumen, Bänken und Sandkiste, mietete Vater statt der bisherigen Zwei-Zimmer-Wohnung eine Wohnung mit zweieinhalb Zimmern. Und Loggia – das darf nicht vergessen werden.
Die Loggia, die ab den 30er Jahren im Wohnhausbau an die Stelle der Balkone rückte, ersetzte dem findigen Berliner mit beschränktem Einkommen die unerreichbare Riviera.

So lange hatte mein Vater als tägliche Lektüre die *Berliner Volkszeitung* aus dem Rudolf-Mosse-Verlag bevorzugt. Ein »Organ für Jedermann aus dem Volke«, wie es sich einmal unmißverständlich nannte, das sich auch bis 1933 demokratisch, ja linksliberal orientierte.
Doch nun, nach dem Juhnkeschen Zweieinhalb-Zimmer-Aufstieg, der mit der Flutwelle der politischen Couleur ›braun‹ einherging, wurde die *Volkszeitung* mit der *Berliner Morgenpost* zusammengelegt. Und deren Versuch, noch ein Weilchen demokratisch-bürgerlich zu schreiben, endete so rasch wie alle ähnlichen Versuche: Nach ein paar Monaten war die »Mottenpost« stramm rechtsbürgerlich gleichgeschaltet.

Zweifel am Führerkurs konnten nicht mehr gedruckt, nicht mehr gelesen werden. Der liberale Humus verkümmerte.
Im übrigen gewahrte Vater auch Morgenröte.
Denn durchdrungen vom preußischen Prinzip Ordnung, registrierte er plötzlich so viel scheinbare Ordnung wie nie zuvor. Die hatte er sich schon immer gewünscht.
Es war das (auf das Recht des Stärkeren fußende) geordnete Oben und Unten seiner Jugend, das laute Pochen auf Einhaltung von Traditionen, die Wiederanerkennung als ehemaliger Frontsoldat, die ihn (und Millionen seinesgleichen) an das Neue koppelten.
Koppelten wortwörtlich.
Als Angestellter der Polizeiverwaltung, mit der Sorgepflicht für eine Frau (aus dem Mittelstand), einem wilden Kind und 'ner Zweieinhalb-Zimmer-Wohnung mit Loggia, kam er zur Absicherung dieses trauten Glücks nicht umhin, die Zahl der Parteigenossen zu vermehren.
Da die sich damals wie Lemminge vermehrten, brauchte er sich dem Zug nur anzuschließen.
Er mußte auch nicht avancieren. Obwohl der Geselligkeit zugetan, fühlte er sich in der braunen Masse unter der Fuchtel von martialischen Goldfasanen eher wieder vereinsamt und wechselte endlich zur NSV (Nationalsozialistische Volkswohlfahrt).
Um »Winterhilfe«, »Haushaltshilfe«, »Jugendhilfe«, »Bahnhofsdienste«, das »Hilfswerk Mutter und Kind« und das »Tuberkulosehilfswerk« ging es dabei (wenngleich auch nur für »rassisch wertvolle, erbgesunde Familien«).
Aber es hatte mit Redlichkeit zu tun.
Mit Ordnung sowieso.

Dieses Juhnkesche Familiennest im einstigen roten Wedding

war kein Nährboden für Opposition. Allenfalls war es ein ordnungspolitisch bestimmtes, kleinbürgerliches Refugium. Und der Wind, den Mutter aus ihrem besser situierten Elternhaus in die Zweieinhalb-Zimmer-Welt trug, wehte aus keiner anderen Richtung.

Weil sogar einstigen NS-Ministern gelungen ist (und sei es nur durch den Hinweis auf extrem ungesunden hartleibigen Stuhlgang), ihren vorzeitigen inneren politischen Widerstand zu dokumentieren, muß es ein Makel sein, selbst in 35 Nachkriegsjahren nichts derlei für mich Entlastendes ausgeforscht zu haben.
Aber außer der Angabe, daß ich eben vom Jahrgang 29 bin, der womöglich am stärksten mit NS-Parolen (statt Butter) gefüttert worden ist, kann ich keine weiteren machen.

Meine widerstandslose Jugend habe ich genossen.
Vater hatte mich auf den Namen Harry taufen lassen, da er ein Faible für den Kino-Draufgänger Harry Piel pflegte.
Ich war ehrgeizig genug, dieser ausgefallenen Vorstellungsverknüpfung zu entsprechen.
Mutter ärgerte das manchmal, Vater amüsierte es fast immer. Beiden war ich dennoch absoluter Kronprinz.
Einer, der seine Anregungen im Freundeskreis einholte und, falls nötig, daheim die Entscheidungen verkündete. Einer, der zwar nicht modern antiautoritär, doch gewiß nicht sonderlich autoritär erzogen wurde. Widerstandslos höchstens.

Mein erster Freund war der Sohn vom Schneidermeister Zoch.
Manfred hieß er.

Es gab kaum einen Tag, den wir nicht gemeinsam aus den Angeln zu heben versuchten. Einschließlich der Sonntage. Denn auch an Sonntagen, da Berliner Bürgerlichkeit in Ausflugslokalen präsentiert wurde, waren Manfred und ich häufig allein unterwegs. Soviel allgemeine bürgerliche Präsentation in Woltersdorf, Schmetterlingshorst oder Tegel konnte sich Vater gar nicht leisten.
Ein Grund mehr, daß es Mutter bei jeder Schulferien-Gelegenheit ins betuchte Frankfurter Bäckerhaus zog.
Und ein Grund dafür, daß sich mein Vater als Strohwitwer zum Koch bildete: seine eingelegten Heringe waren unübertrefflich.
Die Juhnkesche Küche zeichnete sich nicht durch besondere Finessen aus. Gegessen wurde, was auf den Tisch kam. Sogar ich, der Prinz, mäkelte nicht, obschon ich eine Vorliebe für Eisbein hatte und – zum Ausgleich – für Weißen Käse mit Leinöl.
Letzteres gab es zwangsläufig öfter. Ab meinem zehnten Lebensjahr regulierten Lebensmittelmarken den Speiseplan.

Im Alter von zehn Jahren traten Manfred und ich ins DJ (Deutsche Jungvolk) ein.
Diese Gliederung der Hitlerjugend war den Zehn- bis Vierzehnjährigen vorbehalten. Um zu verdeutlichen, was es hieß, Pimpf im DJ zu sein, ist es angebracht, Hitler zu zitieren, der verschiedentlich erzieherische Grundsätze der NS-Jugendarbeit formuliert hat.
Zum Beispiel: »In den Herzen der Jugend wird nicht mehr Platz sein für die Vorurteile, den Eigendünkel und die Überheblichkeit einzelner Volksschichten vergangener Generationen. Denn sie lebt miteinander, marschiert zusammen, singt gemeinsam die Lieder der Bewegung und des

Vaterlandes und glaubt an ein Deutschland, das ihnen allen gehört.«
Oder: »Jugend muß von Jugend geführt werden.«
Oder: »Die Jugend hat ihren Staat für sich; sie steht dem Erwachsenen in einer gewissen geschlossenen Solidarität gegenüber, und dies ist selbstverständlich. Die Bindung des Zehnjährigen zu seinem gleichalterigen Gefährten ist eine natürlichere und größere als die zu den Erwachsenen.«
Und Baldur von Schirach, seines Zeichens Reichsjugendführer, dachte laut so: »Die HJ ist weder protestantisch noch katholisch, sie ist deutsch.«
Und: »Die HJ ist auf ganz andere Weise entstanden. Sie ist keine Gründung des Staates für die Jugend, sondern eine Gründung der Jugend für den Staat.«
Und: »Die Schule ist die Erziehung von oben, die HJ ist die von unten. In der Schule erzieht die Lehrerschaft, in der HJ die junge Führung. Es ist selbstverständlich, daß die Autorität des Lehrers innerhalb der Schule die höchste Autorität sein muß. Ebenso selbstverständlich ist aber die andere Feststellung, daß die Autorität des HJ-Führers die höchste Autorität außerhalb der Schule ist.«

Ob ich die Voraussetzungen für so eine autoritäre Führerposition mitbrachte, kann ich nicht sagen.
Ich weiß nur, ich hatte den Fimmel, alles auf mein Kommando um mich rumspritzen zu sehen.
Angeben wollte ich.
Das reichte anscheinend. Ich wurde sehr schnell 'n kleiner Anführer.

Meine Eltern hatten mich nicht dazu angehalten, in die HJ einzutreten. Sie hielten mich lediglich nicht davon ab.

Ich wuchs daheim ohne Konflikte auf.
Konflikte bescherte gelegentlich Kalle. Kalle war ein Schulfreund aus sehr katholischem Elternhaus. Einige etikettierten ihn als Pflaume, denn Kalle mied die HJ.
Ich verstand das nie, ich mochte ihn aber trotzdem. Ich lernte bloß nichts aus dem Verhalten von Kalle.

Ich bin der Prototyp des Jahrgangs 29. Ich war nicht die Ausnahme, sondern die Regel. Mich konnten nicht mal politische Witze aufweichen.
Und Witze gab es unzählige.
Jede Woche drückte sich bei uns zu Haus die Verwandtschaft die Klinke in die Hand und offerierte neue. Ich hörte zu, ich lachte auch, doch ich ließ mich nicht erschüttern. Adolf blieb der Größte.
Ja, in Wolgast, beim zweieinhalb Zentner schweren Onkel Walter, den ich schon gern hatte, weil er mit mir immer schwimmen ging – bei dem bin ich mal, weil er Hitler die Schuld am Krieg und an sämtlichen seit Stalingrad bekannten Niederlagen zuschob, vom Kaffeetisch aufgestanden, daß die Tasse schepperte, und habe gesagt: »Det is ja hanebüchen, det hör ick mir nich länger mit an!«
Onkel Walter war einer der wenigen in der ganzen Sippe, die längst opponierten. Onkel Walter ausgerechnet kam um, als der Krieg zu Ende war.

Natürlich bemerkte ich wie jeder die Wende im Verlaufe des Krieges. Plötzlich siegten die anderen, auf Berlin fielen Bomben, jede Nacht saß man im Keller.
Aber das machte mich nicht bescheiden, es machte mich wütend.

Vor knapp zwei Jahren kam der Bundeskanzler in meine Hamburger Theatergarderobe. Wir sprachen sehr lange miteinander. Auch über jene Zeit.
Helmut Schmidt erzählte, er, vom Jahrgang 18, sei anfangs nicht minder NS-gefangen gewesen. Erst die Bücherverbrennung im Mai 1933 habe ihn veranlaßt, auf Distanz zu gehen.
»Und wie war das bei Ihnen«, fragte er. »Sie sind doch nun soviel jünger ...«
»Eben«, antwortete ich. »Und ich hatte nie ein Schlüsselerlebnis. Mir klebte das Brett noch vorm Kopf, als ich 1945 wieder nach Hause kam. Da traf ich meinen Freund Manfred. Und gemeinsam entwarfen wir ein Flugblatt mit schwarzweißroter Fahne und der Überschrift: ›Die deutsche Jugend bleibt wachsam!‹«
»Das haben Sie auch noch verteilt?«
»Nee – Gott sei Dank nicht mehr. Aber ich brauchte ziemlich lange, bis ich endlich ganz still wurde. Mich haben eigentlich erst Überlebende aus den KZs wachgerüttelt.«

Kinderjahre sind die längsten.
Die Erkenntnis, daß es verblendete Jahre waren, macht sie nicht kürzer. Für einen wie mich, vom Jahrgang 29, ist nur der Nachgeschmack auf der Zunge so pelzig. Doch sie einfach an den Haken zu hängen und so zu tun, als wären es die Jahre eines anderen, ist auch nicht mein Bier.

*

Mein erster Film hieß »Drei Mädchen spinnen«. Später wurde er umbenannt in »Komplott auf Erlenhof«. Und auch sein dritter und letzter Titel, »Mutti muß heiraten«, bewahrte ihn nicht davor, ein Flop zu werden.
Verwunderlich eigentlich, denn es war ein Lustspiel. Und 1950 lief Lachhaftes im allgemeinen am besten.
Aber vielleicht war die Story zu hausbacken: Drei Mädchen wollen ihrer seit fünfzehn Jahren geschiedenen Mutter einen Mann besorgen und geraten selber unter die Haube.
Oder Regisseur Carl Froelich war auch nicht mehr, was er mal war.
Immerhin war er vierundsiebzig.
Ich begegnete ihm zuerst auf der Treppe vor seinem Büro und erkannte ihn nicht.
»Wat wolln Sen hier?« fragte er.
»Probeuffnahmen machen. Bin bestellt.«
»Ach«, winkte er ab und stiefelte weiter. »Mir hamse ooch nich jenommen.«
»Na ja«, tröstete ich, »det is ja 'ne Typfrage.«
Aber kurz darauf entdeckte ich den Typ neben der Kamera wieder. Der Assistent sprach ihn an mit ›Professor‹.
Mir ging ein Licht auf: Der alte Erzberliner nahm seine Umwelt gern auf die Schippe.
Nicht ausgeschlossen, daß ich deshalb ganz locker agierte.
Später jedenfalls, als es darum ging, die Rolle endgültig zu besetzen, hat es dazu beigetragen, daß ich sie erhielt.
Carl Froelich, so wurde mir zugetragen, soll bei der Wahl geschwankt haben. Mein Mitbewerber war äußerlich im Vorteil: Klaus von Wahl hieß er. Er sieht heute noch wie'n Pfarrer aus.

Froelich zögerte jedoch.

»Weeßte«, sagte er, »spielt mir noch mal die Uffnahmen von dem Kessen da vor, dem Berliner, mit seiner ulkigen Neese.«
Meinem Riecher hatte ich's also zu verdanken.
Denn gleich darauf entschied Froelich: »Na jut, er is keen Pfarrer, aber ulkig isser – den nehm wa.«
Ob das so ein Fehlgriff wie der ganze Film war, laß ich dahingestellt. Damals wenigstens hielt ich den Beschluß für weise.
Und es ging mir auch wie Öl runter, als der alte Kinoprofi während der Dreharbeiten mir aus seinem Erfahrungsschatzkästchen die Prognose machte: »Du kannst mal sone Mischung aus Albers und Rühmann werden.«
Daß der Vierundsiebzigjährige, wie die Branche flüsterte, gar nicht mehr richtig gucken konnte, kümmerte mich wenig.
Ich lernte doch von ihm.
Beispielsweise, was ich von Herrn von Ambessers kollegialer Meinung über mein Gesicht zu halten hatte.
»Jar nischt«, erklärte mir Carl Froelich, »der ärgert sich doch bloß, weil du die bessere Rolle spielst.«

*

Zuerst wehrte ich mich, die Meldung zu glauben. Dann wurde sie wiederholt und zur Gewißheit.
Die Meldung erhielten wir im Fliegerhorst Susiče durch den Rundfunk. Ein Sprecher verkündete: »Unser Führer, Adolf Hitler, ist im Kampf gegen den Bolschewismus, dem sein ganzes Leben galt, als Soldat an vorderster Front gefallen. Er

hat vor seinem Tode den Großadmiral Dönitz, Oberbefehlshaber der Kriegsmarine, zum Nachfolger bestimmt.«
Es war am Abend des 30. April 1945.
Ich heulte.
Und vor mir, hinter und neben mir heulten noch viele der rund hundert HJ-Soldaten im Fliegerhorst ohne Flugzeuge in Susiče. Keiner war älter als sechzehn.
Wie auf einer Insel hatten wir hier bisher gelebt. Weder Nachrichten über Zerstörungen durch Fliegerbomben zu Hause noch Wehrmachtsberichte über immer häufigere Rückzüge deutscher Fronttruppen hatten Zweifel am Endsieg aufkommen lassen.
Wir stürzten aus Wolken: Hitler tot?
Das bedeutete ja das Ende. Das Ende von dem, woran wir geglaubt hatten.
Ich heulte die halbe Nacht.
Dann folgten der Meldung Gerüchte. Danach war Hitler gar nicht gefallen. Danach hatte er Selbstmord begangen, oder er war geflohen. Irgendwohin.
Die Latrinenparole vom Selbstmord hielt sich am hartnäkkigsten.
Ich war verzweifelt.
Warum hatte Hitler nicht uns vertraut? Uns Jungen.
Wir – oder genauer: ich war bereit, noch immer zu siegen. Und nun, verfluchtundzugenäht, mußte es ja endlich auch bald soweit sein, das unter Beweis zu stellen.
Doch in unseren Baracken, außerhalb von Susiče, verliefen noch einige Tage so geordnet wie zuvor. Wir bemerkten den anrückenden Feind erst, als wir den Befehl bekamen, die Gräben zu besetzen.
Ich trug eine Panzerfaust.
Neben mir lag Heini Heise. Der Freund, der es schon etwas

länger aufgegeben hatte, wie ich von Ordensverleihungen zu träumen.

Doch träumte er wie ich noch von Wundern.

»Ob die uns überrennen?«

»Quatsch. Wir verpassen ihnen 'n Ding!«

»Blödsinn, der Iwan hat so ville Panzer. Det sind Unjetümer, wenn die kommen. Da könnwa nur uffpassen, daß se uns nich gleich sehn.«

»Aber wir sehnse, Heini. Und denn druff mitta Panzerfaust, ich sach dir, eenen treff ick bestimmt.«

»Eenen – und die andern? Du bist bescheuert!«

»Ick will aber eenen treffen.«

»Wat du willst, spielt jetzt keene Geije mehr, Mensch. Der Krieg is zu Ende, begreif det endlich. Det einzje, wat wa noch tun können, is überleben«, fauchte Heini wütend, als wir das schwache Rasseln von Ketten hörten.

»Hör mal!«

Wir spähten über den Grabenrand.

Aus dunstigem Hintergrund rollte ein Panzer an. Halbwegs in unsere Richtung.

Aus dem Turm guckte jemand. Jemand mit einem Stahlhelm.

So einen Stahlhelm hatten wir noch nie gesehen. Und auch der Panzer sah nicht aus wie ein russischer. Russische Panzer kannten wir von Fotos her.

»Det is keen Iwan«, flüsterte ich.

»Nee«, bestätigte Heini.

»Wat denn?«

Heini antwortete nicht.

Ich wurde ungeduldig. Ungeduldig aus Neugierde und Lust am Abenteuer.

Der Koloß kam nur langsam voran. Kein Schuß fiel.

Kein Schuß, obwohl ich wußte, daß in -zig Gräben und Löchern Kameraden darauf lauerten, wie ich jeden feindlichen Panzer zu knacken.

Warum knackte den keiner?

»Du«, stieß ich hervor, »det is keen feindlicher. Kiekda den komischen Stahlhelm an, den Mann – Heini, det sind Japaner!«

»Japaner??«

»Ja, paß uff, die haun uns hier raus, du, der Krieg is noch nich aus, der jeht jetzt erst los.«

»Meinste? Mannomann, Japaner – det is nich zu fassen.«

»Wat?«

»Ja, es schießt ja auch keener.«

»Eben. Weil et Japaner sind. Wat sollnwa tun, wat meinstn?« fragte ich Heini.

In diesem Moment veränderte der Panzer seine Marschrichtung. Er schwenkte nach rechts. Wir sahen seine Längsseite und eine Flagge.

Heini reagierte als erster.

»Scheiße – det is'n Ami.«

Ich erschrak. »Wat? Die sind schon hier?!«

»Ja«, rief Heini. Es hatte ihn gepackt. »Und da hinten kommen noch welche, guck doch!«

Tatsächlich. Drei, vier weitere Stahlmonster konnte ich plötzlich ausmachen. Langsam und unbehelligt schoben sie sich näher an uns heran.

Weshalb, zum Teufel, knallte die niemand ab?

Ich verstand überhaupt nichts mehr. Die Amis waren ja die Feinde, auf die wir ständig gewartet hatten. Jetzt mußte der Rabatz doch losgehen.

Ich schulterte meine Panzerfaust.

Ich wollte schießen, da riß mich Heini zurück.

»Bist du verrückt, du Idiot! Du merkst doch, daß keener schießt! Es ist aus, Mensch – vorbei, Schluß!«
Vorbei?
Ich zögerte. Wieso war es deshalb aus, weil endlich die Amis auftauchten? Würden wir jetzt gefangengenommen, ohne uns gewehrt zu haben? Wozu hatten wir denn unsere Waffen?
Aber es schoß wirklich niemand.
Schießt man nicht mehr, wenn alles aus ist?
Ich wußte es nicht.
Ich hatte in der Ausbildung nur einmal so 'ne Spritze zum Krachen gebracht, war'n seltsames Gefühl – vielleicht hatte Heini recht: Man legt keinen um, wenn man weiß, daß dessen Freunde einen hinterher hopp nehmen.
Verdammt. Ich ließ mich zu Heini tief in den Graben rutschen. Wir sprachen kein Wort.
Plötzlich hatte ich Schiß.

Eine Stimme riß uns hoch. Eine gutturale Stimme, die einem baumlangen Neger gehörte.
»What are you doing here?«
Ich spürte Schweißperlen. Ich hatte noch nie einen Neger in natura gesehen.
»Wir sind Hitlerjungen«, erwiderte Heini und hob die Arme.
Ich beeilte mich, es ihm nachzutun.
»Come on«, knautschte der Superlange durch die wulstigen Lippen und machte eine Handbewegung, die uns zur Eile trieb.
Ich half Heini hoch, Heini zog mich.
Der Schwarze überragte uns auch jetzt noch um weit mehr als einen Kopf. Seine Wangenknochen mahlten. Die Maschi-

nenpistole, die er mit seiner Rechten umspannte, schien ihm lästig.

»You want chocolate?« fragte er unversehens, fingerte mit der Linken in seiner Brusttasche und gab uns ein dickes Stück.

»Danke«, sagten wir.

Meine Angst schwand. Ich wickelte das Papier ab und biß hinein.

Da wurde der Riese wieder energisch. »Let's go«, bellte er. Und dann noch etwas, von dem ich bloß das Wort ›Wehrwolf‹ verstand.

Mein Schulenglisch streikte. Aber ich konnte auch nichts mit ›Wehrwolf‹ anfangen. Ich hatte es nur aus dem Satz herausgehört, weil es der Farbige mit Verzögerung aussprach.

Daß es Wehrwölfe gab, Hitlerjungen wie wir, die das Ende des Krieges eigenmächtig durch Waffeneinsatz zu verlängern suchten, war gar nicht bis in unser heiles Sušice gedrungen. Wenigstens nicht bis zu mir.

Der Neger brachte uns zu einem Platz, abseits von unseren Baracken. Wir trafen auf Kameraden, sahen LKWs, Panzer und US-Soldaten. Doch keiner kümmerte sich um uns.

»Die errichten hier 'n Lager«, schwirrten Parolen umher.

»Wir kommen in unsere Baracken zurück.«

»Nee, wir werden hier kampieren. Am besten, wir bauen uns Unterstände.«

»Unsinn. Der Iwan ist doch gleich hier. Die bringen uns zurück.«

»Und wennse uns nu zum Iwan schaffen?«

»Zum Iwan?? Ausjeschlossen. Seit wann macht eener Jefangene und teilt dann die Beute – jibt's jar nich.«

Gab es aber doch.

In der Nacht tönte es unvermittelt: »Let's go, let's go!« Wir wurden wie Schafe zusammengetrieben und mußten die LKWs besteigen. Dann fuhren wir ab.

Die meisten vermuteten jetzt, es ging nach Westen. In Richtung Heimat. Ich vermutete das auch. Da passierten wir plötzlich ein Dorf.

Ich stieß Heini an.

»Du, kiek mal – det kennwa doch! Hamwa hier nicht die Jeländeübung jemacht?!«

»Ja, kann stimmen.«

»Na sach mal: det lag doch östlich von uns. Ick denke – Mensch, Heini!«

Ich starrte den Freund an, er mich. Wir standen aneinander gepreßt auf der linken Seite des LKW. Ich spürte seinen Griff in meinem Arm.

Wir sagten nichts.

Aber ich las aus seinem Blick, er dachte dasselbe wie ich: Wenn's nach Osten zu den Russen ging, müßten wir versuchen zu türmen.

Egal wie.

Vor den Russen hatten wir beide panische Angst.

Ich guckte auf die Chausseebäume und maß die Geschwindigkeit – nein, wir fuhren zu schnell. Der Sprung von dem Laster würde mir das Genick brechen.

Heini schüttelte den Kopf.

Verflucht, es mußte einen Ausweg geben. Ich wollte hier nicht wie Schlachtvieh krepieren. Hier nicht und heute nicht und morgen nicht.

Ich preßte die Lippen zusammen und dachte an die Horrormeldungen über sowjetische Truppen. Mir war elend.

Als der LKW seine Fahrt verlangsamte, beleuchteten Scheinwerfer die Szene. Autos, Panzer und Gestalten tauch-

ten auf. Da merkten es alle. »Wir sind beim Iwan«, schrie jemand. »Det sind Russen! Die Säue ham uns vakooft!« Zum Fliehen war es zu spät.
Der LKW hielt. Wir mußten raus. Und im Nu war das Auto umringt von Soldaten.
Russischen Soldaten.
Ich war auf das Schlimmste gefaßt. Und wenn ich nicht gleichzeitig dennoch an Flucht gedacht hätte, so sinnlos die jetzt auch erschien, ich wäre vor Erregung wie angewurzelt stehengeblieben.
Doch die Spannung entlud sich auf verblüffende Weise.
Ich sah, wie meine Kameraden vor mir angebrüllt wurden, wie sie die Arme vorstreckten, ihre Uhren abmachten, und wie die Russen diese Uhren betrachteten: Sie lachten! Sie freuten sich, lärmten und gaben den Kameraden einen Stoß, daß sie in die Dunkelheit stolpern sollten – kein Schuß fiel.
Ich sprang vom LKW.
Schon haute mir jemand seine Pranke auf die Schultern, ich hörte etwas Unverständliches, nestelte meine Uhr ab, sie wurde mir aus der Hand gerissen, ich erhielt einen Puff in den Rücken, machte ein paar Schritte, der Kreis schloß sich hinter mir, ich lief weiter.
Ungefähr siebzig Meter.
Das Gelächter und Gejohle der Russen drang bis hierhin.
Mir fiel ein, daß ich die Uhr zur Einsegnung bekommen hatte und daß ich ermahnt worden war, sie pfleglichst zu behandeln und keinesfalls zu verlieren.
Ich holte tief Luft.
Ich wartete, bis Heini mich erreichte. Wir stapften ins Dunkle.
Unsere Hoffnungen kehrten zurück.
»Haste jesehn – die waren besoffen.«

»Ja. Der Kerl, der mir die Uhr jeklaut hat, hatte 'ne Fahne wie 'ne Destille.«
»Die saufen sich eenen an.«
»Hm«, überlegte ich.

Eine Stimme scheuchte uns auf: »Heh, baßt off, woer hinloofd!«
Wir blieben stehen. »Tschuldjung.«
Allmählich erkannten wir was in der Finsternis. Da lagerten Landser. Überall.
Heini fragte: »Wat is'n hier los? Wir sind eben erst anjekommen. Is det'n Lager? Bleiben wir hier, oder wat is?«
»Mann, seider beglobbt? Dürlich iss das e Laacher, wasdn sonst? Drei-, vierdausend Mann liejn hier. Un mid euch Milchgesischdrn simmer noch mehr. Wohl ledzdes Aufgebod, ihr beede?«
»Wir sind vom Fliegerhorst.«
»Ach du meine Fresse, Schlibssoldadn – na ja, nu gehds andersch lang. Morjn solln de ersdn Dransborte abgehn.«
»Wohin?«
»Nach Hause nich! Wahrscheinlich nach Sibirien. Ihr fraacht ahwr ooch wie de erstn Menschn.«
Er richtete sich ein wenig auf. Ich entdeckte zwei Winkel auf seinem Ärmel. »Wie ald seidern eijndlich?«
»Fast sechzehn.«
Der Obergefreite riß die Augen auf. »Du heiljer Schdrohsagg.« Er guckte uns einen Moment lang an, als könnte er es nicht fassen. Auf dreißig schätzte ich ihn. Das Gesicht war voller Bartstoppeln.
Dann verschränkte er die Arme hinter dem Kopf und lehnte sich wieder zurück. Und er sagte noch: »Hoffndlich müssmr nich den ganzn Wähj loofn.«

Er schloß die Augen. »Ginder, suchd euch enn Platz zum Bennen.«
Wir nickten.

Heini trottete voran.
Wie auf dem Friedhof, in langen Reihen, und unter Bäumen wie Ausflügler, in kleinen Gruppen lagerten Landser. Einige schnarchten, einige unterhielten sich leise. Von dort, woher wir kamen, tönte nach wie vor Lärm.
Es muß dieses ferne Getöse gewesen sein, das mich auf die Idee brachte. Und die scheinbar bleierne Ergebenheit der endlosen Gefangenenreihen.
Ich stieß Heini an und tuschelte: »Wir gehn jetzt einfach immer weiter. Bis zum letzten Mann.«
Heini kapierte sofort.
Unter unseren Füßen war Gras. Seitlich und vor uns hin und wieder ein Baum. Wahrscheinlich 'ne Weide, kombinierte ich. Oder 'ne Wiese. Denn es gab keine Zäune.
Aber wo waren die Posten?
Heini erhöhte bereits das Tempo.
»Langsam«, zischte ich.
Die Gefangenen bildeten nur mehr Kleckse. Zu zweit, zu viert oder einzeln.
»Stop«, sagte Heini und ließ sich ins Gras fallen.
Ich legte mich neben ihn. »Wie spät wird's sein?«
»Halb zwei ungefähr.«
»In drei Stunden isset hell.«
»Oder früher.« Heinis Stimme klang resigniert.
»Also müssenwa gleich weg.«
»Ja – nur wohin? Die schnappen uns doch am Tag in unseren Klamotten. Und weeßt du, wo die nich sind?«
»Nee. Aber weiter westlich könnse ja nich sein, sonst hätten

die Scheißamis uns nich extra hierher verfrachtet. Und Westen ist da, wowa herkommen.« Ich zeigte in die Richtung.

Ich fühlte so etwas wie Tatendrang.

»Und ick weeß ooch schon, watwa mit unsern Hosen machen: die schneiden wa ab.«

Heini schaute hoch.

»Ick hab noch'n Messer im Strumpf«, verriet ich. »Wenn der Stoff ausfranst, macht's ooch nischt – sind wa zerlumpt. Wir jeben uns als Schüler aus. Wir warn hierher vaschickt, nu wollnwa nach Hause. Mensch, Heini«, begeisterte ich mich über meinen eigenen Plan, »det isset!«

Und Heini war auch schon angesteckt. Wie ein Pfadfinder spähte er nach allen Seiten.

»Ick seh keenen Posten«, flüsterte er.

»Ick ooch nich. Die sind besoffen.«

Da begann Heini zu robben.

Ich hinterher.

Alle zehn Meter verhielten wir, lauschten wie Hasen, atmeten durch und robbten weiter.

Während der Ausbildung hatte ich Robben immer als Schinderei empfunden; jetzt empfand ich Genugtuung.

Und ich fühlte auch keine Erschöpfung.

Wir robbten lange. Wahrscheinlich eine halbe Stunde. Erst als ein meterbreiter Wassergraben uns den Weg versperrte, richteten wir uns auf, horchten, sprangen hinüber und keuchten von dort an geduckt vorwärts.

Doch nichts rührte sich.

Das Auffanglager befand sich hinter uns. Die Geräusche waren kaum mehr zu hören. Nur die Scheinwerfer markierten noch den Platz, wo wir unsere Uhren verteilt hatten.

Heini befand: »Wir müssen nach Nordwesten.«
Ich fragte: »Warum?«
»Da liegt Sachsen.«
»Aha.«
Wir wußten zwar nicht genau, wo Nordwesten war, aber wir trauten uns zu, nach Nordwesten zu kommen. Wir legten ein scharfes Tempo vor.
Die Chaussee überquerten wir nach einer Stunde. Es konnte nur jene sein, auf der wir aus südwestlicher Richtung von den Amis zu den Russen transportiert worden waren. Und unverhofft zahlte sich nun aus, daß wir beide in der Hitlerjugend Orientierung im Gelände gelernt hatten. Indem wir nämlich diesen Punkt der Chaussee als Achse einer geöffneten Schere ansahen, folgten wir der von der Straße fortstrebenden Linie quer durch die Landschaft, um Sachsen zu erreichen.
Die Vogelflugrichtung hatte zudem einen Vorteil: wir trafen unterwegs keinen Menschen. Und darum ging es uns auch. Wenigstens jetzt noch.
Als es hell wurde, machten wir Rast in einem Wald. Ich holte mein Taschenmesser aus dem Strumpf.
»Wieso und wann hasten det überhaupt vasteckt«, wollte Heini wissen.
»Weeß ick nich. Aber alswa noch bei'n Amis waren und alle so durchnander quatschten, ob's vielleicht doch zum Iwan ginge, ha icket vaschwinden lassen – Holzooge sei wachsam.«
»Jut«, lobte Heini und ärgerte sich zugleich, weil er sich nicht darauf eingestellt hatte.
»Ick mußte alle Taschen umdrehen«, sagte er. »Det Portemonnaie is ooch futsch. Warn über hundert Eier drin.«
»Scheiße. Aber du warst eener der letzten, da hamse allet

jegrabscht. Ick hab meins noch. Mir hamse bloß die Uhr abjeknöppt.«

»Na, Mensch«, wurde Heini lebhaft, »dann sindwa ja jar nich so schlecht dran.«

»Nee, sach ick doch. Ich hab unjefähr achtzig Mark und 'n kleenet Stück Käse und vier Scheiben Knäckebrot.«

»Ach«, verzog Heini das Gesicht, »det Knäckebrot hamse ma ooch jelassen, da warnse nich scharf druff.«

»Jott sei Dank.«

»Wat – wejen det Knäckebrot? Nu mach mal halblang, da reichenwa nich lange mit.«

»Aber fürt erste reichtet, Heini, und denn wernwa weitersehen.«

Ich strotzte vor Optimismus. Diese Flucht war für mich ein Kapitel Karl May.

Ich konnte auch schon wieder flachsen.

»Überhaupt, wat haste jegen Knäckebrot? Adolf hat immer jesacht: ›Volksgenossen und Genossinnen, wirr werrrden siegen... und ich habe mich entschlossen, eiiine Fuhre Knäckebrrrot an die Frrront zu senden!‹«

Heini knurrte nur.

Doch immerhin klang es nicht niedergeschlagen.

Heini war der reifere. Er schwankte ständig zwischen Zweifel und Zuversicht. Seine Stärke war Vorsicht. Daraus wuchs Umsicht.

»Los«, kommandierte er und zog sich dabei die Hosen aus, »schneid die mal ab.«

»Ja.«

Ich setzte das Messer an, wollte säbeln.

»Nee, halt mal«, unterbrach mich Heini. »Det is vielleicht falsch. Wir kriejen ja nie 'n graden Schnitt hin, det klappt ja doch nich, und wie sehn denn die Dinger dann aus? Janz schief und krumm. Det fällt erst uff.«

»Hm. Aber uff Schüler müssenwa machen.«

»Jaja, wir brauchen Zivilklamotten.«

»Kindersachen.«

»Kurze Hosen und'n Hemd. Det Wetter is ja jut.«

Mir kam der Gedanke: »Und wennwa nu uns'n Haus suchen, 'n einsamet und da einfach fragen? Ick kanns ja bezahlen, und die Uniform könnse ooch behalten?!«

Heini zappelte.

»Mann, det is riskant.«

Aber er brachte auch keinen besseren Vorschlag an. Und so blieb es bei dem riskanten. Denn daß die Tschechen uns nicht mit offenen Armen empfangen würden, leuchtete sogar mir ein, obschon ich mich nicht erinnerte, je einem etwas Schlechtes getan zu haben. Im Gegenteil, dachte ich und sah meine Lehrmeisterin aus dem Kinderlandverschikkungslager vor mir.

Außerdem: Heini hatte ja selber solche angenehmen Erfahrungen gemacht. Mehr als ich. Warum also nicht den Versuch wagen?

Wir waren ja Kinder. Kinder in Unform.

Heini bedachte jedoch, unser Äußeres bereits vorher zu zivilisieren.

»Für alle Fälle«, sagte er.

Und da vergruben wir unsere Erkennungsmarken, Soldbücher und Uniformjacken. Sogar das Koppel mit dem NS-Schloß.

Die Hosen rutschten zwar, aber nur ein bißchen. Sie ähnelten Korkenzieherhosen. Und wir beide, zumindest von weitem, zwei jugendlichen Landeiern.

Gegen Mittag entdeckten wir ein auseinandergezogenes Dorf. Zwei Gehöfte lagen besonders abseits.

»Sehr jut«, sagte ich.

Wir beobachteten das letzte eine Weile. Es wirkte so unverdächtig wie der ganze Ort in der hügeligen Landschaft.

»Die wissen noch jar nich, daß se jewonnen haben, Heini. Ick vasuchet.«

»Aber paß uff!«

»Jaja. Du bleibst hier. Ick rufda.«

Außer Hühnergegacker und Schweinegrunzen hatte ich noch nichts vernommen. Ich schlenderte näher.

Wie'n Ferienkind.

Ich riß auch ein paar Blümchen ab. Mutter, entsann ich mich, hatte nach jedem Spaziergang in den Ferien einen Blumenstrauß in der Hand.

Und Kräuterblümchen wuchsen hier wie im Allgäu.

Ich klopfte an der rückwärtigen Tür. Die Augen voller Treuherzigkeit mit einem Schuß Angst.

Ein Mann öffnete nach langem Warten. Ein alter Mann mit Triefnase.

Ich hob meinen Strauß hoch und sagte: »Dobrý den!«

Das heißt: »Guten Tag!«

Damit hatte ich aber meinen tschechischen Sprachschatz bereits ziemlich abgerissen. Außer »bitte, danke, ja und nein« beherrschte ich keine weiteren Vokabeln. Was der Alte als Erwiderung murmelte, verstand ich schon nicht mehr.

Doch seine Triefnase flößte mir Zutrauen ein. Ich sprach deutsch weiter. Und zum Beistand angelte ich auch sofort mein Portemonnaie hervor.

Der Mann gab sich höchstens ein paar Sekunden lang begriffsstutzig. Dann regte sich sein Geschäftssinn.

Er ließ mich eintreten.
Ich kam in eine Küche, in der es nach Milch und Katzen roch. Und nach etwas Undefinierbarem, das auf der Stelle meinen Hunger weckte.
Wahrscheinlich entschloß ich mich deshalb, nicht nur um Zivilkleidung zu bitten.
Der Alte, der außer der Triefnase kaum Zähne besaß, nuschelte ständig. Aber er erfaßte, was ich wollte. Und er handelte rasch.
So rasch, daß ich den Eindruck gewann, er wollte zwar ein kleines Geschäft machen, doch ein möglichst kurzes.
Zehn Eier legte er mir gleich auf den Tisch.
Ich fragte nach Brot.
Er holte einen riesigen Laib.
»Vielleicht 'n bißchen Wurst?«
Er schüttelte den Kopf, verschwand in einem Nebenraum und kehrte mit einem Stück Speck zurück. Ein ansehnliches Stück. Ich grinste.
Dann bat ich um zwei Hosen und zwei Hemden. »Für mich«, erklärte ich. Denn Heini hatte dieselbe Größe. Und angesichts der offensichtlichen Eile des Alten, mich wieder loszuwerden, kamen mir Bedenken, Heini zur Anprobe zu rufen.
Ich zog auch nicht meine Korkenzieherhosen aus. Vorsicht, dachte ich. Ich wollte nicht plötzlich in Unterhosen stiften gehen müssen.
Die Triefnase spekulierte aber anscheinend nicht darauf, mich aufs Kreuz zu legen. Ich war auf einen reellen Mann gestoßen. Er schaffte drei Hosen herbei, eine Bluse und ein Hemd.
Und jetzt verlor ich mein Mißtrauen vollends. Ich probierte sämtliche Kleidungsstücke durch.

Ich fragte ihn außerdem, ob er Milch hätte. Und als er mir einen vollen Topf servierte, trank ich den nebenher aus.
Alle drei Hosen waren zu kurz. Sie zwickten auch etwas. Doch ich kalkulierte, daß sich das geben würde. Und ich bat ihn um eine Schere.
Der Alte mußte sie erst suchen. Er brabbelte ununterbrochen dabei, öffnete die eine Tür, dann die andere. Endlich holte er sie aus dem Schubkasten des Küchentischs vor.
Ich hatte mir schon eine Markierung gemacht. Jetzt schnitt ich kurzerhand zwei Hochwasserhosen auf Kniehosen zu.
Triefnase staunte.
Ich lachte. Und ich erzählte, daß ich erst fünfzehn und Schüler sei. Und nach Hause wollte.
Er verstand mich offenbar bestens. Denn nun zeigte er sogar Mitleid: Er verpackte Brot, Speck und Eier in einen Leinenbeutel und füllte eine Flasche mit Milch.
Ich sagte dauernd: »Děkuji – Danke!«
Dann legte ich ihm 10 Mark hin. Aber da wurde er unwirsch.
Ich tat noch einen Zehner dazu.
Er schien zufrieden und steckte das Geld weg.
Ich schüttelte ihm die Hand, rief: »Na shledanou« und »Auf Wiedersehen!«, packte meine Schätze und rannte zu Heini.
Dem fielen die Augen raus und von der Seele Klamotten.
Doch umsichtig wie er war, befahl er auch: »Nischt wie weg hier, los!«

Wir liefen täglich soweit uns die Füße trugen, mieden Straßen, Ortschaften, Menschen; schliefen im Freien und in einsam gelegenen Scheunen.
Waschen war Luxus.
Am dritten Tag gingen unsere Fressalien endgültig zu Ende.

Heini überwand seine Hemmungen und steuerte ein alleinstehendes Bauernhaus an.
Ich wartete in gebührender Entfernung.
Heini kam mit Brot, Wurst und Milch zurück. Mehr als ich bei Triefnase erstanden hatte. Wir fühlten uns beinahe sauwohl.
Eine deutschstämmige Bäuerin hatte er angetroffen. Eine, die ihm versichert hatte, daß er nicht anders als ein Junge aussehe, ein Junge, der eine Schule besucht, falls es geöffnete Schulen gäbe.
Die Schulen, hatte sie gesagt, sollten aber jetzt wieder geöffnet werden. Zumindest jene, in die ihre zwei kleinen Töchter gingen. Die lag im Nachbardorf.
Allerdings hatte sie Heini auch zu verstehen gegeben, daß er auf den zweiten Blick eine Spur zu verwildert wirke. Und sie hatte ihm ein kleines Stück Kernseife mitgegeben. Ein winziges.
Was noch wichtiger war: Die Bäuerin hatte bestätigt, daß unsere Marschrichtung nicht verkehrt war. Nur sollten wir uns insgesamt ein wenig nördlicher halten, um unser Ziel Sachsen zu erreichen.
Und überhaupt: weshalb benutzte Heini keine Straßen? Er würde doch gar nicht auffallen, die Sieger hätten mit den Gefangenen genug zu tun, und in den Orten, von denen sie gehört hatte, wären bereits überall zivile Amtsstellen tätig.
Vielleicht, hatte sie gemeint, erhielte er dort einen Passierschein!
Denn dann könnte er doch auch versuchen, mit Fahrzeugen vorwärtszukommen.
Klar.
Heini und ich ließen die Bäuerin hochleben. Ihr Tip beschäftigte uns.

Als vier Tage später unsere Rationen erneut aufgebraucht waren, wagten wir den Eintritt in die Gesellschaft.
Dazu machten wir uns vorher an einem Bach landfein. Selbst einen geraden Scheitel bekamen wir hin. Ich zog ihn Heini, er mir.
Unblutig, wiewohl mit dem Taschenmesser.
Danach betraten wir eine Chaussee und steuerten in ein Dorf. Niemand beachtete uns.
Wir liefen weiter.
Der Verkehr auf der Chaussee war gering. Einige Pferdefuhrwerke, etliche sowjetische Laster.
Um uns scherte sich keiner.
Wir bekamen Oberwasser. Nach zwei weiteren Dörfern entschieden wir: Der nächste Ort ist unser.
Wir hatten Hunger. Und wir wollten uns auch Passierscheine besorgen.
Der nächste Ort entpuppte sich als etwas größer. »Zu groß«, urteilte Heini, obgleich es sich höchstens um einen Marktflecken handelte.
Aber hier parkten Jeeps, wir sahen russische Soldaten, und einige Gebäude waren beflaggt.
Ich hielt das eher für einen Fingerzeig.
»Hier jibts wenigstens 'n Rathaus, Heini, also kriejenwa hier vielleicht ooch Passierscheine und wat zu futtern. Komm, wir unternehmen det.«
»Und wennet schiefjeht?«
»Ohne Passierscheine kannet ooch noch schiefjehen«, bockte ich.
Heini seufzte.
Daß wir wie zuvor wieder im Gelände untertauchen konnten, kam uns beiden nicht mehr in den Sinn. Das hätte 'n Rückschritt bedeutet.

Nur verfügte Heini über die empfindlichere Antenne für Komplikationen. Ich bekam das zu spüren.
Beide bekamen wir es zu spüren.
Wir betraten ein Haus, dessen verwaschene Fassade nach Amtswürde trachtete. Ein paar Stufen führten auf einen Flur, links und rechts Türen.
Wir klopften an der zweiten.
Es gab keinen Grund dafür. Es geschah instinktiv.
Da wir keine Antwort erhielten, öffneten wir und wollten hineingehen, da rief uns ein Mann hinter einer Barriere etwas zu.
Heini zog mich zurück und schloß wieder die Tür.
Ich hatte hinter der Barriere noch einen zweiten Mann gesehen, beide waren schon älter. Vor der Barriere standen zwei jüngere Männer und eine junge Frau.
»Laß uns abhauen«, riet Heini erneut.
»Nee«, blieb ich hartnäckig. »Die Beamten ham det richtje Aussehn. Wie Väter.«
Heini hob unschlüssig die Schultern. Als unversehens die Tür aufgestoßen wurde und der erste Beamte, der uns was zugerufen hatte, erschien und uns jetzt direkt ansprach.
Wir verstanden so wenig wie vorhin.
Doch hatten wir beide unsere belämmertste Miene aufgesetzt, guckten völlig verdattert. Und da schwante dem Mann wohl, weshalb.
»Ihr seid Deitsche«, sagte er, und es klang wie eine Feststellung.
Wir nickten. Ich am heftigsten.
»No, was wollt ihr?«
»Einen Passierschein, wenn's möglich ist«, sagte ich. »Bitte, wir sind nämlich Schüler, und wir möchten nach Hause, Herr, zu unseren Eltern, die auf uns warten – bitte, Herr.«

Und unterstützt von Heini, der mit seltsamem Eifer immer die letzten Worte meiner Sätze wiederholte, als könnte er deren Wahrheitsgehalt dadurch erhöhen, malte ich dem Beamten ein Bild unserer bisherigen böhmischen Wanderei: zwei Kinder, arm, müde und hungrig, unterwegs vom aufgelösten Landverschickungsheim in Čáslav zur weinenden Mutter.

Dieses Bild hatte ich mir vorher skizziert. Ich hielt es für glaubwürdig und auch ein bißchen ergreifend. Wenn der Beamte, wie ich hoffte, selbst Kinder hatte, mußte es ihn anrühren.

Und es rührte ihn auch.

Leider hatte ich jedoch ziemlich laut gesprochen. Die dramatische Farbgebung hatte mich dazu verleitet. Und weil die Tür nur angelehnt war, hatten die Leute im Zimmer mitgehört.

Wir, Heini und ich, merkten es, als der väterliche Beamte uns hineinbugsierte. Die zwei jungen Männer vor der Barriere stierten uns an wie Ringkämpfer.

Ringkämpfer, denen noch ein Sieg fehlte.

Jetzt war er fällig.

Mit einem Satz standen sie neben uns, fluchten, spuckten und droschen auf uns ein, als seien wir Hitler und Goebbels persönlich.

Mir schoß Heinis Warnung in den Kopf – zu spät. Die beiden Sieger benutzten ihre Arme wie Dreschflegel. Ich schaute erst wieder hoch, nachdem der Beamte etwas Unverständliches gebrüllt hatte.

Die zwei traten schnaufend zurück. Die junge Frau redete auf sie ein.

Ich stöhnte.

Der Rücken schmerzte, die Schultern, die Oberarme.

Ich stöhnte noch mal. Aber ich sah auch, daß unser freundlicher Beamter sich anschickte, die beiden Schläger mitsamt der Frau aus dem Raum zu drängen, und da dachte ich, wenn wir für die Senge nun wenigstens Passierscheine eintauschten, hatten wir sie nicht ganz umsonst eingesteckt.
Und ich stöhnte ein drittes Mal. Etwas Bestechenderes zum Zustandekommen des Tauschs konnte ich jetzt nicht mehr beitragen.
Das Geschäft klappte.
Wir verließen eine Viertelstunde nach unserer Abreibung das Amt mit gültigen Passierscheinen. Sogar mit Brotmarken. Der Weg zur Grenze war geebnet.
Heini behauptete allerdings noch tagelang, wir hätten zuviel bezahlt. Ich widersprach, weil wir auch hinterher noch Prügel bezogen, sobald man uns als Deutsche identifizierte. Und dann immer ganz ohne Gegenleistung.
Erst an der Grenze änderte sich meine Meinung. Denn ausgerechnet dort, wo die Scheine besonders wertvoll sein sollten, wurden sie zu Makulatur.
Wir glaubten gerade, auf sächsischem Boden wäre endlich alles überstanden, da pflanzten sich drei russische Soldaten vor uns auf.
»Stoij!« dröhnte es.
Wir zückten sofort unsere tschechischen Papiere.
Doch was wir nicht lesen konnten, konnte auch der Iwan nicht entziffern. Oder wollte er's gar nicht?
»Dawai! Dawai!« hörten wir, wurden in die Mitte genommen und abgeführt. Mir rutschte das Herz in die Kniekehle. Ich traute mich nicht mal mehr Heini anzugucken, verdammte Scheiße: Jetzt steckten wir wieder mittendrin.
Aber dann hielten wir plötzlich. Und wir entdeckten einen Schienenstrang und mehrere Personen, die daran arbeiteten.

Es waren Russen. Sie robotteten mit nacktem Oberkörper. Fünf Minuten später mußten wir uns ihnen anschließen und genauso schwitzen.
Gegen Mittag gab es Suppe und Brot. Die Soldaten bekamen dasselbe.
Wir rätselten, ob das 'n gutes oder gar kein Zeichen war.
Am Abend wußten wir es.
Die Schienen waren verlegt, die Soldaten zogen ab, der Patrouillenführer händigte uns unsere Passierscheine aus: Wir durften abschwirren.
Heini sagte: »Nu hab ick die Schnauze endgültig voll. Und dettet glei weeßt: Jeloofen wird keen Schritt mehr – jetzt fahren wa!«
«Du meinst mit'n Zuch?«
»Klar. Die Bahnlinie führt doch nach Deutschland rin, wohin sonst? Also wartenwa ab, bis'n Zuch kommt. In der reparierten Kurve hier zuckelt der sicher janz langsam.«
»Ja, da hinten hamse ooch 'n Signal uffjestellt – Mensch, Heini, det is 'ne Wucht!«
»Siehste: uff mich mußte hörn, denn looft det.«
Es lief wahrhaftig.
Nach ungefähr einer Stunde schnaubte eine Lokomotive heran, die eine lange Kette Güterwaggons schleppte. In der Kurve kroch sie nur.
»Los!« rief Heini und enterte einen Waggon in der Mitte des Zuges. Ich sprang hinterher.
Wir landeten auf Getreide.
Das war weich, und kauen ließ es sich auch. Ich jubelte: »Morjen sindwa in Berlin!«
Heini steckte die Arme bis zum Ellenbogen in das Getreide und roch daran. »Fantastisch«, sagte er. Immer wieder: »Fantastisch.«

Dann ließ er die Körner durch die Finger rieseln und warf sie hoch, daß sie wie weicher Hagel auf uns herunter regneten. »Ja, wennt jutjeht, könnwa morjen in Berlin sein.«

So gut ging's nicht.
Der Zug fuhr sehr langsam. Er hielt alle naselang, ruckte wieder an, fuhr weiter, blieb schließlich ganz stehen.
Stunden waren vergangen.
Es dämmerte.
Wir vernahmen Stimmen, sahen Leute. Sie schienen sich für unseren Zug zu interessieren. Dahinter, in nicht zu weiter Entfernung, machten wir Kirchtürme und Häuser aus.
»Die tragen Uniformen«, erkannte Heini an den Näherkommenden.
»Russen«, erschrak ich. »Los – runter!«
Wir türmten auf der anderen Seite quer über die Gleise. Keiner verfolgte uns.
Nach einer knappen Stunde erreichten wir ein Dorf. Gleich das erste Haus steuerten wir an. Der Bauer mistete seinen Kuhstall aus.
Es war ein gutmütiger älterer Mann.
Wir erzählten ihm unsere Geschichte. Er sagte, wir wären jetzt in der Nähe von Cottbus, rund 120 km südlich Berlins.
Mein Gott, nur noch 120 Kilometer.
Uns war wie Weihnachten.
Der Bauer bot uns trotzdem an, erst mal bei ihm zu übernachten. Seine Frau war nicht da, auch seine Kinder nicht. Wir halfen ihm bei seiner Arbeit, schliefen in den Kinderbetten und bekamen warmes Essen: Kartoffeln mit Salz, Eier und Milch.
Es war fast wie in der Sommerfrische.
Bloß der Blick in den Spiegel verwirrte: Heini und ich sahen

aus wie zwei ausgewrungene Fußlappen von der Müllkippe.
Wir wuschen uns 'ne volle Stunde.
Dann gab uns der Bauer die Empfehlung, am nächsten Abend zu einer Bahnstation in der Nähe zu wandern, weil dort alle Züge kurz halten mußten. Und daß die meisten Züge bis nach Berlin fuhren, war sicher.
Vorsichtig sollten wir jedoch sein. »Was sich bewegt, sind Russen«, sagte der Bauer.
Er wünschte uns Glück.
Wir hatten es. Mitten in der Nacht stoppte ein Zug an der Station. Wir kletterten auf einen Waggon und fielen wieder in Getreide.
»Det is'n Wink mit'n Zaunpfahl«, fand ich.
Und ich zog meine Strümpfe aus und stopfte sie voll mit Körnern. »Zum Mitbringen, statt Blumen.«
»Is ooch nahrhafter«, bestätigte Heini. Dann füllte er sich gleichfalls die Strümpfe damit.
Wir verknoteten die beiden offenen Enden miteinander und legten uns lang auf das Getreide. Der Zug rollte.
Nur noch 120 Kilometer ...

»Wat los sein wird zu Hause?«
»Wenn ick's wüßte –«
»Obse noch alle da sind?«
»Hör uff.«
»Ick meine – ooch die Wohnung, det Haus.«
»Hör uff!«

Der Zug hielt -zig Mal. Wartete, zuckelte weiter. Wir luchsten hinaus, erkannten Bahnhofsbeschilderungen wie Lübben, Teupitz, Königs-Wusterhausen: die Richtung stimmte.

Vormittags passierten wir die Vorortgrenze von Berlin.
»Wo wirtta halten?«
»Keene Ahnung.«
Er hielt endgültig vorm Görlitzer Bahnhof. »Hier kenn ick ma aus«, rief Heini. »Weiter jeht's nich. Komm, wir vaduften!«
Er sprang ab, ich folgte.
Wir turnten über verbogene Schienen vorbei an Bombentrichtern und gerieten auf eine Straße. Nirgendwo gab es ein Straßenschild. Aber rechter Hand von uns, vor dem demolierten Bahnhofsgebäude, befand sich ein freier Platz. Und jetzt behauptete Heini, die Straße, auf der wir standen, wäre die Oranienstraße.
Ich sah nur Ruinen.
»Wie komm ick denn nu nach Hause, Heini«, fragte ich ratlos.
»Loof die Oranienstraße immer weiter bis zum Moritzplatz. Dann halbrechts halten zum Spittelmarkt, dann ...
»Den kenn ick.«
»Jut, denn findste ja.«
Heini hatte es eilig. Er zeigte nach links. »Ick jeh hier lang, da ha'icks näher.«
Er gab mir die Hand.
Wir waren schon lange Freunde. Wir hatten monatelang gemeinsame Erlebnisse gehabt, unsere Spinde in den Baracken standen nebeneinander, unsere Betten übereinander. Und in den letzten Tagen, den Tagen der Flucht, waren wir uns besonders auf die Pelle gerückt.
Unsere Hoffnungen, Sehnsüchte und Ziele hatten uns zusammengefügt wie'n Topf und 'n Deckel.
Nun trennten wir uns wie zwei Arbeiter beim Schichtwechsel.

»Mach's jut«, sagte ich.
»Mach's besser«, erwiderte Heini.

Ich schob ab.
Am Himmel hingen Wolken, Spatzen zwitscherten auf Trümmerbergen. Aus Häusern mit geborstenen Balkonen, verbrannten Dächern, dunklen Fensterhöhlen tauchten Menschen auf. Die Luft roch, wie wenn zentnerweise Staub von frischem Wind geweckt wird.
Das war Berlin?
Keine Fensterscheiben. Nur Bretter oder Pappe, kaputte Steine, aufgerissener Putz, zerbrochener Stuck. Dazwischen Bäume. Bäume mit grünen Blättern. Und Spatzen.
Das war Berlin.
Ich hatte mir ein falsches Bild bewahrt. Ich mußte umlernen. Der lange Marsch nach Hause war ein Lehrpfad.
Vom Spittelmarkt lief ich zur Friedrichsgracht. Das Wasser dort, ein Arm der Spree, sah aus wie früher: trübe. Ich kam zum Zeughaus, bog Unter den Linden ein und erblickte eine Schneise in einem Wald von Schutt und Scherben.
Auf der Fahrbahn fuhren Russen-Laster, Jeeps. Auf den Bürgersteigen zogen Leute Karren, schoben Kinderwagen. Kinderwagen ohne Babies, bepackt mit Krempel.
Fast jeder schleppte etwas. Und wenn's 'n Rucksack war, 'n Koffer, 'ne Kanne, 'ne Lenkstange vom Fahrrad, Bündel, Kartons, Körbe.
Spitze, blasse Gesichter.
Männer in schlackernden Hosen, Frauen mit Schürzen und turbanähnlichen Kopftüchern.
Ich fiel nicht auf.
Um den Hals baumelten mir die mit Körnern gefüllten Socken, meine Bluse war aufgeschlitzt, meine nackten Beine

1 Mit Schleier, Frack und EK II ... als am 14.3.23. in Frankfurt/Oder der Herbert die Grete nahm.

2 1930, det wilde Kind ist da! Tante Elsa (links) und Mutti singen: »Dein ist mein ganzes Herz«.

3 Ich bin drei. Wo es was zu planschen (und zu trinken) gibt, weiß ich längst.
4 Ziehharmonika konnte ich gar nicht spielen. Da aber ooch keen anderer Ziehharmonika spielen konnte, dachte ich mir, nimmste det Ding, sieht ja nicht schlecht aus ... Wir waren kinderlandverschickt. Es war 1941/42.

5 Unverkennbar der Suppentellerblick à la Juhnke. 1943, die Einsegnung ist erfolgt. Mutter überlegt: Es gibt noch soviel zu tun; packen wa's an!

6 17 Jahre und noch nichts für die Unsterblichkeit getan: als Stenz von der Plumpe.

◁ 7 *Der Null-Ära folgte die Swingtime, 1946, ich trug einen Zweireiher mit Nadelstreifen, ich fand mich Spitze.*

◁ 8 *1950, nach dem ersten Film; Axel von Ambesser sorgte sich: »Mit so einem Gesicht wollen Sie Karriere machen!?«*

9 *Wilfried Seyferth (hier in Camus' »Belagerungszustand«, Münchner Kammerspiele 1950) – für mich war er stets »Herr Seyferth«.*

10 *Viktor de Kowa, schwanenhalsiger Benedict (»Viel Lärm um nichts«, Theater am Kurfürstendamm 19.12.52), und Klaramaria Skala, streitsüchtige Beatrice.*

11 Der Himmel hängt (noch) voller Geigen: mit Sybil Werden auf dem Filmball 1953.

12 Vater und Sohn Peer (»Zusel«) daheim; ich war wohl mehr sein lustiger Onkel.

13 Chariklia Baxevanos: große Augen, dunkle Augen, ein ovales Gesicht, sehr viel mahagonifarbenes Haar und Sex-Appeal; mit Baxi zusammen zu leben, war Leben ohne Pause.

14 1971, Gründonnerstag, dritter Anlauf, zweite Hochzeit (v. l. n. r.: Schwiegervater, Susanne, ich, Schwiegermutter, meine Eltern).
15 Wir sind komplett; es ist Juli 73, Oliver neun Monate, ich spiele »August, August, August«.

16 Für Nachwuchs habe ich gesorgt: Oliver und Peer (rechts Susanne), 1975.

17 Oliver prüft ein Drehbuch; verrückt muß es sein, sagt er fachmännisch.

18 10.6.79: 50 Jahre und kein bißchen leise (mit Vater und Cousin Harald).

steckten in abgewetzten Schnürschuhen. Ihre Farbe war undefinierbar. So undefinierbar wie die Farbe des Getreidestaubs auf meiner Haut.
Die Schloßbrücke über die Spree war behelfsmäßig intakt. Das Schloß kaputt.
Ich überquerte den Hackeschen Markt, stieß zum Rosenthaler Platz vor, drehte mich um. Ich suchte die Kneipe, die hier eine Tante von mir geführt hatte. Die Kneipe war weg. Das ganze Haus lag auf ihr. Wo war Tante Elsa?
Ich tippelte die Brunnenstraße hoch. Am Gesundbrunnen kreuzte ein Mann auf. Der erste, den ich wiedererkannte.
»Harry!« rief er. »Dich jibtet? Wo kommste denn her?«
»Aus der Tschechei. Direktemang.«
»Hamse dich entlassen?«
»Nich janz. Ick hab nachjeholfen.«
»Fein. Und wo willste hin?«
»Nach Hause.«
»Nach Hause?« Er runzelte die Stirn. »Du, ick globe, det bringt nischt. Da brauchste nich mehr hinjehn, da is allet kaputt, und jehört hat man ooch nischt vonnander.«
»Sie meinen . . .«
»Na ja, da mußte mit rechnen – die sind tot.«
Ich verabschiedete mich nicht. Ich ließ den Mann stehen und stürzte die Badstraße entlang.
Überall Trümmer. Auf den Trümmern Frauen mit Schürzen. Und Kopftüchern, die über der Stirn verknotet waren. Die Frauen bildeten lange Reihen. Sie warfen sich Steine zu und schichteten sie aufeinander.
Lauter Frauen – wieso?
Ab der Stockholmer Straße, wo die Panke fließt, rannte ich. Das waren die letzten achthundert Meter.
Ich hechelte in die Zechliner Straße rein.

Die Häuser standen noch. Weshalb hatte der Mann mir erzählt, daß ich damit rechnen müßte ...?
Ich stoppte. Vor mir lag die Fordoner Straße.
Meine Straße.
Ich sah die jungen Bäume, die hier gepflanzt worden waren, als ich noch spielte. Sie strotzten vor Grün. Ich guckte hoch.
Unser Haus! Es stand auch.
Ich jagte los.
Die Tür auf, die Treppen hoch, klingeln, klopfen, Luft holen, rufen: »Ick bin's! Macht uff!«

Erst fielen wir uns um den Hals.
Alle zusammen.
Dann noch mal Mutter und ich, und Vater und ich.
Und erst lachten wir, dann heulten wir und lachten wieder.
Und es war Vater – ich werd's nicht vergessen –, der plötzlich sagte: »Das hab ick jewußt – unser Junge, der schafft das, der kommt zurück.«

III.

Etwa ein Jahr nach Kriegsschluß eroberte ein Theaterstück des Amerikaners Thornton Wilder die deutschen Bühnen. Kritiker und Zuschauer fühlten sich gleichermaßen betroffen. Die Kassen klingelten.
Aber selbst Menschen, die nie ein Theater besuchten, horchten auf.
Sie taten es, weil der Titel des Stücks wie kein anderer bezeugte, was sie in jenen Tagen empfanden.
»Wir sind noch einmal davongekommen« lautet er.
Ich schnappte ihn auch auf. Doch ich benutzte ihn eher erwartungsvoll denn ergeben.

Ob das Jahr 1945 das Jahr Null unserer jüngsten Geschichte oder nichts weiter als die malträtierte Reißverschlußbindung zur Vergangenheit war, weiß ich nicht zu klären. Mir wenigstens stellte es sich als Zäsur dar.
Ich machte nach einigen Wochen eine Kehrtwendung um 180 Grad.
Ich war knapp sechzehn.

Mutter notierte: »Harry heimgekehrt.«
Es war Donnerstag, der 31. Mai 1945, nachmittags.
Mutter mahlte in der Kaffeemühle meine Getreidekörner und backte einen Kuchen. Ich wusch mich. Auf dem Wohnzimmertisch lag die *Berliner Zeitung*.

Ich las die Schlagzeilen:

Vollkommenes Ausrotten des Nazismus
Säuberungsaktion im Gange
Über 3000 faschistische Verbrecher im Mailänder Gefängnis
Verhaftung Knut Hamsuns
Tschechoslowakei: Todesstrafe für Kriegsverbrecher
250 Nazis aus der Schweiz ausgewiesen
Kontrollsystem an der deutschen Westgrenze
Französische Akademie fordert Todesstrafe für Pétain
W. Joice gefangengenommen
Quisling-Prozeß
Absetzung faschistischer Gelehrter in Jugoslawien
Konferenz der Kriegsverbrecher-Kommission
Krieg im Pazifik
Neue japanische Raketenbomben

Im ersten Leitartikel stand:

Da das deutsche Volk die Naziherrschaft duldete und sie im Laufe von vielen Jahren unterstützte, kann es nicht die Verantwortung für den Krieg und seine Folgen ganz und gar nur auf die Führung, nur auf die Naziclique schieben, die Deutschland auf den katastrophalen Weg führte. Daraus folgt, daß das deutsche Volk nicht erwarten darf, daß in kurzer Zeit alles geregelt und vergessen sein wird und ihm vom Himmel die Sterne fallen werden. Nein! In der nächsten Zeit wird es kein Wunder und kein neues Paradies geben, in dem Milch und Honig fließen.

Der zweite Leitartikel begann mit dem Satz:

Instandsetzung, Wiederaufbau, Arbeit, Arbeitseinsatz: das sind Vokabeln, die der Leser nicht nur täglich in den Spalten unserer Zeitung wieder und wieder findet, sondern auch Vokabeln des Berliner Alltags.

In Fettschrift daneben über zwei Seiten die Zeile:

Auf, Berliner – an die Arbeit!

Darunter Berichte aus den Bezirken:

Tiergarten:

Ununterbrochen flutet der Besucherstrom durch die »Sortiersperre« des Rathauses Tiergarten. 3000 Antragsteller wollen täglich abgefertigt werden. Auf dem Vorhof lösen die Kolonnen der zur Arbeit Aufgerufenen den ganzen Vormittag über einander ab.

Weißensee:

Jeder Mann von 14 bis 40 Jahren, jede kinderlose Frau von 16 bis 40 Jahren, die nicht in einem festen Arbeitsverhältnis standen, mußten sich zur Registrierung auf dem Amt für Arbeitseinsatz melden. Dort erhält jeder eine Stempelkarte, mit der er sich täglich zu einer Pflichtarbeit melden muß. Weist seine Karte am Ende dieser Periode nicht mindestens sechs Stempel auf, d. h. wenn er nicht an sechs Tagen der Woche seiner Pflichtarbeit genügt hat, bekommt er nur eine Lebensmittelkarte für »Sonstige Bevölkerung«. – Seit einer Woche ist der Güterbahnhof Weißensee von der Roten Armee wiederhergestellt. Dort treffen täglich Züge mit Lebensmitteln ein, die schnellstens entladen werden müssen.

Wasser gibt es jetzt schon zumindest aus den Leitungen im Keller. Auch auf die Molle wird der Berliner nicht mehr lange verzichten müssen, da die Kindl-Brauerei ihre Arbeit wieder aufgenommen hat.

Neukölln:

Herr Dezernent Sauermann konnte mitteilen, daß bereits 13 400 Familien Obdach erhielten.

Herr Oberbaurat Heyer meldete, daß bisher drei ärztliche Arbeitsstätten, vier Apotheken, 18 Schlächtereien, 19 Bäckereien und 16 Kolonialgeschäfte instandgesetzt sind. In acht Schulgebäuden kann in Kürze der Unterricht wieder beginnen. Auch vier Kinos haben den Spielbetrieb aufgenommen.

Johannistal:

Der Arbeitseinsatz hat alle Einwohner erfaßt. Neben den Anforderungen der Militärkommandantur konnten auch die Ansprüche der zahlreichen Industriebetriebe befriedigt werden. Zwei chemisch-pharmazeutische Fabriken, ein Metallbetrieb sowie die TOBIS haben die Arbeiten wieder aufgenommen.

Die Läden der Kleingewerbetreibenden sind sämtlich geöffnet. Ihre Zahl ist heute schon größer als in der Hitlerzeit, da viele, die ihr Geschäft während des Krieges geschlossen hatten, den Weg zurück in den Frieden fanden. Das Filmtheater am Ort ist ebenfalls in Betrieb. Am letzten Sonnabend hat sogar das »Kaffee am Flugplatz« seine Pforten geöffnet. Die ersten schüchternen Gäste versuchten, den Klängen einer Tanzkapelle zu folgen. Allen erscheint es so unwirklich, daß man nun tatsächlich wieder Musik hören und tanzen kann.

Kreuzberg:

Im Verlauf der letzten Kampfhandlungen hat besonders dieser Bezirk zum Teil recht erhebliche Schäden erlitten, deren Behebung umfangreiche Arbeiten in der nächsten Zeit erfordern wird. Deshalb ein Blick auf die Organisation des Arbeitseinsatzes.

Die einsatzbereiten Kräfte werden von den Hausobmännern den Straßenobmännern, oder wie sie sonst noch genannt werden, den Blockobleuten zugeführt. Die Blockobleute oder Straßenobmänner sorgen für die Weiterführung der Arbeitskräfte zu den einzelnen Abschnitten. Im Stadtbezirk Kreuzberg gibt es insgesamt fünf solcher Abschnitte, an deren Spitze jeweils ein Abschnittsbürgermeister steht. Den Abschnitten übergeordnet ist die in der Yorkstraße befindliche Zentralverwaltung, die sich jedoch bis vor kurzem noch nicht mit den Fragen des Arbeitseinsatzes beschäftigt hatte.

Treptow:

Auf dem Gebiet des Verkehrs haben die Treptower Grund, ganz besonders stolz zu sein: denn schon zwei Wochen nach dem Einmarsch der Roten Armee konnte die Straßenbahnlinie 87 in dichter Zugfolge wieder von Treptow bis Köpenick fahren, wobei es den dankbaren Fahrgästen nichts ausmachte, daß sie in Schöneweide einen kurzen Fußweg bis zur Anschlußbahn zurücklegen müssen. Die zum Bezirk Treptow gehörenden Brücken sind wieder sämtlich passierbar.

Charlottenburg:

»Klamottenburg«, wie der Volkswitz der Charlottenburger voll bitterer Ironie ihren durch den Nazikrieg besonders schwer mitgenommenen Heimatbezirk umbenannt hatte, hat sich in den letzten Wochen unter aktiver Anteilnahme der Bevölkerung immer mehr wieder zu Charlottenburg entwickelt. Da Charlottenburg von allen Berliner Bezirken mit am längsten unter den Kampfhandlungen zu leiden hatte, ist es um so erstaunlicher, daß die Wasserversorgung mit Ausnahme ganz weniger Straßen schon wieder klappt.

Über 50 große Rohrbrüche mußten beseitigt werden, von

zahllosen kleineren Defekten ganz zu schweigen. In diesen Tagen wird es auch endlich so weit sein, daß die Charlottenburger nicht mehr, wie es bisher zum Teil noch war, den köstlichen 1945er Leitungsheimer Sprudelbrunnen eimerweise aus dem Parterre heraufholen müssen; sie werden ihn jetzt wieder direkt von dem Wasserhahn der Küche abzapfen können.

Genauso schwierig wie die Wasserversorgung war die Wiederherstellung der Lichtleitungen. Die elektrischen Hauptkabel sind jetzt wieder repariert und alle lebenswichtigen Betriebe haben wieder Strom und Licht. Die Beseitigung der letzten Mängel ist intensiv im Gange.

Die *Kleine Berliner Chronik* meldete:

Nicht weniger als 11 Banken und Sparkassen haben ihre Schalter im Stadtinnern bereits aufgemacht, weitere folgen in diesen Tagen.

Kaffee und Tee eingetroffen: Die für die Maizuteilung vorgesehenen Mengen an Kaffee und Tee sind eingetroffen und werden bereits in den meisten Bezirken durch die Kleinverteiler dem Käuferkreis ausgehändigt. Der Kaffee wird ungebrannt verkauft.

Vom *Berliner Sport* war zu lesen:

»Rund um den Friedrichshain«

Straßenlauf der antifaschistischen Sportler

Fußballspiel in Britz

Es tut sich was an der »Einsamen Pappel«

Parole: Bis zum Sonntag, dem 3. Juni 1945, ist der Sportplatz fertig.

Die letzte Seite brachte:

Für das Sinfonie-Orchester des XII. Verwaltungsbezirkes

werden noch tüchtige Musiker (Streicher und Bläser) gesucht. Meldungen umgehend erbeten von 10–12 Uhr im Probensaal (Großer Sitzungssaal des Rathauses Steglitz, Schloß-Straße) auch von Musikern und Musikerinnen, die nicht im XII. Verwaltungsbezirk wohnen. Instrument mitbringen.

Amt für Volksbildung des XII. Verwaltungsbezirkes

Artisten gesucht

Für zwei gute Häuser im Bezirk Wedding werden sofort gute Varieté- und Kabarettnummern gesucht. Eilofferten täglich 9–11 Uhr an:

Walter Richard Prenzel, Berlin N 20, Koloniestr. 116, v. III.

Film-Theater Kurfürstendamm

»Klingende Sterne«, musikalische und artistische Revue – William Greihs mit seinen 25 Jazz-Symphonikern, Joan Evens, Trio Borry, Milo u. Stefanie, Duo Jonny, Boho, Sylvia Coletti u. a.

Täglich 16.30 und 19.30 Uhr/Premiere 2. Juni 1945

Tribüne am Knie

ab Freitag, 1. Juni, täglich 6 (18) Uhr, Ende gegen 8 (20) Uhr

Buntes Kleinkunst-Programm: »Heute abend um 6« bei

Ilse Werner, Viktor de Kowa, Michi Tanaka, Karl Schönböck, Nina Konsta, Günther Lüders, Ann Höling, Emil Surmann, Else Werdermann, Wolf Dohnberg, Martina Holl, Gustav Bertram, Violette Rensing, Anton Herbert

Am Flügel: Georg Haentzschel

Kabarett der Komiker

Sonnabend, den 2. Juni 1945, erste öffentliche Vorstellungen, 15 Uhr u. 18.30 Uhr pünktlich:
»Rosen auf den Weg gestreut«
Eine kabarettistische Bilderfolge
Text und Musik: Heino Gaze, Regie: Joe Furtner, Tänze: Jens Keith, Ausstattung: André, Musikalische Leitung: Heino Gaze, Gesamte künstlerische Leitung: Willi Schaeffers
Mitwirkende: Hilde Seipp, Brigitte Mira, Eveline Künneke, Olga Rinnebach, Undine Medvey, Kurt Engel, Henry Lorenzen, Georg Thomalla, Joe Furtner, Hans Fritz Beckmann, Alfred Beierle, Will Höhne, Kurt Ackermann, Günther Werner, Willi Schaeffers

Maurer und Glaser

werden sofort eingestellt: August Scherl Nachf., Berlin SW 68, Zimmerstraße 35–46

Aus dem Leserkreis

Was wird aus dem Richardplatz?
So wird mancher Neuköllner fragen, wenn er den Richardplatz – früher ein Schmuckkästchen in unserer schönen Stadt – in seiner jetzigen Verfassung sieht. Niemand wird bestreiten, daß die wüsten Schutthaufen, die bisher auf den Fußwegen gelegen haben, weggeschafft werden mußten. Jetzt aber türmen sich Asche, Schutt und Müll zu Bergen auf dem Richardplatz. Man wollte damit die riesige Baugrube ausfüllen, die noch kurz vor Kriegsschluß für irgendeine militärische Anlage ausgehoben worden ist. Aber selbst wenn das geschehen würde, wo bleibt dann der Sand, der damals rings um die Baugrube aufgeschüttet wurde? Wäre es nicht besser, wenn man für

die Abladung des Schuttes einen anderen Platz angewiesen hätte? Jetzt wird nichts anderes übrig bleiben, als den ausgehobenen Sand wegzuschaffen. Diese Arbeit hätte man sich sparen können. Nicht nur die Anwohner des Richardplatzes haben an dieser Frage Interesse, sondern ganz Neukölln.

Atha

Anmerkung der Schriftleitung: Die Frage ist an die falsche Adresse gerichtet. Wie wäre es, wenn die Anwohner des Richardplatzes und andere aufbauwillige Neuköllner nicht erst »Direktiven von oben« abwarten, sondern selbst eine Lösung suchen würden?

Ich legte die Zeitung weg.
Das also war die neue Zeit. Wer mit ihr klarkommen wollte, *wartete nicht erst »Direktiven von oben« ab, sondern suchte selbst eine Lösung.*
Auf's Schalten kam's an.
Ich schaltete noch am Abend meiner Heimkehr.
Mutter jammerte: »Der Strom is schon wieder abgesperrt. Jeden Tag dasselbe. Nicht mal 'ne Tasse Muckefuck kann man sich kochen, es ist zum Davonlaufen.«
Mir fielen die Bäume in unserer Straße ein.
Wozu wurden die immer noch von armdicken Stämmen gestützt? So jung waren sie doch gar nicht mehr. Und überhaupt: wer diesen Krieg überstanden hatte, würde wohl auch mit ein paar Windstärken fertig werden.
»Det ham wa gleich«, tröstete ich Mutter.
Ich ging hinunter und schnappte mir den ersten Stützstamm.
Er war knochentrocken.
Vater protestierte zwar, aber er protestierte nur schwach.
Dann holte er eine Säge.

Wie wäre es, wenn die Anwohner ... nicht erst »Direktiven von oben« abwarten, sondern selbst eine Lösung suchen würden?
Vater hatte noch viel zu sägen: Jeder Baum in unserer Straße besaß so 'ne überfällige knochentrockene Stütze.

*

Außer der Vorder- und Rückseite hat jede Münze auch einen Rand. Silberne Heiermänner verkündeten dort ganze Kalendersprüche – eine Randbemerkung zu meiner ersten Filmmünze (um nicht etwa von 'ner Medaille zu reden) kann ich gleichfalls noch beisteuern.
Zugegeben, ich forderte sie heraus.
Der Film lief in Berlin an. Ich hatte schon in der Nacht zuvor beobachtet, wie dafür die riesige Dekoration über dem Kinoeingang angebracht wurde. Und zwar hatte ich es deshalb beobachtet, weil da nun neben anderen auch mein Kopf herunterprangte – zum ersten Mal, das zog mich an.
Dann war Premiere. Und wie 1950 üblich: großer Bahnhof. Aber am nächsten Tag hatte sich der Rummel bereits verlaufen. Die Kritiken waren lau bis kühl. Dazwischen fand ich mich erwähnt.
Ich dachte, das kann doch nicht alles gewesen sein.
Und drei Tage später spazierte ich erneut vor dem Kino auf. An meiner Seite Wolfgang Gruner.
Wolfgang besuchte mit mir gemeinsam die Schauspielschule. Er war noch kein »Stachelschwein«, aber schon helle.
Wie helle, erprobte ich jetzt.
Es ging ganz einfach.

Ich guckte verzückt auf mein überdimensionales Kino-Konterfei und sagte versonnen: »Unheimlich is det, ja – gradezu unheimlich . . .«
»Wat is unheimlich?«
»Na, wie ick bereits populär bin.«
»Duuu?« Wolfgang glaubte wohl, sich verhört zu haben.
»Aber ja, wenn ick's dir sage: Ick bin populär! Seit drei Tagen!«
»Du spinnst!«
»Soll icks dir beweisen?«
»Ja, det möcht ick sehn.«
»Jut. Ick jeh voraus. Du bleibst zehn Meter hinter mir. Und dann kannste sehn, wie die Leute sich nach mir umdrehn – ja?«
Wolfgang grinste. »Is jeritzt«, sagte er und blieb zurück.
Ich stolzierte ab. Den Kopf hoch, die Brust raus.
Wolfgang guckte.
Er paßte auf wie'n Schießhund. Er wollte nicht wahrhaben, was ich behauptet hatte, aber er mußte es mit eigenen Augen ansehen: Nicht einer, nicht zwei, sondern -zig Leute drehten sich um und starrten mir nach.
Wolfgang war fassungslos.
Es hielt ihn nicht länger auf die Distanz. Ich hörte ihn hinter mir herhasten.
Und er erreichte mich und platzte heraus: »Also nee – Harald, du wirst bestimmt 'n Weltstar!«
Ich nickte. »Sach ick doch.«

Wolfgang Gruners Respekt währte immerhin fünfzig Meter weit. Als sich dann niemand mehr nach mir umdrehte, wurde er wieder mißtrauisch. »Wieso reagiert denn jetzt keener?«

»Moment«, antwortete ich, holte ein Markstück aus der Tasche, spuckte darauf und klebte es mir an die Stirn. »Paß uff, gleich jeht's wieder los!«

*

Weder bin ich gern noch ungern in die Schule gegangen. Ich bin gegangen, weil ich mußte.

1945, nach Berlin zurückgekehrt, mußte ich wieder.

Was mich und Tausende anderer Heldenknaben nämlich auch freiwillig aus der Schule getrieben hatte, war nun der Schnee von gestern: das Abitur wurde nicht länger verschenkt, es durfte wie früher erbüffelt werden.

Die Erziehungsberechtigten applaudierten. Sie erkannten darin einen Schritt zur Wiederherstellung einer heilen Welt.

Die meisten Schüler maulten.

Sie empfanden es als Tortur, nach den Erfahrungen des letzten Jahres, in dem sich alles verändert hatte, so tun zu müssen, als hätten sie sich nicht verändert.

Einigen gelang das.

Ich versuchte es erst gar nicht. Und ein bißchen verhalf mir auch mein tschechischer Passierschein zu dieser Haltung.

Den besaß ich ja noch.

Bei der polizeilichen Wiederanmeldung wußten die Beamten nichts damit anzufangen. Sie reichten ihn mir zurück. Und ich dachte schon selber nicht mehr an das Papier, als mich eines Tages Mutter zum Einkaufen schickte.

Es ging um einen Kohlkopf, aufgerufen auf Abschnitt soundso. Die Schlange der Kohlkopfkaufgierigen betrug gut fünfzig Meter.

Da sah ich plötzlich, wie sich zwei dunkelhaarige junge Männer an der Schlange vorbei in den Laden bewegten und nach Minuten wieder heraustraten: unterm Arm einen Kohlkopf.
»Wat denn«, wurde ich sauer, »unsereener steht sich de Beene in'n Bauch, und die Abziehbilder da loofen einfach nach vorne und kriejen den Kohl ooch. Wo jibt's denn so wat?!«
»Na hier«, klärte mich eine Frau auf. »Det is doch nischt Neuet: Ausländer jehn vor.«
»Ausländer? Wieso – die ham ja jar keene Uniform!?«
»Nee, det sind ooch keene Soldaten. Det sind DPs.«
»Dipies? Wat heißt dat denn?«
»Weeß ick nich jenau. Aber et sind uff alle Fälle Ausländer. Fremdarbeiter, ehemalige Fremdarbeiter, mein ick, und hauptsächlich aus'm Osten welche.«
»Ooch aus der Tschechei?«
»Sicher«, sagte die Frau. »Vom janzen Balkan und weeß der Deibel woher.«
»Und warum wolln die nich retour? Die ham doch jesiecht!«
»Jaaa – aber det klappt wohl nich so schnell. Und«, flüsterte sie schließlich, »man hört ja ooch, se wolln jar nich – wejen de Russen.«
»Ach sooo is det . . . na ja«, beendete ich diese Aufklärungsrunde.
Und dann stand ich eine weitere halbe Stunde an. Doch als ich glaubte, nun würde ich gleich meinen Kohlkopf bekommen, da gab's keinen Kohl mehr.
Da gab's nur noch Gelackmeierte wie mich.
»Scheiße«, fluchte ich und beschloß: Det passiert mir nich noch mal!
Es passierte mir auch nicht mehr.

Jedenfalls nicht zwei, drei Straßen entfernt, wo man mich nicht kannte. Wo aber auch schlangegestanden wurde, weil es 'ne Handvoll Kartoffeln oder pro Nase drei Äpfel gab.

Dort überall stakste ich nun sofort an die Spitze der Schlange, wedelte mit meinem tschechischen Papier, rollte die Augen und radebrechte mit kehligem ›ch‹ triumphierend: »Is Dokumenta: ich Chechoslowak, ich nicht notwendig zu stehen hier – du verstehen?!«

Gewiß doch.

Vor Dokumenten mit bombastischen ausländischen Stempeln wich jeder zurück.

Eine Gasse öffnete sich.

Eine, die nach vorn führte.

Ich folgerte: Immer druff zu, Harry, und nicht umdrehn!

Unterdessen war Berlin Vier-Sektoren-Stadt geworden. Zu uns, in den Wedding, kamen Franzosen.

Amis wären uns lieber gewesen.

Amis machten Geschäfte. Geschäfte waren nötig zum Überleben. Vor der Reichstagsruine entstand der größte Schwarzmarkt Berlins. Ganze Wagenladungen amerikanischer Zigaretten wechselten dort täglich ihre Besitzer.

Nur, um da mitmischen zu können, brauchte man Startkapital. Ich hatte keins.

Ich mußte mich vorerst damit begnügen, in der Schule ein Stück Stalintorte (das war eine Scheibe trockenes Brot) gegen zwei Zwiebeln zu tauschen. Oder fünfzig Gramm Zucker für einen alten Gummiball. Als plötzlich in meiner Klasse laut wurde: »In der Grüntaler Straße, in der Westminster-Bar, verkehren französische Offiziere.«

Wenn es mit rechten Dingen zuging, konnte das eigentlich bloß bedeuten, die armseligen Vettern der superreichen

Sieger aus Übersee würden jetzt auch ans Schieben denken. Bis dahin standen sie im Ruf, vor allem arrogant zu sein.
»Det läßt sich ja nu feststellen«, hieß es.
Also nischt wie hin.
In jenen Tagen, da es offiziell kaum etwas zum Essen und noch weniger zum Anziehen zu kaufen gab, schossen in den verbliebenen Ladenlokalen Kneipen wie Pilze empor.
Jede nannte sich Bar.
Jede zweite machte Musik. Tanzmusik. Denn zum Tanzen fanden sich viele Gründe. Der wichtigste war: man lebte noch.
Und darauf konnte getrunken werden.
Es wurde reichlich zum Trinken angeboten. Alkoholisches in allen Farben und Zusammensetzungen. Doch diese Auswahl stammte gleichfalls vom Schwarzen Markt oder aus Schwarz-Brennereien. Und damit hatte sie ihren Preis.
Die Westminster-Bar machte da keine Ausnahme. Ich kippte schon deshalb dort ausgiebig Sprudel, neben Bier das einzige legale Getränk.
Freilich war's auch das einzige, was mir überhaupt schmeckte. (Ich hieß ja noch Harry – erst dem Harald schmeckten dann andere Sachen um so mehr.)
Ich ging in die Westminster-Bar, um auf 'ne Quelle zu stoßen. Eine Quelle überlebensnotwendiger Geschäfte.
Die halbe Klasse bohrte dort danach.

Ich fand am dritten Abend eine. Sie hieß Uschi.
Äußerlich so hübsch wie Margot Hielscher, war sie mir schon vorher aufgefallen. Aber da hatte sie stets einen französischen Leutnant an der Hand, und Kenner der Szene erläuterten mir: »Det is Franzosen-Uschi. Die is jut bewacht, machda keene Hoffnung.«

Nun sah ich das freilich nicht ein.

Und am dritten Abend geschah es denn auch: Uschi wartete vergeblich auf ihren Leutnant, die Musik spielte »Sentimental journey«, ich tigerte zu der Schönen, sagte korrekt: »Darf ich bitten« – und Uschi, ein wenig überrascht, sagte: »Ja.«

Wahrscheinlich hatte seit Wochen kein Eingeborener mehr versucht, mit Uschi anzubändeln. Vielleicht war ich genau in der richtigen Minute aufgetaucht – wenigstens fühlte ich, bei Uschi hatte ich Schlag.

Augenblicklich.

Und natürlich brachte ich Uschi anschließend nach Hause.

Uschi war Schutz ja gewöhnt.

Ich wunderte mich lediglich, als sie mir sagte, nun könnte ich sie auch die ganze Nacht über beschützen.

So rasch hatte ich das gar nicht erwartet.

Aber ich blieb.

Und ich beschützte sie nach Kräften.

Am Morgen servierte mir Uschi dann ein Frühstück, das sich sehen lassen durfte. Dergleichen hatte ich seit Monaten nicht mehr zu kauen gehabt.

Weißbrot gab es, Butter, Käse, Schinken und echten Bohnenkaffee.

Ein Paradies.

Uschi merkte, wie unchristlich es wäre, mich sang- und klanglos daraus wieder zu vertreiben. Ihr Angebot war fair. »Abends geht's nich immer, das weißt du«, sagte sie. »Aber komm doch nachmittags.«

Ich blinzelte.

Mannomann, Frauen lassen sich wat einfalln ...

Nachmittags also. Warum nicht?

Und es war ja auch wohl keine Liebe. Es war weit mehr eine

Interessengemeinschaft nach Art der Zeitumstände. Nützlich für jede Seite.

Franzosen-Uschi, entdeckte ich nämlich, begriff den Nachmittag so kaufmännisch wie die Nacht. Was der eine abends ablud, konnte sie durch den anderen tagsüber an den Kunden bringen lassen. Ihre Wohnung in Pankow war eine Drehscheibe, Uschi makelte zwischen West und Ost.

Ich wurde ihr Bote.

Als äußeres Zeichen erhielt ich gleich mal von ihr eine getragene, aber ungemein flott aussehende und gut sitzende französische Offiziersjacke. Darüber hinaus erhielt ich Prozente.

Uschi zählte zum Marketenderschweif der Franzosen. Sie kannte sämtliche Zapfstellen für Lebensmittel, Schnaps, Kaffee und Zigaretten. Sie hatte ein Dutzend und mehr Abnehmer und Verteiler im Griff.

Aber das Besondere war, Uschi wußte auch um die speziellen Wünsche etlicher russischer Offiziere.

»In Karlshorst hamse alle 'n Tripper«, erzählte sie mir. »Dürfen se aber nich haben, sonst müssen se zurück. Keener will zurück. Also, Harry, machen wir das Jeschäft: Ich besorge Penicillin, du bringst es hin. Da bleibt schön was hängen ...«

In der Tat, dabei blieb allerlei hängen.

Ich fuhr so oft nach Karlshorst wie möglich. Ich riß mich richtig darum. Denn die Russen, die ich immer im hinteren Teil einer Kneipe traf, waren großzügig.

Ich dankte dem Tripper.

Ich hatte ja keinen.

Aber bald hatte ich Startkapital. Und als eines unschönen Tages Franzosen-Uschi mir ihre Gunst und den Nachmittagskaffee verweigerte, wußte ich mir zu helfen.

Ich zog einen eigenen kleinen Verschiebebahnhof auf. Das Stellwerk verlegte ich in die Westminster-Bar.

In der Westminster-Bar regelten Angebot und Nachfrage den Verkehr. Zur exakten Beschreibung: der Laden war immer voll.
Heini Holl lernte ich hier kennen.
Damals war er noch nicht so kugelig wie heute. Und weder er selber noch andere ahnten, daß er mal beim Film eine Kugel schieben, eine Bar leiten und anno 80 das beste Prominentenrestaurant Berlins mit bürgerlicher Küche haben würde. Damals handelte er wie alle in der Westminster-Bar. Mit allem, wonach gefragt wurde.
Am meisten wurde nach Zigaretten gefragt – wer qualmt, scheucht den Hunger, sagte mein Vater.
Ich weiß nicht, ob er das nur sagte, weil er qualmte.
Ich rauchte nicht.
Doch brachte ich Vater täglich Zigaretten mit. Gratis, als kleinen Pachtzins für die große Freiheit, die er mir gewährte. Und Mutter überreichte ich Kaffee. Und für uns alle organisierte ich Brot, Butter und Käse.
Einer mußte es ja tun.
In jeder Familie tat es der Talentierteste. Oder derjenige, der sich dafür hielt und vordrängelte.
Ich mußte mich gar nicht drängeln. Niemand machte mir daheim meine ungewöhnliche Position streitig.
Allerdings hatte ich deshalb – außer der Anerkennung – auch die Verluste allein zu tragen.
Meinen größten erlitt ich auf klassische Weise.
Gemeinsam mit einem Schulfreund suchte ich eine fremde Wohnung auf, um Zigaretten zu kaufen. Tausende Zigaretten.

Sie sollten preiswert sein. Preiswerter als üblich.
Ich glaubte, ich wäre auf eine Goldader gestoßen, auf'n Waggon- oder LKW-Schieber der Superklasse. Denkste.
Die Wohnung war völlig leer.
Und der Typ um so ausgebuffter.
So einem war ich noch nie begegnet.
Er knöpfte mir mein ganzes Geld ab, versprach in zehn Minuten mit den Zigaretten wiederzukommen, verschwand – und blieb verschwunden.
Ich wartete vier Stunden: vergeblich.
Ich tobte, heulte, schrie: umsonst.
Zehnmal bin ich dann noch zu der leeren Wohnung gepilgert. Tag für Tag. Es lohnte nicht. Ich erfuhr lediglich, daß dem Kerl die Wohnung weder gehörte, noch daß er jemals von jemandem gesehen worden war.
Ich war einem Phantom aufgesessen.
Einer mußte es ja tun: in jeder Familie tat es der Talentierteste.

Mutter hatte die Idee.
»Laß uns in den Ferien zu Oma und Opa nach Frankfurt fahren«, sagte sie. »Da vergeht der Ärger, da kommst du auf andere Gedanken.« Eine gute Idee.
Nur kam ich deshalb nicht unbedingt auf andere Gedanken.
Ich traf nämlich meinen Cousin Harald. Und der arbeitete in einer Lebensmittelfirma.
Es war wirklich nicht schwer auszurechnen, welchen Gewinn ich in Berlin erzielen würde, wenn mich mein begabter Cousin fortlaufend mit Korn beliefern würde. Korn in Flaschen. Die Flasche zu 50 Mark.
Wie gesagt, die Idee, nach Frankfurt zu fahren, war gut. Sogar sehr gut.

Ich fuhr fortan jedes Wochenende rüber. Ich wollte meinen Phantom-Verlust wieder wettmachen. Es gelang: in Berlin kassierte ich pro Flasche das Fünffache.
Einer mußte es tun.

Einer mußte in Frankfurt/Oder aber auch Annelore treffen. Ich traf sie – nicht anders als mein Vater meine Mutter zwei Jahrzehnte zuvor – in einem Saallokal. Im »Leipziger Garten«. In dem Saal wurde geschwoft.
Die Kapelle spielte die Zonen-»Sentimental journey«-Version, alle sangen: »Stell dir vor, wir hätten was zu rauchen/ Stell dir vor, wie schön das wär' ...«
Ich sah Annelore an. Zum Anbeißen war sie.
Die Kapelle spielte: »Wenn ich dich seh', dann fange ich zu träumen an ...«
Ein Anschleicher.
Da forderte ich Annelore auf. Wir tanzten.
Wir tanzten jedes Wochenende.
Ich war von Kopf bis Fuß auf Annelore eingestellt. Ich war zum ersten Mal verliebt.
Aber Annelore lehrte mich: Liebe ist geduldig sein.
Sie war noch etwas jünger als ich, ging zur Schule wie ich, hatte Sehnsüchte wie ich – nur erfüllte sie sich die nicht so ungestüm wie ich.
Annelore war ein Traum.
Er blieb es weit über ein Jahr. Die vetterliche Korn-Quelle war längst versiegt.

Der schöne Horst trat jetzt auf den Plan. Horst Motzek.
Er hatte die Schule gewechselt. Er kam in meine Klasse, um dem Ziel Abitur auf der Fährte zu bleiben. Daß wir beide keine Eignung zum Fährtenlesen bewiesen, muß uns sogleich verbunden haben.

Im übrigen imponierte er mir. Horst war ein schicker Junge. Seine Anzüge waren maßgeschneidert, sie hatten den letzten Pfiff, er wirkte reifer, überlegener.
Und um das zu erreichen, mußte der schöne Horst nicht mal die Zeit nach den Schulstunden mit Geschäften vertrödeln.
Sein Vater war Fleischer.
Horst saß auf einer Goldmine.
Da saß ich nie. Aber Horst regte mich an, zumindest nach außen hin jetzt so zu tun.
Ich hatte mich ja immer den Anforderungen der Zeit gestellt, nun folgte der Null-Ära die Swingtime. Ich wurde, was man in Berlin einen Stenz nannte.
Trug blaue Wildlederschuhe mit Keilabsatz, einen hellgrauen Zweireiher mit dunkelblauem Nadelstreifen und dazu einen breitkrempigen Hut à la Humphrey Bogart. Ich fand mich Spitze. Und die Spitze der Mini-Playboys in der Gegend um den Gesundbrunnen bildete ich allemal.
Ich und der schöne Horst.
Wir ähnelten uns immer mehr.
Wir hatten sogar den gleichen Berufswunsch: Mediziner wollten wir werden. Irgendwo in weiter Ferne schwebte uns eben was rechtschaffen Ordentliches vor.
Irgendwann . . .
Und es hing auch noch da, als wir erkennen mußten, daß uns die Schule in unseren Überlegungen nicht folgen mochte. Statt der Versetzung trug man uns eine Vertragsverlängerung an.
Ich wurde pampig.
Der schöne Horst stichelte: »Hätt ick bloß nich uff dich jehört, so'n Scheiß. Ick wollte den Lateinpauker einladen. Der hätte zu Hause bei uns 'n schönet Essen jekricht, noch 'n paar Würschte extra zum Mitnehmen, und die Sache wäre

jeloofen jewesen – so loofen ja -zig Sachen. Aber nee, du mit deine Skrupel: vonwejen Pauker lassen sich nich so leicht abspeisen.«
»Det gloob ick ooch immer noch.«
»Aber vasuchen hättenwat können!«
»Quatsch. Da wärnwa jenau so rinjefallen.«
»Nu sindwat ooch.«
»Abwarten.«
»Wieso? Weeßte wat?«
»Ja. Vielleicht. Ick muß dir nämlich sagen, ick hab den Kanal voll von unserer Penne. Ick schlage vor, wir machen 'ne Bieje.«
»Wohin? Ick hab ja schon mal jewechselt, dauernd kann man det nich machen, wer sollma denn jetzt nehmen?«
»Na 'ne Privatschule, Hotte!«
»Privatschule? Jibts die schon wieder?«
»Ja. Hab ick inner Zeitung jelesen. In Wilmersdorf isse. Und inne Zeitung stand die Anzeije, daß se Schüler uffnehmen bis zum Abi.«
Horst staunte.
Ich sagte noch: »Det kostet natürlich wat. Aber det macht nischt. Soville könn wir uns ja leisten.«
Und dann leisteten wir's uns.
Nur leider war dieses Privatinstitut für neureiche Faule in einem städtischen Schulgebäude untergekommen. Vormittags ochsten dort Kinder von Normalverbrauchern. Wir durften erst nachmittags rein.
Und das, stellten wir fest, war nun ein gravierender Fehler in unserer ehrgeizigen Rechnung.
Nachmittags stand uns der Sinn nach Lektionen noch weniger als vormittags. Nachmittags, zur Five-o'clock-tea-time, zog es uns gewöhnlich ins Kino.

Denn ein selbständiger Geschäftsmann wie ich, der nur am Abend die Kundschaft bedienen konnte, dürstete nach Entspannung.
Und wozu verdiente er überhaupt den Zaster?
Nee, die Privatpenne war eine Fehlinvestition: Wir rasselten beide durch die Prüfung.
Horst wartete mit dem letzten Rezept auf.
»Am Bahnhof Zoo«, verriet er, »hab ick eenen jetroffen, der vakooft Abizeugnisse.«
»Wat – vakoofen?«
»Ja. 150 Mark sollnse kosten. Det is doch keen Jeld!«
»Nee«, winkte ich ab. »Aber det is denn ooch det Papier nich wert. Uff jeder Uni würdense det uffdecken – lasset sein, Hotte, der Zuch is abjefahren, wir müssen die Zukunft neu überdenken.«

Vater und Mutter dachten mit.
Bis dahin hatten sie uneingeschränkt ihrem Harry vertraut, aus jeder Situation selbst einen Ausweg zu finden. Und bis dahin hatte ich sie ja darin auch nie enttäuscht. Die neue Lage war absolut ungewohnt.
»Zu irgendwas mußte doch Lust haben«, bohrte Vater.
Lust?
Ich hob die Schultern, ließ sie fallen. Ich wußte nicht, was ich antworten sollte. Lust darauf, einen bestimmten Beruf auszuüben, verspürte ich nicht.
Ich hatte immer in den Tag hineingelebt, tat es noch. Der Blick über den Tag hinaus, auf die in der Ferne anvisierte Arzt-Tätigkeit war nie etwas anderes gewesen als ein Markierungspunkt. Aus eigenem Antrieb hatte ich noch keinen Schritt auf dieses Ziel hin getan.
Und ich war nun auch mehr verblüfft denn verbittert: Mein

Spind, den ich allem unordentlichen Dasein zum Trotz stets peinlichst aufgeräumt halte, war beim Appell aufgefallen. Jemand hatte ihn eingerissen.
Da sagte Mutter: »Vielleicht haste Lust, Dentist zu werden, Harry? Dentisten brauchen kein Abi.«
Ich guckte hoch. Dentist? In den Zähnen von anderen Leuten rumpolken?
Also – das riß mich genauso wenig vom Stuhl.
Aber so verkehrt war es womöglich auch nicht, immerhin ist Dentist was Ordentliches. Und was Ordentliches sollte es ja schon sein.
Ich nickte.
»Na jut denn«, versprach ich. »Ich werd mich drum kümmern, wie man det wird.«
Und ich versprach's nicht nur, ich tat es sogar. Wenngleich ohne Eile.
Ohne Verlangen sowieso.

Es wird schlichtweg Zufall gewesen sein, daß mir dabei ein ehemaliger Schulkamerad in die Quere lief. Zufall oder – ich weiß es nicht.
Ich weiß nur: er lief.
Und unversehens stapfte ich hinterher in eine gänzlich neue Richtung.

IV.

Berlin im Frühjahr 1948 ist Viersektorenstadt. Berlin ist aufgeteilt, aber nicht abgeteilt.
Zehntausende arbeiten hier wie dort, wohnen dort und hier.
Zehntausende passieren die Sektorengrenzen.
Täglich.
Es gibt keine bestimmten Übergänge. Jede Straße von West nach Ost verbindet Ost und West. In beide Richtungen flutet der Verkehr. Berlin im Frühjahr 1948 ist Viersektorenstadt, aber noch keine Halbstadt.
Im August 1946 haben vielmehr die 3,2 Millionen Nachkriegsberliner eine vorläufige einheitliche Verfassung aufs Auge gedrückt bekommen. Im Oktober 1946 durften sie sogar erstmals den gemeinsamen Magistrat wählen, dessen Sitz traditionell in Berlin-Mitte (russischer Sektor) ist. Hüben und drüben sind also noch keine Schlagwörter, obschon für ein Hüben und Drüben längst Beweise vorliegen.
Der markanteste ist politischer Art. Statt nämlich von einem Oberbürgermeister Ernst Reuter (SPD), dem überlegenen Gewinner jener 46er Wahl, wird die Stadtverwaltung von seinen beiden Stellvertretern Louise Schröder (SPD) und Ferdinand Friedensburg (CDU) geleitet. Der Grund: Drüben ist Reuter unbeliebt, folglich verweigerte die alliierte Kommandantur für Hüben und Drüben die Bestätigung seiner Wahl.

Aber das ist im Frühjahr 1948 kein Thema mehr. Berlin-Politik ist ein Thema für die Weltpresse. Der Berliner Normalverbraucher beschäftigt sich mit sich selber.
Berlin ist aufgeteilt, aber nicht abgeteilt.

Der Morgen, die Tageszeitung der Liberal-Demokratischen Zeitung Deutschlands, Verlag: Berlin W8, Taubenstraße 48/49 (russischer Sektor), räumt am 8. April 1948 denn auch sehr hautnahen Leser-Problemen Platz ein.

Jemand namens W. W. aus Berlin W schreibt da:

> Mein Tischnachbar klagte, falls er täglich in einer Volksgaststätte esse, käme er mit seinen Fettmarken nicht aus. Wenn er von seinen zehn Gramm für jede Mahlzeit fünf abgeben müsse, so sei das eine übermäßige und unzeitgemäße Forderung. Man sollte es zum mindesten so einrichten, wie man es aus anderen Städten erzählt, daß es für fünf Gramm Fett zwei Essen gebe. Aber wer hat schon mal zweieinhalb Gramm Fett auf einem Haufen gesehen? Das gäbe wirklich nur zweieinhalb kleine blinzelnde Fettaugen auf der Suppe. Nein, dann könnte man schon ganz darauf verzichten und, wie es jede Hausfrau auch machen muß und kann, ohne Fett kochen. Man sollte nur, gerade jetzt, den Gaststätten die Möglichkeit geben, einigermaßen nahrhafte und ausreichende Essen zu bieten, auch ohne Markenabgabe.

Ferner widerspricht der stellvertretende Leiter der Abteilung für Rechtswesen beim Magistrat, Dr. Mittag, als Vorsitzender der Entnazifizierungskommission für Juristen einer im *Morgen* kürzlich veröffentlichten Leserklage über den Kasernenhofton dieses Vorsitzenden.

Und natürlich widerspricht er energisch:

Es ist leider eine Erfahrungstatsache, daß sowohl Appellanten wie Zeugen vor der Entnazifizierungskommission sich eines Verhaltens befleißigen, das von vornherein ausdrücken soll, wie wenig ernst sie die Kommission nehmen. In nicht mißzuverstehenden Gebärden pflegen sie ihre Nichtachtung auszudrücken. Das kann ich als Vorsitzender nicht hinnehmen. Keine Behörde oder behördliche Einrichtung, wie es die Entnazifizierungskommission ist, kann ohne eine gewisse Autorität auskommen. Je weniger Wert sie darauf legt, um so weniger darf sie sich wundern, wie schnell sie plötzlich verschwunden ist! Ich halte es darum für richtig, wenn die Zeugen vor der Entnazifizierungskommission auf ein würdiges Verhalten hingewiesen werden und es zum Beispiel nicht geduldet wird, daß sie die Eidesbelehrung mit Händen in den Taschen anhören. Vor Gericht wird das als Ungebühr geahndet.

Danach vermittelt das *Berliner Notizbuch* Trost. Trost wie diesen:

Wie uns das Haupternährungsamt auf telefonische Anfrage mitteilt, ist nun endgültig entschieden, daß die Kartoffeln für April und Mai auf Abschnitt B der Dezember-Fleischkarte nachgeliefert werden. Die Ausgabe wird sich jedoch noch um einige Tage verzögern.

Bestimmt, möchte ich hinzufügen. Aber schon die nächste Eintragung verschafft vollständige Erquickung:

In diesen Tagen werden aus einer Papierlieferung der sowjetischen Militärregierung rund 50 000 »Volk- und Wissen-Bildschulhefte« an die Schulen des sowjetischen Sektors verteilt.

Ja, das löst Vorfreude aus.
Und der letzte Vermerk besänftigt total:

> Auf Abschnitt 38 des Haushaltsausweises 4. Ausgabe erhalten im Bezirk Prenzlauer Berg Haushalte mit einer Person ein Kärtchen Stopftwist, mit zwei Personen zwei Kärtchen, mit drei und vier Personen drei Kärtchen, mit fünf und mehr Personen vier Kärtchen.

Beachtenswert sind außerdem die Anzeigen.
Frau oder Herr Rydrych aus Berlin-Karow sucht:

> Teppich, 2,5 × 3,5, Kauf oder Tausch, gebe modernes Radio.

Chiffre 131, *Morgen*-Filiale Berlin-Halensee:

> Stiefel, neue, elegante Gr. 39, tauscht gegen reinwollenen schwarzen Damenmantelstoff.
> Dachpappen geben wir für Altpapier, auch angebranntes und nasses. Zuschr. u. C/2820 an WUV Anzeigen Expedit. Bln. W 30, Augsburger St. 60.
> Tausch! Suche Bettcouch, zwei Sessel, rund. Wohnz.-Tisch, Ankleideschrank 1.80–2 m nur mod. u. neuwertig gegen einsteinigen D.-Brillantring u. D.-Armbanduhr (585), Klemke, Weißensee, Berliner Allee 178.

Das Hotel Westfalia, Kurfürstendamm 217 inseriert ganz fett:

> Deutsche Dogge privat zu kaufen gesucht. Außerordentlich groß und stark, schwarzweiß gefleckt od. einfarbig. Hund kommt in tierliebende Hände.

Hingegen bescheidet sich die Alpex-Gesellschaft, Großhandlung feiner Parfümerien und Kosmetik, Bln. C 2, Eli-

sabethstr. 36, indem sie nur einen *Musterkoffer, auch gebraucht*, sucht.
Donnerstag, der 8. April 1948, ist ein typischer Alltag dieses Frühjahrs.
Die Schlagzeile heißt: *Robertson-Rede ohne Sensationen.*
Gemeint ist die Rede des britischen Militärgouverneurs, General Robertson, vor dem Plenum des Landtags von Nordrhein-Westfalen:

> General Robertson sprach einleitend von der dringenden Notwendigkeit, eine Regierung in den Westzonen zu errichten und diese in einer »Westunion« aufgehen zu lassen.
> Über die Ruhrkontrolle, die im Rahmen der Westunion eine große Rolle spielt, sagte Robertson, er könne vorläufig noch keine Einzelheiten bekanntgeben.
> Der General prophezeite, es werde im Zug der Durchführung des Marshall-Plans immer deutlicher werden, »daß jedes Teilnehmerland seinen Beitrag zu dem gemeinsamen Fonds leisten muß«.
> Robertson erklärte allgemein, daß die Eigentumsverhältnisse in der deutschen Industrie nach Ansicht der britischen Regierung von den Deutschen selbst geregelt werden müßten.
> Die Geldreform, führte Robertson abschließend aus, sei gegenwärtig eine der Hauptbeschäftigungen der angloamerikanischen Militärregierung. »Unter Berücksichtigung der notwendigen Geheimhaltung« und, »soweit es möglich ist, werden wir Schritte unternehmen, um uns deutsche Beratung und Mitarbeit zu sichern.«

Freilassungen in der Ostzone ist eine ADN-Nachricht

aus gut unterrichteten Kreisen der Sowjetischen Militärverwaltung

überschrieben. Danach

wird in Kürze in der Behandlung der von der sowjetischen Besatzungsmacht verhafteten deutschen Personen eine Änderung eintreten. Es wird erklärt, daß in Zukunft die von der SMV verhafteten deutschen Personen die Möglichkeit haben werden, sich von einer eigens dazu eingesetzten Kommission der Besatzungsmacht zu verantworten. Alle von der SMV Verhafteten werden die Möglichkeit erhalten, ihre nächsten Angehörigen von dieser Tatsache zu unterrichten.
Alle wegen leichterer Verbrechen und Vergehen verhafteten Personen und Jugendliche werden bereits in nächster Zeit in Freiheit gesetzt werden. Schwere Fälle werden in Zukunft in öffentlichen Prozessen zur Aburteilung gelangen. Im Verfolg der von der SMV anläßlich des 18. März erlassenen Amnestie wird auch eine Überprüfung der von der Besatzungsmacht wegen politischer Vergehen Verhafteten erfolgen.
Von den informierten Kreisen der SMV wird dazu erklärt, daß es selbstverständlich sei, daß diese Maßnahmen nur auf solche Personen Anwendung finden werden, die nicht als Agenten einer ausländischen Macht Verbrechen begangen haben.

Eine *kurze Umschau in die Welt* verkündet:

Der Generalsekretär des Quai d'Orsay, Couve de Murville, traf in Berlin zu einem »privaten Besuch« bei dem amerikanischen Militärgouverneur Clay ein.
Nach einer Mitteilung des Statistischen Amtes für die

britische Zone kehrten 1947 188 000 ehemalige deutsche Kriegsgefangene aus der Sowjetunion in die britische Besatzungszone zurück.
Der bayerische Kultusminister Dr. Hundhammer ist nach Rom abgereist.
Der Ständige Ausschuß der Volkskongreßbewegung für das Land Niedersachsen empfiehlt, das Volksbegehren zur Herbeiführung eines Volksentscheids für eine einheitliche deutsche demokratische Republik in der Zeit vom 23. Mai bis 13. Juni auch im Land Niedersachsen durchzuführen.

Aus Nah und Fern interessiert:

In Frankfurt am Main kann eine junge Dame jetzt ohne Bedenken mit einem jungen Mann zusammen in einem Zimmer übernachten. Die Frankfurter Sittenpolizei faßt es neuerdings nicht mehr als Kuppelei auf, wenn unter den gegenwärtigen Wohnraumverhältnissen Personen verschiedenen Geschlechts privates Nachtquartier gewährt wird ...
Die Polizei beschlagnahmte 50 000 Hüte und 200 000 Mützen, die ein Berliner Kaufmann nach Grabow verlagert hatte.
Bei dem Versuch, die Grenze unerlaubt zu überqueren, wurde an der Demarkationslinie in Roggendorf der aus Hagenow stammende Tierarzt Sch. festgenommen. Er hatte sechzehn Kisten mit Radiogeräten, Arzneimitteln und anderen Waren bei sich, die er in die britische Zone verschieben wollte. Eine der beschlagnahmten Kisten enthielt ein komplettes Sendegerät.
Kurt Pohl aus der Scharnweberstraße 56 in Berlin-Reinikkendorf hatte von der deutschen Polizei eine Vorladung

erhalten, sich bei einer Dienststelle der französischen Militärregierung in Frohnau zu einer Vernehmung einzufinden. Er fuhr, wie ADN meldet, am 1. April zu der französischen Dienststelle und ist seither nicht zurückgekehrt; seine Ehefrau hat auf ihre Vermißtenanzeige bisher keine Auskunft erhalten, was mit ihrem Mann geschehen ist oder welcher Vergehen er beschuldigt wird.

Der *Sport* findet in dieser Donnerstag-Ausgabe des *Morgen* vom 8. 4. 1948 nur in wenigen Worten Berücksichtigung. Erwähnt wird:

Hoppegarten ist optimistisch. Am 25. April wird die Bahn im Berliner Osten wieder eröffnet, der grüne Rasen im »Paradies der Pferde« präsentiert sich dem Besucher bereits in bester Verfassung.

Sodann:

Schmeling darf nicht nach USA. Das Außenministerium hat den Einreiseantrag für Max Schmeling zu einer Schaukampfreise durch die Vereinigten Staaten abgelehnt.

Bleibt noch, was unterm Strich angesiedelt ist. Das Kulturelle also.
Aber der Artikel *Zum 125. Geburtstag von A. Ostrowskij »Ein Leben für das Theater«* ist mir zu lang.
Wer ist denn Ostrowskij?
Keine Ahnung.
Und auch der Bericht über die *Gorki-Nachfeier im Kulturbund anläßlich dessen 80. Geburtstag* ist mir so schnuppe wie die Kritik an der Inszenierung von *Grillparzers Komödie »Weh dem, der lügt« für die Bühne der Jugend mit Clemens Hasse als Leon.*

Reizen tut mich allenfalls der Titel: *Fehling an die Unrechten geraten.*
Ich kann mit dem Namen Fehling zwar nichts anfangen, aber die folgenden Zeilen sind kitzelig.

> Nachdem Jürgen Fehling vor einiger Zeit die Presse ungestraft beleidigen durfte, nachdem er im Hebbeltheater immerhin über sein originelles Temperament stolperte, hat er jetzt, wie ADN meldet, in Dahlem Prügel bezogen. In einem Vortrag im Jugendheim verletzte er durch unangebrachte Bemerkungen über die weiblichen Zuhörer das Schamgefühl der männlichen. Daß er ihren Fäusten einigermaßen heil entkam, hatte Fehling nur der US-Militärpolizei zu danken.

Schade. Nu weeß ick, daß dieser Fehling fast verkloppt worden ist, doch ick weeß nich, warum.
Wat hatta denn jesacht?
Es ist der 8. April 1948.
Ein Donnerstag wie hundert andere Donnerstage, denke ich.
Ach nee – da is ja doch noch wat.
Ich lese:
Ehemalige Staatstheater
Deutsches Theater, 17.30 Uhr: »Romeo und Julia«.
Schon um halb sechse?
Du meine Jüte.
»Mutti!«
»Ja, Harry?«
»Machma ma wat zu futtern, ich muß früher weg heute.«

*

Heute ist er gewichtig. Damals war er kurz und dünn. Sagenhaft dünn.
Und heute ist Jo Herbst auch noch bekannt: als Schauspieler, Kabarettist und Texter. Damals, als wir uns im Frühjahr 1948 zufällig auf der Straße trafen, erkannte ich in ihm nur den Schulkameraden wieder.
Den ehemaligen aus der Oberschule während des Krieges. 1941 hatte man uns gemeinsam per Kinderlandverschickung nach Kóscielec bei Hohensalza verfrachtet. In den Warthegau also – so hieß der polnische Westen seinerzeit.
Und Jo, von Langeweile getrieben, hatte im Pfarrhaus dort Karl May dramatisiert und einstudiert. Er mimte den großen Bösen, ich, rot angemalt, den edlen Winnetou.
Unter Winnetou hätte ich's nicht getan. Schließlich war ich (wie Jo) Stubenführer. Das änderte jedoch auch nichts daran, daß Jo und ich hinterher trotzdem vom Lagerleiter – einem ausgewachsenen SA-Mann – zur Schnecke gemacht wurden: Ein Dutzend wilder Rothäute meines Stammes benötigten ihm viel zu viel von der knappen Seife, um sich nach dem Drama in Bleichgesichter zurückzuverwandeln.
Ansonsten war dieser Ausflug auf die Bühne aber mein garantiert einziger geblieben, unwichtig – bis zu dem jetzigen Zeitpunkt.
Jo hatte die Schule gewechselt, wir waren uns nie wieder begegnet.
»Hallo, wat machst du denn so«, fragte ich ihn. Ich fand, er hatte sich überhaupt nicht verändert. Er sah immer noch so aus wie'n mickriger Schüler.
»Ick besuche 'ne Schauspielschule«, erwiderte er. Ziemlich selbstbewußt klang es.
Um so verdutzter war ich.
»Wozu is det denn jut?«

»Na, ich will Schauspieler werden, is doch klar!«
»Nee – mir nich. Von so wat hab ick keene Ahnung. Schauspielschule – wat tust'n da?«
»Sprechen lernen«, artikulierte er, fein ins Hochdeutsche steigend. »Ausdruck, Bewegung, Rollen.«
»Wat??«
Wollte der mich auf'n Arm nehmen? Der Kleene: ›Ausdruck, Bewegung, Rollen‹ – phhh.
Jo trat einen Schritt zurück.
»Sach mal, du tust, als ob de noch nie im Theater warst?«
»Stimmt. War ick ooch noch nich. Ick jeh int Kino. Ins Theater – nee, noch nie«, gab ich zu. Und grinste, ohne rot zu werden.
Jo schien fassungslos.
Mit so einem Banausen hatte er mal Karl May zelebriert!
Ich merkte, wie er meinen Stenz-Aufzug musterte. Sicherlich taxierte er Kies. Aber noch sicherer keinen Sechser Sinn für wahre Werte.
Und grundsätzlich hätte er sich jetzt abwenden müssen. Angewidert.
Doch da war auch sein Mitteilungsgedürfnis.
»Jefilmt hab ick ooch schon.«
»Duuu?«
»Ja. Letztet Jahr, als Roberto Rossellini hier jedreht hat ›Deutschland im Jahre Null‹. Da hab ick mitjespielt – als Halbverhungerter.«
Ich wunderte mich wieder.
Ich wunderte mich nicht, weil Jo für halbverhungert angesehen worden war, ich wunderte mich, weil er trotzdem in einem Film mitgewirkt hatte.
»Is det wirklich wahr?«
»Türlich.«

»Ick wer verrückt«, rutschte es mir über die Lippen. Und so verständnislos wie anerkennend tippte ich unwillkürlich an die Krempe meines Humphrey-Bogart-Hutes.
Jo übersah es nicht: Offenbar war ich doch noch zu retten. Schon regte sich Missionarisches in ihm.
»Willste denn mal ins Theater jehn?« fragte er ohne Übergang.
Ich zögerte: wollte ich?
Nach meiner Meinung sprach nichts dafür. Nicht mal Jos erstaunliches Berufsziel. Selbst einen ganz alltäglichen Abend in der Westminster-Bar hielt ich für abwechslungsreicher.
Aber der Kleene guckte wie'n Mann von der Fürsorge. Da mochte ich ihn nicht enttäuschen.
»Na ja«, brummte ich, »warum nicht.«
Jo atmete tief durch. Und ehe ich mich versah, begann er eine ahnungslose Seele für die darstellende Kunst zu gewinnen.
»Hier«, sagte er und zauberte zwei Billetts aus der Hosentasche: »Die sind fürt Deutsche Theater inner Schumannstraße. Weeßt doch, wo det is?«
»Ja. Beim Bahnhof Friedrichstraße.«
»Oder U-Bahn Oranienburjer Tor, is noch näher. Also paß uff: Ick hab's schon jesehn, schenk ick dir. Jespielt wird ›Romeo und Julia‹. Und damitte klar siehst: det is'n großer Abend. Da spielt Horst Caspar den Romeo, und Antje Weisgerber spielt die Julia. Die mußte ja eigentlich kennen, die ham ooch bei der Ufa gefilmt, die kennste bestimmt, det sind zwee echte Stars, sag ick dir ...«
Er sagte es mit offensichtlicher Begeisterung.
Und er sagte noch viel mehr.
Er mußte es tun. Denn anscheinend hatte ich gefehlt, als in

der Schule »Romeo und Julia« auf dem Programm standen. Ich konnte mir jedenfalls keinen Vers auf die beiden machen.

Jo redete mit Händen und Füßen.

Er beschwor zwei sich spinnefeindliche Familien, in jeder einen, zusammen zwei naseweise Verliebte, einen Balkon, eine heimliche Heirat, zwei Morde, einen Scheintod, einen Rivalentod, zwei Selbstmorde.

Ich war überrumpelt.

»Det is ja 'n Krimi – na jut, da jeh ick hin. Wann is det?«

»Am 8. April.«

*

Die zweite Karte ließ ich verfallen. Sie einem meiner Kumpanen aus der Westminster-Bar anzubieten, genierte ich mich. Ich sprach gar nicht darüber. Ich genierte mich selber, nun zum ersten Mal ins Theater zu gehen.

Theater – das war so weit weg wie der Mond.

Wäre ich nicht Jo Herbst begegnet, hätte ich niemanden zu nennen gewußt, der die groteske Absicht verfolgte, ihm auf den Leib zu rücken.

Aber ich war ihm begegnet.

Er hatte Neugier entfacht.

Ich legte meinen Westminster-Dress an: den gestreiften Zweireiher, die Wildlederschuhe mit Keilabsatz, den breitkrempigen Hut. Ich fühlte mich gewappnet.

Was wird sein, fragte ich mich noch während der Fahrt: Du wirst 'n halbflotten Abend verleben mit 'ner Menge Kultur und 'n paar Spritzer Blut für die Spannung. Und wenn's mit der Spannung nicht hinhaut, na gut, dann ist da immer noch die Clique in der Westminster-Bar hinterher, dann stößt du eben einmal 'n bißchen später dazu ...

Aber das Zeremoniell vor dem Beginn der Vorstellung brachte mich schon von solchen Gedanken weit weg.

Da trugen tatsächlich einige Frauen lange Kleider. Und jede roch unverschämt gut. Dabei war mir doch bekannt, was Parfüm auf dem Schwarzen Markt kostete.

Das Bemerkenswerteste indes: keiner sah so neureich aus wie ich. Die Männer in dunklen Anzügen wirkten eher wie Arbeiter. Festlich gestimmte. So wie sich bei uns zu Hause die Verwandtschaft an Geburtstagen und hohen christlichen Feiertagen einzufinden pflegte.

Nur etwas gedämpfter waren alle.

Ich machte auch gleich auf sittsam. Kaufte mir ein Programm, blätterte angestrengt darin, schaute zu den mächtigen Lüstern, hörte das Rascheln und Wispern der Menschen neben mir und war plötzlich eingestimmt.

Theater – warum nicht.

Dann ging es los.

Zuerst irritierten mich die Kostüme, die Masken, die Bärte. Und auch die Bewegungen der Schauspieler erschienen mir fremd: lange Schritte führten sie aus, von einer Seite auf die andere, um schließlich doch wieder an der gleichen Stelle stehenzubleiben, von wo sie gekommen waren.

Oder sie rannten. Drehten sich auf dem Absatz um und stürzten davon, eine Tür zuschlagend, etwas laut lobend oder tadelnd.

Seltsam das Ganze.

Beispiellos.

Aber ich reckte den Hals, um nichts zu verpassen: Es interessierte mich.

Und in der Pause las ich sogar den Programmzettel. Dieser Horst Caspar als Romeo – ja, der hatte was, das mich beeindruckte.
Wie der die Sätze hervorstieß, diese Bandwürmer von Wörtern! Fanfarengleich manchmal, aufbrausend und mitreißend. Und Sekunden danach wieder ganz anders: behutsam, zärtlich und weich.
Ich mußte auf einmal an »Die Feuerzangenbowle« denken, den Rühmann-Film. »Über allen Wipfeln ist Ruh, über allen Gipfeln spürest du kaum einen Hauch ...«
»Flüstern muß man das, hauchen«, hatte der Pauker im Film dabei immer verlangt, und ich hatte lachen müssen.
Jetzt endlich kapierte ich's, worum es ging.
Ich war wegen der Morde ins Theater gefahren. Sie würden, so hatte ich gehofft, der zu vermutenden kulturellen Langeweile den Garaus machen.
Ich achtete kaum noch darauf.
Der Schauspieler Horst Caspar steuerte mich. Ich hatte einen Bruder entdeckt. Einen bewundernswerten, großen.
Er führte mir vor, daß es einen Beruf gibt, der jene Eigenschaften benötigt, die mir seit Kindesbeinen bescheinigt worden waren: »Du redest zuviel, du spinnst, fantasierst!«
Hier, auf der Bühne, jonglierte Caspar mit Empfindungen wie ein Magier.
Er verhexte mich.
Und der letzte Akt war noch nicht zu Ende, als für mich feststand: Den Mann möchtste kennenlernen.
Ich klatschte zum Schluß, bis keiner mehr klatschte. Dann ging ich aus dem Theater und wartete.
Ich merkte erst nach einer ganzen Weile, daß es da noch einen Extraausgang für die Schauspieler geben mußte. Ich suchte und fand ihn.

»Is Herr Caspar schon weg?« fragte ich den Portier.
»Nee. Er muß gleich kommen.«
Ich stellte mich in Positur.
Ein paar Mädchen standen außer mir noch vor der Tür. Sie hielten ihre Programmhefte in Händen. Und Bleistifte.
Ich begriff, daß sie Autogramme haben wollten.
Und ich?
Mein Selbstbewußtsein sank.
Ich war achtzehn, ein Stenz von der Plumpe, clever im Beschaffen von Süßstoff, Käse, Cognac und Zigaretten, nicht unbegabt im Umgang mit erfahrenen weiblichen Wesen – langte das, um mit einem Star wie Horst Caspar nach der Vorstellung ein Gespräch zu führen?
Diese ehrfürchtige Kicherei der Mädchen erfaßte mich. Mein Hals wurde trocken.
Dann kam er.
Die Mädchen umringten ihn, einige klatschten, er schrieb, sagte was, lachte, der Ring löste sich langsam.
Jetzt war die Gelegenheit. Jetzt mußte ich –.
Ich blieb stehen.
Caspar entfernte sich.
Ich ging ihm nach.
Acht Minuten lang, bis zur S-Bahn.
Ich sprach ihn nicht an. Zum ersten Mal versagte mir meine kesse Klappe den Dienst.

Ich fuhr in die Westminster-Bar und beruhigte mich: Verjiß et, Harry. Der Abend war dufte, aber allet andere Jefasel is Quatsch.
Doch die Ruhe war futsch.
Ich kam nicht mehr los von dem Gedanken an den Schauspieler Horst Caspar, ans Theater überhaupt. Unvermittelt

hatte sich mir etwas aufgetan, das ich nicht beschreiben konnte. Ich fühlte nur, daß es mich fesselte.
Und mir war klar, daß es nur einen gab, mit dem ich darüber reden konnte: Jo Herbst.
Er staunte, als ich bei ihm im Hinterhof in der Drontheimer Straße aufkreuzte.
»Det kann ja nich wahr sein.«
»Doch«, sagte ich. »Mit der ›Romeo‹-Karte haste mir 'n Riesenjefallen jetan. Ick bin hinterher wie besoffen jewesen, so hat mich det uffjerecht oder anjerecht – ick weeß et nich, ick kenn ma selber nich wieder.«
»Willste denn nu noch mehr sehn? Willste Karten haben?«
»Ja, darum bin ick doch hier. Du mußt mir die besorjen. Ick zahl se dir ooch. Und außerdem wollt ick dich fragen, ob de vielleicht wat übers Theater zu lesen hast. Stücke und so . . .«
»Keen Problem. Nur fassen kann icks noch nich: du ausjerechnet intressierst da nach eener Vorstellung gleich fürt janze Theaterwesen?!«
»Na ja, 'n bißchen.« Ich griente. »Janz jeheuer is ma ja selber nich.«
Jo schüttelte den Kopf. Seine Augen glänzten.
Der überwältigende Anfangserfolg seiner Mission zur Mehrung von Zuschauern schien ihn aus dem Gleichgewicht gebracht zu haben. Ich erkannte die Gefahr.
»Bitte, erzähl det aber keenem. Det muß unter uns bleiben, ja?«
»Wieso?«
»Na wat denkste denn, wie die lästern würden! Meine Kumpels aus der Westminster-Bar verstehn det doch jar nich, da wär ick gleich unten durch. Nee – sach et keenem.«
Ich wurde ungeduldig.

»Also besorchst de mir nu Karten?«
»Ja, sicher. Kannste übermorgen abholen.«
»Und wie isset mit wat zum Lesen?«
»Moment.«
Jo kramte in seinem Regal überm Bett. Er packte schmale Reclam-Bändchen zusammen, legte zwei dicke Bücher dazu und sagte: »So, wenn de die durch hast, is dir det Janze schon jeläufiger. Und dann kannste noch mehr haben.«
»Danke.«

Ich marschierte nach Hause.
Und jetzt wunderten sich meine Eltern: Was hatta denn nu! Nu liesta den janzen Tach – is wat passiert?
Ich verriet es nicht.
Ich wagte es nicht, weil ich fürchtete, auf ungelenke Fragen noch falschere Antworten zu bekommen.
Theater – das war so weit weg wie der Mond.
Bei uns zu Hause gab es seit Kriegsende nur ein beherrschendes Thema: Essen. Was kannste organisieren, was ist als Sonderzuteilung aufgerufen, was kann Mutter in den Kochtopf tun, lauteten die Dauerfragen. Daneben wurde über das geredet, was die Tante gerade verbreitet hatte, die Nachbarin, die Frau aus dem Grünkramladen, der Kollege in Vaters Büro. Zu 99 Prozent drehte es sich wiederum um das Thema Nr. 1: Fressalien.
Kultur lieferte das Radio: außer den Nachrichten, die Vater nie ausließ, hörte Mutter am liebsten Operettenmusik. Doch wenn sie ins Kino ging, weinte sie auch gern. »Ehe im Schatten« und »In jenen Tagen« hatten ihr Tränen entlockt. Und wenn man sie auf Otto Gebühr ansprach, bekam sie ein besonders mitleidiges Gesicht. Otto Gebühr, der früher immer den großen Fritz mimen durfte, hatte im ersten

Hans-Albers-Nachkriegsfilm »Und über uns der Himmel« einen alten verschüchterten Mann gespielt, der auf dem Schwarzen Markt seine letzten Habseligkeiten verkaufen mußte – »Is das nich furchtbar«, sagte Mutter regelmäßig, das Taschentuch angelnd.

Nein, ins Theater ging man nicht. Der Aufwand war viel zu groß. Der Weg so weit wie zum Mond.

Ich war allein mit meinen Überlegungen.

Und ich brauchte Wochen, bis sie die Gestalt eines Planes annahmen.

Ein Buch trug auf besondere Weise dazu bei.

Es hieß »Schauspieler, Regisseure, Intendanten«, stammte von Richard Biedrzynski, war 1944 erschienen und fächerte die Berliner Theaterszene der vorangegangenen zehn Jahre auf: von Jürgen Fehling bis Wolfgang Liebeneiner, von Gründgens bis Stroux.

Ich las es zweimal.

Jo Herbst hatte es wie einen Schatz empfohlen. Ich empfand es wie die Märchen aus 1001 Nacht.

Und ich ärgerte mich, daß ich sie jetzt erst entdeckte. Daß ich nicht einmal wenigstens als Schüler dorthin gefunden hatte, obwohl es die Gelegenheit dazu gab. Daß ich ständig an Fliegerasse wie Mölders oder Galland mitsamt ihren Ritterkreuzen mit Schwertern und Brillanten interessiert war und nur den Krieg als Maß aller Dinge betrachtet hatte.

Mir wurden die Versäumnisse bewußt.

Ich versuchte, sie abzubauen.

Zwei-, dreimal in der Woche ging ich ins Theater. Ich war ein Schwamm, ein völlig ausgetrockneter, der sich allmählich aufsog: mit Wolfgang Borcherts »Draußen vor der Tür«, Bert Brechts »Furcht und Elend des Dritten Reiches«, Jean-Paul Sartres »Fliegen«; mit Aufführungen von Klassi-

kern ebenso wie mit der Friedrich-Schröder-Revue »Chanel Nr. 5«.
Und eines Tages dann folgte ich dem Buch »Schauspieler, Regisseure, Intendanten« direkt.
Ich pilgerte zum Gendarmenmarkt.
Ich wollte ins Staatstheater vordringen, ins legendäre Schauspielhaus.
Ich drang ein, indem ich mir einen Weg über Quader, Steine, Stuck und Geröll suchte.
Niemand hinderte mich. Niemand außer mir war an jenem Tag auf die Idee gekommen, in dieser Ruine einen Traum zu erforschen.
Durch den zerfetzten Plafond des Zuschauerraumes drang Sonnenlicht. An manchen Stellen bündelte es sich wie die Strahlen von Scheinwerfern.
Ich kletterte auf die Bühne. Blickte mich um. Lange.
So lange, bis ich nicht mehr das Chaos wahrnahm. Bis der Traum durchschimmerte.
Ich meinte, Werner Krauß zu sehen, Gustaf Gründgens, Käthe Gold, ich schaute auf Publikum, hörte Applaus – es war wie im Roman, wie im Kino, mit -zig Überblendungen.
Da sagte ich mir: Uff die Jebisse von Opas und Omas is jepfiffen – Schauspieler wirste.
Das brüllte ich nicht heraus. Das beschloß ich ganz leise. Selbst nur der Torso des Schauspielhauses hatte mich so ehrerbietig werden lassen.
Mich, den fidelen Stenz von der Plumpe.

Ich weihte erneut Jo Herbst zuerst ein.
Er fiel nun nicht mehr aus allen Wolken. Mein unbändiger Einstieg in seine Theaterbibliothek hatte ihm längst sonderbare Ahnungen beschert.

Immerhin rutschte Jo noch die Kinnlade runter, als jetzt die Gewißheit folgte. Als ich ihm eröffnete: »Ick hab ma entschlossen, Jo, und et kann mich ooch keener mehr davon abbringen: Ick werde ooch Schauspieler.«
Einen Moment lang antwortete Jo gar nichts. Er mußte das Gehörte wohl erst verarbeiten.
Dann schlug er sich auf den Schenkel und prustete: »Also, hab icks mir doch jedacht!«
Ich grinste. Ich hielt es für ein Kompliment.
Aber da fuhr Jo fort: »Bloß wenn ick mir ernsthaft vorstelle, daß eener wie du nun Schauspieler wird, dann – dann müßte ick eijentlich mein Studium abbrechen.«
»Warum«, fragte ich betroffen, »du hast ma doch selber da druff jebracht!«
»Na ja, ick hab da jesacht, jeh mal ins Theater, lies 'n Buch, aber ick hab doch nich wirklich für möglich jehalten, daß de darum nun ooch gleich uff de Bühne willst.« Er stöhnte: »Eener mit 'ner Anjeberschale wie du.«
Ich schaute an mir herunter. War das Angabe? Das war Mode.
Jo erkundigte sich noch mal: »Stimmt det tatsächlich?«
»Ja. Ick weeß jar nich, wat du willst: ick mach det. Und du kannsta druff verlassen: ick schaff et ooch.«
»Hm«, dachte Jo nach. Sein Babyface zeigte Runzeln.
Ich witterte Einwände.
»Du brauchst da keene Mühe jeben: ick laß mir det ooch von dir nich ausreden.«
Jo guckte. Halb widerwillig, halb achtungsvoll.
»Will ick ja nich«, lenkte er schließlich ein. »Es ist nur so absurd ... Aber det mußt du ja janz alleene wissen, da kann dir eh keener helfen.«
Er brach ab, schwieg einen Augenblick.

Ich fühlte Ernüchterung. Von der Preisgabe meines Geheimnisses hatte ich mir mehr Anteilnahme erhofft.
Da kehrte der vertraute Jo zurück.
Meinen Entschluß nun offenbar doch akzeptierend, sagte er unversehens: »Dann sollteste dich aber ooch prüfen lassen. Du mußt wat vorsprechen, weeßte ...«
»Ja klar. Ick hab ja schon den Romeo im Kopp.«
»Den Romeo??«
Jo zuckte abermals, fing sich indes sofort: »So – na ja, warum nich. Mit dem fing's ja an.«
Ich nickte.
Und er, wieder Feuer und Flamme, wie ich ihn immer gesehen hatte, setzte nach: »Dann kannste am besten gleich mit in meine Schule kommen, ick könnta 'n Termin besorjen, nächste Woche vielleicht – ja?!«
»Nächste Woche?«
Ich zögerte.
Wahrscheinlich war es ja gut gemeint. Und ich freute mich auch über sein Angebot. Nur war ein Haken daran, der mich störte: Jo hatte mir vorher bereits von seinem Unterricht erzählt. Der wimmelte von seltsamen Übungen, Gefühle von innen nach außen zu krempeln. Egal, ob man ein Hemd bügelte oder sich juckte, weil's einen kratzte – andauernd sollten Gefühle produziert werden.
Also – das kam mir vor wie'n Schwitzbad. Ich war womöglich nicht ganz bei Troste, Schauspieler werden zu wollen, doch ich hatte auch keine Grippe.
Ich litt überhaupt nicht. Ich sah mich eher auf einem Berg stehen, der ganze frühere Krempel lag hinter mir, ich kundschaftete wie weiland Winnetou die Strecke zur nächsten Etappe aus – und zwar ohne jegliche Zweifel, eine begehbare zu finden.

Mir schwebte die hundertfach erprobte vor, wie ich sie aus Jo Herbsts Büchern ermittelt hatte: Ich wollte mir einen anerkannten, namhaften Schauspieler suchen und ihn um seine geschätzte Meinung bitten.
Allerdings wußte ich jetzt schon: schätzen würde ich nur die Meinung eines mir sympathischen Herrn. So kompliziert war ich nun auch.
»Nee«, sagte ich darum abschließend. »Det is sehr nett von dir, aber det mußte vastehn: Ick hab da 'n eigenen Plan. Und bis heute bin ick immer janz jut jefahren, wenn ick ma nach meine Fähnchen orjentiert habe.«
Ich ging zur Tür.
»Schönen Dank noch mal für allet. Und du wirst bestimmt von mir hörn . . .«

V.

Ich kann nicht beurteilen, wie wertvoll es ist, in Salem zur Schule zu gehen. Mir bot sich nie diese Chance. Ich höre zuweilen jedoch, der Schulbesuch dort gleicht dem Abschluß einer Lebensversicherung: Wer nicht total auf den Deez gefallen ist, knüpft so viel Kontakte, daß er sein Leben lang oben schwimmt.

Ich bezweifele das nicht.

Immerhin sind in allen getäfelten Etagen die Herren mit den salemartig verschränkten Armen zu finden. Und weil ich unterstelle, sie seien nicht ausschließlich als Dressmen der Nobelklasse engagiert, wohl gar zu Recht.

Doch das unterstreicht ja nur die Binsenweisheit: keiner ist eine Insel. Selbst nicht in unserer wenigstens 35jährigen »Do it yourself«-Zeit.

Und da atme ich auf. Denn auch als Salemloser, der ich bin, habe ich das gleichfalls von Anfang an durchschaut.

Wie Abermillionen Nicht-Selektaner hatte ich lediglich eins zu beachten: Bei jeder Kontaktwahl spricht meine Nase mit. Die, freilich, stufte bereits der selige Carl Froelich als groß ein. Ich will ergänzen: groß und gut.

Ich darf nämlich sagen, und ich sage es dankbar: Bis auf wenige Ausnahmen hat sie mich instinktsicher zu Menschen geführt, die mir stets wohlwollend läuteten, wann Pfingsten ist.

Ob ich mich dafür auch immer zu revanchieren wußte, weiß

ich hingegen so genau nicht. Doch kürzlich beruhigte mich jemand. Er behauptete: »Das Beste an dir ist, daß du ohne Argwohn jedermann zeigst, wann du zufrieden bist. Dann freust du dich wie'n Kind und gleichst einem Appelkuchen – man möchte reinbeißen.«

Ein Mann sagte das, ein echter.

Also freute ich mich wieder. Und wieder wie'n Appelkuchen.

Womöglich ist das ja schon anregend.

Berlins Kritikerpapst Friedrich Luft betonte mir gegenüber mal, daß er es sich als Pflicht auferlegt habe, während eines dienstlichen Theaterbesuchs Neutralität zu wahren. »Ich würde es mir nie gestatten zu applaudieren«, sagte er.

»Aber Sie lachen über einen gelungenen Gag?« fragte ich.

»Ich ziehe es vor, nur zu schmunzeln.«

Ich zog den Hut: aus Achtung vor dem Star Friedrich Luft schlechthin, nicht zuletzt aber auch vor seinem Prinzip.

Grenzt das nicht an Kasteiung, überlegte ich. Ist das nicht gar gesundheitsschädlich?

Unterdrücktes Lachen – was würde ein Arzt feststellen können: Luft-krank?

Da hatte ich wieder Premiere.

Ein Boulevardstück, mit Pointen gepflastert. Der Theaterdirektor hatte sie intelligent befunden, der Regisseur widersprach nicht, wir Schauspieler gewöhnten uns an sie. Offen war nur noch, ob das Publikum mitziehen würde.

Das kritische Berliner Publikum mitsamt den Profi-Rezensenten – es hat die Augen eines Luchses, die Ohren einer Fledermaus; es gleicht einer Katze.

Als ich zum Streicheln auftrat, roch ich Erwartung. Die Katze, so schien's, schnurrte bereits.

Ich ging bis fast an die Rampe, das war einstudiert.
Ich guckte.
Glucksendes, befreiendes Lachen war die Antwort. Ich guckte noch immer und sah plötzlich Luft.
Friedrich Luft.
Er grinste.
Luft grinst? Ich dachte, dann ist der Abend gelaufen. Ich wandte mich ab.
Nur eine Sekunde lang, denn da kamen mir Zweifel. Hatte er freundlich gegrinst oder – ich drehte mich wieder zurück, starrte ihn an.
Ja, jetzt bemerkten es alle, jetzt prasselte Beifall und jetzt bebte der Papst: Luft lachte.
Mir war wie Pfingsten.

Ein wahrer Preuße, vermute ich, ist von schwerblütigerer Art als ich. Mein preußisches Korsett wird vorm Schlafengehen erst sichtbar: Ohne das Jackett, die Hose, das Hemd auf einen Bügel zu tun, gestatte ich mir nicht, unter die Decke zu kriechen.
Selbst nicht im überschwappenden Zustand.
Oder ist das auch nur ein Überbleibsel aus der NS-Ära?

Spaß am Spaß erleichtert Weinen.
In den 50er Jahren, den scheinbar güldenen meiner Generation, traf ich mich wöchentlich einmal zu solchem Zweck mit einem Wein-Willigen.
Nachmittags immer, wenn es dämmerte.
Wir ruhten in Sesseln, getrennt voneinander durch einen modischen Nierentisch, ich erzählte Geschichten. Traurige Geschichten.
So traurig und herzzerreißend, daß sich der angestrebte

Höhepunkt dieser Trips ins Tränenland regelmäßig ereignete: wir schluchzten.
Worauf wir uns erhoben und gegenseitig versicherten: »Heute war's wieder wundervoll.«
Fischer hieß mein Tränentripteilnehmer, Sebastian Fischer. Ein Schauspieler wie ich, nur ungleich schöner: Wahrscheinlich war er der schönste Jüngling des deutschen Theaters in jener Zeit.
Als er in »Gyges und sein Ring« spielte, saß ich mit Martin Benrath im Parkett.
Sebastian trat auf, schöner denn je – wir hielten den Atem an.
Bis Benrath schluckte, mich anstieß und folgerte: »Kiek dir den an, kiek dir uns an, und du weeßt: Wir ham am Theater nischt verlorn.«

Aber wo sonst?
»Unser Harry ist verrückt«, hatten meine Eltern ständig bekräftigt. Und sich ausgemalt: »Der wird mal was ganz Tolles werden.«
Toll im Sinne von schick. Von außer Rand und Band, von fabelhaft, ansehnlich et cetera.
Ich wollte sie nicht enttäuschen, ich blieb am Theater.

*

Schon seit Monaten hatte Vater geunkt: »Die Währungsreform kommt. Sie muß kommen, denk daran, Harry.«
»Ja«, sagte ich immer und dachte keine Minute daran.
So neu war das ja nicht mehr. Die Zeitungen debattierten

offen darüber, jedermann rechnete damit. Nur der Tag X brach deshalb noch lange nicht an.
Außerdem gingen auch die Meinungen über die Notwendigkeit dieses Griffs in den Geldbeutel auseinander.
Vater sehnte ihn herbei. Er verglich sein Gehalt als Polizeiverwaltungssachbearbeiter mit den bestehenden Schwarzmarktpreisen: »So kann's nicht weitergehen«, resümierte er.
In der Westminster-Bar wurden andere Stimmen laut. Bei süßem Alkolat, der wie Schrot in die Beine fuhr, hieß es unter Grossisten und Detailisten für alles, was knapp war: »Bloß Beknackte wünschen sich so'n Währungsschnitt. Sind wir beknackt?«
Ich klebte zwischen Baum und Borke.
Keinesfalls beknackt, wollte ich weiterhin Geld machen. Ich brauchte es ja.
Doch erstmals kam nun ein Konflikt auf: Mein Gewissen meldete sich. Ich war völlig perplex.
Es stellte die Frage: Schieben angehende Künstler?
Natürlich nicht, erwiderte ich spontan. Denn mir fiel Jo Herbst ein.
Aber das war auch der einzige, den ich kannte. Eventuell taten es seine Mitschüler oder schon ausgebildete Schauspieler oder gar renommierte; Hunger mußten doch alle haben – verdammt, ich wußte es nicht.
Ich merkte nur, ich war an einer Wendemarke angelangt. Die wispernde Stimme im Hinterstübchen verlangte eine Entscheidung.
Hatte es so mit der Jungfrau von Orleans angefangen?
Nee, schüttelte ich mich, da jab's ja den kleenen Unterschied noch. Ich flüchtete mich in einen Kompromiß: Ich kappte die zeitraubenden Geschäftsverbindungen, behielt die bequemen aber bei.

Ich glaubte, das war das Ei des Columbus. Die Währungsreform sollte gefälligst warten.
Doch jetzt ereignete sie sich. Es war Ende Juni 1948.
Ich stellte mich zweimal an. Zuerst erhielt ich 70 (Klebe- oder Tapeten-)Mark Ost, dann 60 D-Mark West (mit »B«-Aufdruck). Und als ob wir Westberliner damit gut bedient worden wären, folgte dem Regen die Traufe: Väterchen Frost fuhr in die alliierten Banker, Westberlin badete ihn mit der Blockade aus.
Mein bequemes Columbus-Ei, entdeckte ich, war ein Windei gewesen. Ich zählte unvermutet zum Heer der Normalverbraucher.
Das bedeutete, ich war auf der Gegengeraden angekommen.
Ich machte Ausverkauf. Total-Ausverkauf.
Zum Schluß kam mein Overdress ran. Der flotte Zweireiher, der Humphrey-Bogart-Hut. Und sogar die dunkelblauen Wildlederschuhe mit Keilabsatz: ein junger Mann namens Heinz Stadelmann stellte sich da hinein. Er recherchierte Frontstadtberichte für die Eierköpfe der FAZ.
Ich zog Bilanz: Ja, es hatte sich gelohnt. Für 'ne Weile war ich flüssig.
Allerdings durfte die Weile sich nicht verweilen.
Ich mußte unbedingt einen Gönner treffen.
Einen sympathischen.

Ich sah ihn von der fünfzehnten Reihe aus im Steglitzer Schloßpark-Theater. Er saß am Stammtisch einer kleinen amerikanischen Hafenkneipe; es war das Bühnenbild des Stücks von William Saroyan: »Ein Leben lang«.
Ein Stück, das mich verführte.
Es passierte gar nichts Aufregendes darin, es spiegelte einen Alltag von Seemännern und Nutten, von Arbeitern, Polizi-

sten und Tagedieben, von Verliebten, Verrückten, Hoffnungsvollen und Enttäuschten im Kellerkneipen-Milieu.
Sie traten durch die Schwingtüren an die Theke, bestellten Getränke, gerieten ins Quatschen, ins Saufen.
Ein elektrisches Klavier spielte, eine Mundharmonika.
Die Typen tanzten, küßten und schlugen sich. Sie kamen und gingen.
Nur er blieb am Stammtisch sitzen. Ein Dauergast, wohlhabend und wohlgefällig. Ein Weiser beinahe, in der Mitte des Lebens.
Det issa, dachte ich.
Der wirkte sympathisch, der verursachte keine Ladehemmung, den sprichste an.
Ich brauchte auch nicht im Programm nachzublättern. Der Mann, auf den ich es abgesehen hatte, war längst ein Star. Er hieß Hans Söhnker.
Gleich nach der Vorstellung erwartete ich ihn vor dem Bühnenausgang. Er kam, wurde umringt, schrieb Autogramme. Es war wie vor Monaten bei Horst Caspar.
Und doch anders.
Als Söhnker sich anschickte zu gehen, spürte ich im Hals keinen Kloß.
Oder nur einen kleinen. Den würgte ich runter.
Dann trat ich auf ihn zu und sagte, hochdeutsch beginnend: »Entschuldigen Sie bitte, Herr Söhnker, darf ich Sie mal ansprechen?«
Er nickte kurz.
Ich beeilte mich. Und Luftholen, Lossprudeln und dabei wieder Berlinern war eins: »Ick heiße Juhnke, Harry Juhnke und – ja, ick möchte zum Theater, ick will Schauspieler werden, und ick würde Ihnen jern mal wat vorsprechen, wenn Sie erlauben ...«

Söhnker schien verblüfft.
Er hatte wohl mit einer weiteren, vielleicht ausführlicheren Autogrammbitte gerechnet, nicht aber mit so einer.
Einen Augenblick lang suchte er nach Worten.
Dann schaute er mich an und wiederholte: »Schauspieler?«
Er schüttelte den Kopf. »Heute, mein Junge, in dieser Zeit, wo man nicht weiß, was wird?«
Er guckte an mir vorbei und sprach wie für sich selber: »Die Zeit ist so proletarisch – so kaputt.«
Ich fürchtete, er könnte vergessen, was ich von ihm wollte, falls ich ihn über die Zeit im allgemeinen und im besonderen weiter sinnieren ließ. »Ja, ja«, unterbrach ich ihn darum, »aber ich will trotzdem Schauspieler werden, Herr Söhnker, ick bin ma janz sicher!«
Er betrachtete mich von oben bis unten. So mißtrauisch wie unschlüssig.
Doch ich sah anscheinend aus, wie man in dieser kaputten Zeit aussehen mußte, um als Wahnwitziger zu überzeugen.
Womöglich baten auch meine Augen.
Ich glotzte ihn ja an wie'n Spaniel.
»Na gut denn«, seufzte Söhnker. »Komm morgen vor der Vorstellung in meine Garderobe und sprich mir was vor. Aber das sage ich gleich: Ich bin kein Schauspiellehrer. Ich kann dich höchstens jemandem empfehlen, wenn ich zu der Meinung komme, daß das sinnvoll wäre.«

Mehr wollte ich ja gar nicht.
Und keine Frage, am nächsten Tag war ich pünktlich zur Stelle. Genauer: überpünktlich.
Das entsprach meinem Nervenkostüm.
Ich glich einem Cocktail aus zwei Teilen Gewißheit und

zwei Teilen Zweifel. Drei Spritzer Hoffnung machten ihn trinkbar.

Den Strohhalm bildete Romeo.

Ich hatte mittlerweile zwar rund siebzig Dramen verschlungen – und zu Jo Herbsts grenzenloser Verwunderung zur Hälfte auch gleich auswendig gelernt –, doch ich traute nur Romeo, meinem ersten Rausch.

Ich sah ihn in Gestalt von Horst Caspar. Ich versuchte, ein Caspar-Juhnke-Romeo zu sein. Ich bedachte nicht, daß meine Berliner Kalbszunge jedes ›i‹ zum ›ü‹, jedes ›ch‹ zum ›sch‹ zerschmatzte.

Ich baute mich in der Mitte von Söhnkers Garderobe auf, zwischen Spiegel und Kleiderständer, fixierte die nackte Glühbirne an der Decke als Balkonersatz und spuckte los. Schwärmerisch:

»Es ist der Ost, und Julia die Sonne! Geh auf, du holde Sonn . . .
O wie sie auf die Hand die Wange lehnt! Wär ich der Handschuh doch auf dieser Hand und küßte diese Wange . . .«

Mein Feuer löschte Söhnkers Lachen.

Ich hielt inne.

Warum lacht er? Da jibt's doch überhaupt nischt zu lachen. War ick so schlecht? Aber denn mussa doch jemerkt ham, daß ick ma Mühe jebe, daß ick's jelernt habe, daß ick's richtich könnte, wenn et 'n Fachmann mit mir jeübt hätte – warum lacht er?

Ich riß die Augen auf.

»Also«, beruhigte sich Söhnker, »so hab' ich den Romeo noch nie gehört. So, wie du ihn sprichst.«

Er legte ein wenig den Kopf schief, als wollte er auch noch

das Echo meines Weddinger Schalmeienschmachtens vernehmen.
Ich wußte nicht, was ich tun sollte. War det det Aus?
Oder ...
Söhnker drehte sich auf seinem Stuhl um. Er griff nach seiner Schminke.
Wieder ernst, blickte er im Spiegel erst sich, dann mich an.
»Aber irgendwas ist in dir, mein Junge«, sagte er schließlich.
Ich hing an seinen Lippen. (Wat meinta?)
»Du brennst.« Er wandte sich zu mir zurück. »Verstehst du mich?«
(Nee. Aber sachet doch endlich!)
»Und wenn einer brennt – ich meine, vor Leidenschaft sich verzehrt, dann ...« (Herrgott, nu machta noch mal kehrt und kiekt wieder aus'm Glas) » ... dann gehört er ans Theater.«
Mir blähten sich die Nüstern.
Ich richtete mich auf, wagte ein Grienen.
.. dann jehörta ans Theater!
Na bitte.
Det hab ick doch jesacht!

*

»Schau-spie-ler?« dehnte Vater das Wort wie Kaugummi.
»Is das wahr?«
»Ja«, sagte ich. »Schauspieler.«
»Und was is mit 'm Dentisten?«
»Nichts. Wat soll damit sein?«
»Na, du wolltest doch neulich noch Dentist ...«

»Ach, det is ja lange vorbei. Det is ja ooch nie richtich wahr jewesen. Wat interessiern mich denn die Löcher inne Zähne von de Leute!? Neenee«, wiederholte ich, »kannst mir't glooben, ich werd Schauspieler.«
Und ich wiederholte es so bestimmt, als sei ich es bereits.
»Vorjestern hab ick Hans Söhnker vorjesprochen, und der hat jesacht, det ...«
»Wer?« Vater wunderte sich zum zweitenmal. »Meinst du den Filmschauspieler?«
»Hans Söhnker, ja. Den kennste doch, der hat früher ...«
»Na sicher. Den haben wir neulich ja erst gesehen, Mutti und ich.« Er überlegte: »In ...«
»In ›Film ohne Titel‹, wa?!«
»Türlich, ja, ›Film ohne Titel‹ –aber«, betrachtete er mich lauernd, »mit dem hast du gesprochen?«
»Jesprochn und vorjesprochn, jawoll«, nickte ich ziemlich nervös. »Weeßte, 'ne Rolle hab ick ihm vorjesprochn, den Romeo!« Ich hob den Arm, holte Luft, schaute nach oben, blickte zum Vater und – ließ den Arm wieder sinken. »Na ja, er hat jesacht, ick jehör ans Theater.«
»Du??«
»Ja, ick. Ick werd Schauspieler, jestern war ick bei 'ner Lehrerin, die ma Söhnker empfohln hat ... oder nee: der ick von ihm empfohln bin. Na jedenfalls hat se ma für nächste Woche bestellt.«
»Wozu?«
»Zum Vorsprechen, wat sonst! Die nimmt ja nich jeden. Aber ick hab ihr jesacht, ick komm von Hans Söhnker, und der hat jesacht, ick muß Schauspieler wern.«
»Muß?« Vater muckte auf.
»Ja, nimm et ruhich wörtlich. Ick hab et so ooch der Frau Ludwig, der Lehrerin, erzählt. War nich vakehrt: jelacht hat

se und mir gleich 'n paar Sachen zum Lernen uffjejeben. Die is sympathisch. So wat brauch ick. Der Jo Herbst, der is uff'm Konservatorium ...«
»Herbst?« Vater staunte zum dritten Mal. »Is der von dem Jemüseladen?«
»Inne Drontheimer Straße, ja«, sagte ich. Und mir wurde bewußt, daß die Informationslücke beträchtlich war.
»Der älteste Sohn is det«, holte ich darum aus. »Mit dem bin ick doch bis 42 zusammen zur Schule jejangen. Ja. Und der wird Schauspieler, und durch den bin ick dadruff jekommen. Vor – na Ende März war et, als wa uns wiederjetroffen ham. Er hat ma dann 'ne Theaterkarte jejeben und – also kurz und jut, seitdem beschäft ick ma damit, und nu jibt et inzwischen ooch nischt mehr zu rütteln: Ick werd Schauspieler.«
Vater hob das Kinn.
»So«, kommentierte er die Fuhre News, »soso.«
Das waren nur drei Silben, sechs Buchstaben. Aber ausgesprochen wie von einem Untersuchungsrichter, enthüllten sie Vaters Meinung schon.
Und dann formulierte er ja auch noch einen ganzen Satz, um jeden Zweifel auszuräumen.
»Von tausend Schauspielern wird einer was«, behauptete er wie jemand, der das Abzählen besorgte.
»Ach«, konterte ich, »nu wart doch erst ma ab, meine Jüte.« Ich hob erneut den Arm wie Romeo. »Dann bin ick vielleicht der eene.«

Ich war zuversichtlich.
Unverschämt zuversichtlich.
Aber Vaters und Mutters offenkundige Enttäuschung, daß von allen weitgesteckten Plänen nun nichts Besseres als eine

Hungerleiderzukunft rausgekommen war, ließ mir auch keine andere Wahl.
Ich spürte, daß ich mit dem Rücken an der Wand stand. Ich durfte mir keine Zwischentöne leisten, ich konnte nur in Optimismus machen.
Total. Und ansteckend wie'n Kohlenanzünder.
Acht Tage später bemerkte ich die Wirkung.
Ich hatte Marlise Ludwig meine Romeo-Version zugemutet und, auf ihren Wunsch hin, auch Curt-Goetz-Texte: sie erklärte sich bereit, mir Unterricht zu geben.
Ich hob die Nase.
Die Leiter wies nach oben.
Da lehrte mich Marlise Ludwig als erstes: »So, mein Junge, ab morgen früh um halb acht, und das von jetzt an täglich sieben Stunden lang, ist das klar?«
»Ganz klar.«
»Gut. Und dann leuchtet dir hoffentlich auch ein, daß das etwas kostet?«
Kostet? Gewiß, ja – aber ...
Ich nickte stumm. Vor ein paar Wochen hätte ich die Schultern angehoben und gesagt: »Na und?«
Jetzt hob ich bloß die Schultern.
»Nämlich 90 Mark im Monat«, sprach die Ludwig weiter.
Ich erschrak.
Ich erschrak ohne Pathos.
In drei Schieberjahren hatte ich gelernt, wann eine Situation aussichtslos ist. Die hier war eindeutig aussichtslos, wußte ich. 90 Mark waren zuviel für mich. Das gaben meine Reserven nicht her. Und schon gar nicht Vater.
Schade, dachte ich. Hier hätte es mir gefallen. Die riesige Altberliner Wohnung mitsamt der Besitzerin und dem ältlichen Mädchen, das Anna gerufen wurde, verkörperte eine

für mich fremde Welt. Fremd, aber nicht einschüchternd. Ohne Pomp und sichtbare Bequemlichkeit, erschien sie mir wie eine Sammelstelle für Literatur und Grafik, so karg wie hehr. So aufrichtig auch.

Wenn mir für den Beitritt in diese Welt 90 Mark abverlangt werden, folgerte ich, sind sie gerechtfertigt.

Oder sollte ich zu feilschen versuchen?

Nee – um Kunst feilscht man wohl nicht.

»Nee«, sagte ich deshalb auch halblaut.

»Was heißt nee?« forschte Marlise Ludwig.

»Nee heißt: Aus der Traum.«

Aber weil sie Genaueres wissen wollte, mußte ich ihr meine finanzielle Flaute auseinanderlegen. Das dauerte noch ungefähr fünf Minuten.

Dann war alles gesagt.

Ich erwog, ob ich die Ludwig fragen konnte, wo ich preiswerter als bei ihr Unterricht bekommen würde ... ja, vielleicht sollte ich einfach beim Verabschieden fragen; ich stand auf.

»Bleib sitzen«, hörte ich.

Ich schaute auf die kleine, drahtige Frau im undefinierbaren, mütterlichen Alter. Weshalb ...?

»Setz dich, hab' ich gesagt.«

Ich gehorchte.

Sonderbar. Außer daß ich vor acht Tagen um einen Vorsprechtermin gebeten hatte, war dies das erste eingehende Gespräch zwischen Marlise Ludwig und mir. Gleichwohl: ihr nicht zu gehorchen, war fast unmöglich.

Sie hatte etwas von einer Schwester Oberin und etwas von einer tatsächlichen Schwester. Der großen, die die kleinen Brüder schützt. Warum ...?

Sie warf abwechselnd mir und dem Fenster einen Blick zu.

Einem hohen Fenster in der vierten Etage, das die Sicht auf eine Handvoll blasser Wolken am hellen Himmel freigab.

Wieso ...? Meine Nase juckte, ich traute mich nicht zu kratzen.

»Ich weiß nicht«, begann sie dann leise, und ich fühlte, wie nachdenklich sie war. »Es ist verrückt, es – es kann verrückt sein, aber « – sie wandte sich mir zu, ihre Stimme wurde wieder hart – »aber du gefällst mir, und du bist begabt. Also, paß auf: Ich werde dich auf Verdacht unterrichten.«

Ich war von Wort zu Wort kerzengerader geworden, meine Augen milchiger, der Hals enger.

Ich schluckte.

Da fuhr ihr Arm hoch. »Das heißt, von der ersten großen Gage zahlst du mir das zurück, verstanden?!«

»Jawoll«, brüllte ich.

Mir war, als sei ich neu vereidigt worden.

Sogar Vater zeigte sich beeindruckt.

Die Ludwig hatte mir einen Brief mitgegeben, um meine Eltern von ihrem Entschluß in Kenntnis zu setzen. Ich sollte ihn unterschrieben zurückbringen.

»Mein Gott«, verwunderte sich Vater, »umsonst will se dich unterrichten?«

»Jaaaa!«

»Denn muß se ja angetan sein von dir.«

»Jaaa.«

»So was ...«

»Was willst'n damit nu wieder sagn?«

»Gott, ich – ich bin ...«

»Platt!«

»Ja, so kann man's – jaja! Aber, Harry, das ist doch auch

19 Mein erster Bühnenauftritt, 9.11.48, in Trenjows »Ljubow Jarowaja« (oben, mit Hans Anselm Perten). Marlise Ludwig hatte das vermittelt.

20 Die erste Hauptrolle (20.9.50, Theater am Kurfürstendamm), in »Karthagische Komödie« von Per Schwenzen (mit Waltraut Runze und Otto Graf).

21 2.2.52: in »Fips mit der Angel« (mit Nils-Peter Mahlau), Theater am Kurfürstendamm.

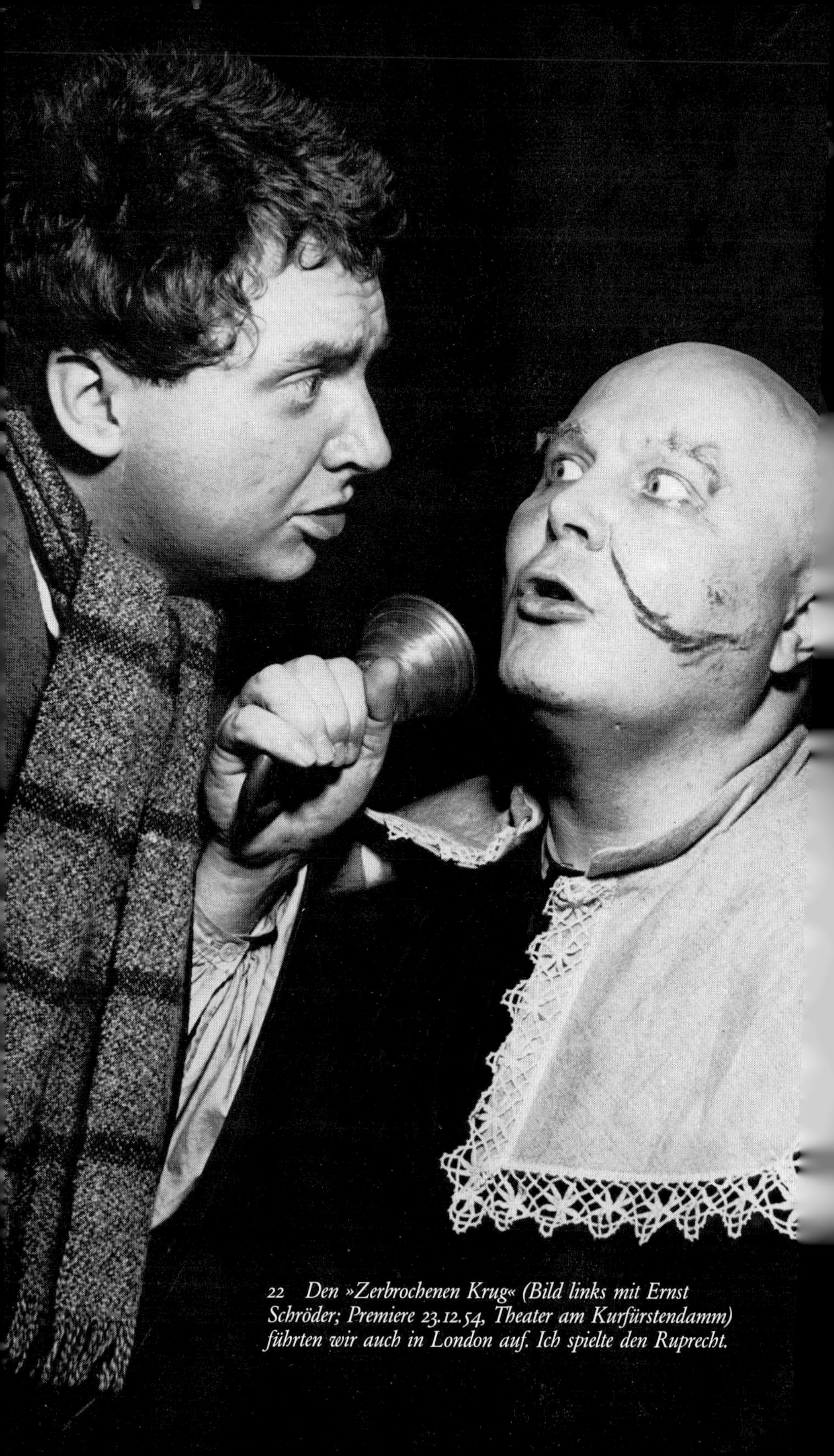

22 *Den »Zerbrochenen Krug« (Bild links mit Ernst Schröder; Premiere 23.12.54, Theater am Kurfürstendamm) führten wir auch in London auf. Ich spielte den Ruprecht.*

23 Zumindest äußerlich sahen wir neben der Dorsch ganz gut aus: 21.2.57, »Die Silberschnur«, Renaissance-Theater Berlin, mit Käthe Dorsch und Werner Bruhns.

24 Und neben der Dorsch knüpfte an Sidney Howards »Silberschnur« auch Antje Weisgerber, meine 48er Julia.

25 26.2.58: »Bunbury« im Renaissance-Theater mit Harry Meyen. Er war von uns allen der Ehrgeizigste.
26 Zum ersten Mal in Deutschland: »Irma la Douce«. Mit Margit Saad in Baden-Baden. Januar 61. ▷
27 Nochmals Oscar Wildes »Bunbury« mit Ursula Herking und F. O. Krüger: Harry Meyen verbuchte seinen ersten Regieerfolg. Harry war Klasse.

28 Erste Begegnung mit Baxi: »Wolken sind überall«, Komödie Berlin, März 61.
29 Eine Traumrolle: »Liliom«; Hansa-Theater Berlin, Oktober 70.
30 Mit Christine Diersch: »Helden«; Hansa-Theater Berlin, Januar 1973. ▷
31 Im Sommer 73 war ich Pavel Kohouts »August, August August«; Freie Volksbühne ▷ ▷ Berlin, Regie: Helmut Käutner (mit Hans Putz).

was, womit wir nie gerechnet habn. Ich meine, Mutti und ich – oder?«
Er guckte auf Mutter.
Die schwieg.
Ausnahmsweise.
Er sah wieder auf den Brief, dann auf mich. Und endlich ließ er seinem Sinn fürs Praktikable Lauf. »Na, denn mach das um Himmels willen, versuch's – umsatteln kannste ja immer noch, nich wahr, Grete?!«
Doch Mutter bezähmte sich.
Sie tappte zwischen Oje und Oho. Erst im November fällte sie eine Entscheidung.
Da sah sie mich auf der Bühne. Zum ersten Mal. Und obschon sie sich in jedem Kino noch wohler fühlte, applaudierte sie stürmisch.
Ja, ihre Augen glänzten so verklärt wie immer, wenn sie träumte ohne zu schlafen. Und sogar daran erinnerte sie sich plötzlich: »Vor fast zwanzig Jahren war ich bereits mit dir im Theater, stell dir vor!«
»Unmöglich«, erwiderte ich. Schließlich war ich gerade knapp neunzehneinhalb.
»Aber ich entsinne mich genau, Harry: Vati und ich waren eben nach Berlin gezogen, und er kriegte von der Polizei Theaterfreikarten. Du warst da unterwegs – also ich war im sechsten Monat, mein' ich, man konnte's schon 'n bißchen sehn...«
»Und was habta im Theater jesehn?«
»Ach, das ist es ja: Wir haben ›Ödipus‹ gesehen, mit dem Fritz Kortner, und ich weiß noch, der schrie so. Dauernd schrie der. Und dann stach er sich auch noch die Augen aus – nee, also da hab' ich mich vielleicht erschrocken...«

Für mein frühes Debüt hatte Marlise Ludwig gesorgt. Wer sonst.

Das Besondere daran: ich debütierte an der Seite der Ludwig. Die zweiundsechzigjährige Schauspiellehrerin hatte sich zur Annahme einer Rolle überreden lassen.

Der das schaffte, hieß Hans Rodenberg, ein aus dem Moskauer Exil heimgekehrter Regisseur, der Intendant des ersten deutschen Jugendtheaters in Berlin und Chef des »Spiel- und Kinderfilmstudios« der DEFA und 1950 Nationalpreisträger wurde.

Rodenberg war selbstverständlich Stanislawski-Jünger. Und selbstverständlich studierte er jetzt im Haus der Kultur der Sowjetunion in Berlin (heute Maxim Gorki-Theater) in realistischer Stanislawski-Manier die Aufführung eines selbstverständlich russischen Theaterstücks ein.

Sein Titel: »Ljubow Jarowaja«.

Sein Autor: Konstantin Trenjow.

Und, so klärten mich die kluge Ludwig und der eifrige Rodenberg auf, damit handelte es sich schon gar nicht mehr einfach um ein russisches, sondern um ein sowjetisches Stück, das in der Zeit der Revolution spielt.

Mir war es egal. Von mir aus hätte es auch ein frühchinesisches oder ein spätkongolesisches Stück sein können.

Nachdem mich Marlise Ludwig zur Probe mitgenommen hatte, weil noch die Rolle eines jungen Offiziers besetzt werden mußte, verhielt ich mich mit meinen dreieinhalb Monaten Unterricht, wie sich auch Schauspielgreise verhalten: ich wollte um jeden Preis spielen.

Ich durfte spielen.

Es gab 15 (Tapeten-) Mark und ein Pajok – das war die russische Form der amerikanischen Care-Pakete mit Fleisch, Butter, Wurst, Mehl, Zigaretten und Bonbons. Der Kalender wies einen Dienstag aus. Dienstag, den 9. November 1948.

Dieses Datum ist fürs Feiern des 50jährigen Bühnenjubiläums wichtig. Es markiert aber auch den Beweis meiner Verehrung für Marlise Ludwig.
Nach der Premiere bot mir der einflußreiche Hans Rodenberg nämlich einen Platz in der DEFA-Nachwuchsschule an. Studium plus Stipendium bedeutete das: ich widerstand. Die Ludwig hatte mich längst geformt. Von ehemaligen Lehrern wäre ich nicht wiedererkannt worden.
Ich lernte mit höchster Begeisterung und noch höherer Geschwindigkeit. Vor allem: Ich lernte nicht nur die angestrichenen Absätze einer Rolle, ich verschlang jeweils die ganze Rolle in Rekordzeiten.
Marlise Ludwig traute mitunter ihren Ohren nicht. Und ab und an pries sie mich den anderen Schülern als nachahmenswertes Beispiel.
Nachahmenswert auch in puncto »Gehen«. Der Harald, behauptete sie, der geht so gut, seht euch den an.
Es war wie vor acht, neun Jahren als Pimpf. Die selber gestellte Aufgabe forderte mich heraus. Ich parierte mit Eifer. Und nicht lange, da war ich erneut so etwas wie'n kleiner Anführer.
Das vorherrschend weibliche Element innerhalb der Ludwigschen Elevenschar förderte allerdings diese Entwicklung. Als ich den Schauspielunterricht begann, gab es neben acht Mädchen außer mir einen Jungen. Der aber war ein Junge voller Hemmungen.
Nichts ist verkehrter.
Häßlich darf ein Schauspieler sein und sogar doof – auf keinen Fall gehemmt.

Nachdem er das eingesehen hatte, verabschiedete sich der junge Mann aus unserem Kreis. Ich war Hahn im Korb. Und das brachte ausschließlich Vorteile.

Um nur die pädagogischen zu nennen: Die verschiedenartigen Mädchen erarbeiteten sich unterschiedliche Rollen. Ihre ständig wechselnden Partner jedoch, vom Mephisto bis zum Romeo, spielte allein ich.

Das kann die Wiege gewesen sein für meinen »Mann für alle Fälle«. Denn zu den klassischen kamen nun mehr und mehr auch moderne Rollen. Und da ich kaum bis gar nicht gehemmt, sondern schlaksig und beinahe schon richtig lokker war, sah Marlise Ludwig – an freundlichen Tagen – für mich voraus: »Du wirst mal ein Viktor-de-Kowa-Nachfolger werden.«

An unfreundlichen, genauer: an normal strengen Ludwigschen Werktagen sah sie mehr Tadelnswertes.

Ging man dann aus dem Raum, um an der Brust des Faktotums Anna Trost zu suchen, hing dort meistens schon jemand. Wollte man ins Klo ausweichen, war das gleichfalls von einer mit dem Schicksal Hadernden besetzt...

Spannung herrschte, wenn Besuch erschien.

In meinem ersten Ludwig-Jahr kreuzte Klaus Kinski oft auf. Von dem war die Ludwig hingerissen. Und folglich auch ihre Schülerinnen.

Kinski, damals einundzwanzig, hatte bereits seinen Krokodilsblick, mit dem er die Umwelt vereinnahmte oder abstieß. Er trat an kleineren Bühnen auf. Experten (wie die Ludwig) jubelten über sein gebündeltes Talent. Reporter frohlockten, weil das Talent so gern explodierte. Nachkriegsbürger erschraken. Klaus Kinski, so eine Art Rudi Dutschke der Berliner Theaterszene der Endvierziger Jahre, war immer gut für eine Schlagzeile.

Mich verwirrte und entzückte er gleichermaßen.
Ich saß zu seinen Füßen, wenn er eine Rolle probte und danach kundgab, warum diese Rolle und weshalb auf jene Weise. Klaus erzählte nicht, er manifestierte.
Ich fragte mich: Muß man als Schauspieler so sein?
Wortlos kam ich mir ihm gegenüber vor. Wortlos und leise und brav. Er verströmte Barrikadenluft – ich schrubbte und kämmte mich.

Im Sommer 1949 bat ein Goethe-Preisträger um Einlaß in Marlise Ludwigs Schauspielschülerschar. Er trug eine wattierte Jacke im Russenlook.
Es war Wolfgang Gruner, zweiundzwanzig Jahre alt.
Sechs Tage vorher hatte er noch im Gefangenenlager 149/2 in Charkow für seine Kameraden Theater gespielt. Und zwar jene Rolle, für die ihm der Goethepreis der Kulturgruppe 149/2 verliehen worden war.
Jetzt spielte er sie uns vor: Wolfgang Gruner verwandelte sich in Ibsens Nora – ein Erlebnis.
Marlise Ludwig erwartete es.
Ihr Ehemann Heinz-Oskar Wuttig, wie Gruner in Charkow kriegsgefangen und noch nicht entlassen, hatte dessen Nora bereits brieflich gepriesen. Ich war nicht vorbereitet. Ich staunte mit offenem Mund. Und da ich ihm/ihr die Stichworte geben sollte, gab ich sie nicht präzise.
Ich dachte dauernd: Der/die hat Hosen an, jut; der/die kommt ooch direkt aus de Jefangenschaft, sehr jut; aber der/die spricht und bewegt sich wahrhaftig wie 'ne Frau – is det nu soner oder solcher?

Ehe ich ein vollständiges Urteil treffen konnte, mußte ich einen Vertrag erfüllen. Meinen ersten.

Denn unter den Regisseuren, Agenten und Intendanten, die uns Ludwigschen Zöglinge unablässig beäugten, war eines Tages auch jemand gewesen, der mir zutraute, eine Hauptrolle zu spielen.
Eine Hauptrolle in Neustrelitz.
Marlise Ludwig zögerte trotzdem, ihre Zustimmung zu erteilen. »Für den Dr. Trench bist du zu jung. Die Komödien von Shaw erfordern vielschichtige Charaktere.«
»Aber ich verdien'n paar Mäuse«, wendete ich ein. »Und der Vertrag läuft drei Monate. Da spiel' ich bestimmt nicht nur ›Die Häuser des Herrn Sartorius‹.«
»Das ist anzunehmen, ja.«
Ich fragte: »Dann krieg' ich Urlaub?«
»Ungern. Du bist ja erst ein knappes Jahr hier. Aber«, überlegte sie, »selbständig bist du – na gut denn, geh dahin. Nur bleib da nicht etwa!«
Ich gab mein Ehrenwort. Das große mit Schleife.
Als ich danach in Neustrelitz in Mecklenburg aus dem Bahnhof trat, war ich sicher, das kleine Ehrenwort hätte gelangt.
Dann begannen die Proben.
Die meisten Mitwirkenden kannten sich. Ich kannte keinen. Ich stellte mich vor und behielt von acht Namen einschließlich des Regisseurs nebst Assistenten einen.
»Torka«, hatte die Blonde gesagt.
Und: »Wir sind Partner.«
Partner?
Ich fand, für eine mondäne, hysterische Millionärstochter, in die ich mich laut Shaw zu verlieben hatte, war sie kaum besser geeignet als ich für meine Rolle. Zu deutsch erschien sie mir, zu stramm und diesseitig.
Doch mußte das kein Nachteil privat sein.

Ab der Mittagspause nannten wir uns Harald und Hannelore. Abends gingen wir im Schloßpark spazieren.
Noch war ja Probenzeit.
Ich erwähnte, daß dies mein erster Vertrag wäre. Der erste fern der Heimat. Und 'n bißchen Bammel vor der Premiere hätte ich auch. Hanne lächelte.
Es war ein einfühlsames Lächeln, wie ich meinte. Hanne hatte ihre Anfänger-Saison schon hinter sich.
Da bat ich sie, mir behilflich zu sein. Ganz besonders behilflich. Schließlich würde in spätestens vierzehn Tagen von mir erwartet werden, daß ich als ihr Liebhaber überzeuge.
»Richtig«, bestätigte Hanne. »Und ich als deine Geliebte.«
Sie hob einen Kieselstein auf, warf ihn hoch. Der Stein fiel ins Wasser des Zierkersees. Aus der Aufschlagstelle schwappten schwache Wellenringe auf uns zu.
»Aber«, sagte sie dann, »dafür sind ja die Proben erfunden worden. Komm!«

Nach drei Monaten trennten wir uns: Hanne, Neustrelitz und ich.
Neustrelitz nahm es am leichtesten.
Kaum schwerer nahm es die Intendanz.
Dabei hätte ich es womöglich wegen Hanne fertiggebracht, das große Ehrenwort zu brechen, wenn man --- man dachte gar nicht daran. Man machte nicht mal einen Versuch.
Ich mußte mich, ob ich wollte oder nicht, zum Schüler zurückverwandeln. Wollte ich?
So rasch nicht.
Doch Marlise Ludwig sorgte in Minutenschnelle dafür. Erst las sie meine Kritiken, dann las sie mir die Leviten: »In

Neustrelitz weder gut noch schlecht, sondern eigentlich nur dagewesen zu sein, ist eine Beleidigung für mich – an die Arbeit!«

Bis dahin hatte ich noch keine Mark meiner Schulgeldschulden bezahlt. Die Neustrelitzer Anwesenheitsgage war für Kost und Logis (und gelegentlich ein Stück Kuchen für Hanne) draufgegangen. Und was die Ludwig an kleinen Funkeinsätzen vermittelte, wurde so honoriert, daß es eben für den Aufenthalt in der Kantine langte.

Immerhin vermittelte sie überhaupt welche.

Die Ludwig vertrat das Prinzip: »Solange ich jemanden ausbilde, fühle ich mich für denjenigen verantwortlich.«

Nun bildete sie auch Wolfgang Gruner aus.

Für den RIAS ergab sich: Wenn Unterhaltungschef Werner Oehlschläger (dessen Assistent und Kaffeeholer damals noch Hans Rosenthal hieß) vorher in seinen Sendungen mit einem »Passanten« oder »Penner« oder »Ganoven« ausgekommen war, quatschten jetzt meistens zwei dieser Figuren – Gruner und ich.

Damit war das Duo Gruner/Juhnke geboren. Ein Duo, das in den Ludwigschen Räumen gleich nach der Königinmutter den Ton angab.

Und zwar nicht nur inhaltlich.

Speziell das verheißungsvoll Lockende, Werbende hatte keiner besser auf den Stimmbändern als Wolfgang Gruner. Keiner übte es allerdings auch so intensiv wie er.

Wolfgang übte in der Markthalle von Moabit.

Unter der kaufmännischen Oberleitung von Onkel Artur und Tante Hedwig (»Obst & Gemüse«) bezirzte Wolfgang werktäglich junge Damen von acht bis achtzig, ihm Äpfel, Pflaumen und Bohnen aus der Hand zu reißen.

Die Damen rissen.
Onkel Artur kassierte.
Wolfgang partizipierte.
Sowohl stimmlich als auch finanziell hatte er mithin allerlei auf dem Kasten. Aber ausgesprochen wohlhabend wurde er, nachdem ihm Onkel Artur geraten hatte, sich selbständig zu machen.
Natürlich nicht in Obst & Gemüse. Konkurrenz besaß Onkel Artur genug. Nein, sein Neffe sollte den kleinen leerstehenden Laden hinter der Markthalle mieten und sich einen Gewerbeschein für Altwarenhandel holen. Und dann sollte er differenzieren:
»Lumpen und Papier nur wenich, Wolfjang, der Laden is ja dafür viel zu kleen. Konzentrier da uff Kupfer, Zinn und Zink, vastehste?!«
Wolfgang, vor seiner Einberufung 1943 mit siebzehn Jahren nach »sehr gut« benoteter Abschlußprüfung zum außerplanmäßigen Steuerinspektor ernannt, verstand augenblicklich.
Er mietete den Laden.
Und immer, wenn ich ihn besuchte, sortierte er in der Lumpenstampe Buntmetalle und rezitierte dabei Shakespeare und Schiller.

Mir eröffnet sich unterdessen die Kino-Pfarramtskandidatenkarriere.
Im Atelier-Büro wird ein Vertrag ausgefertigt. Ich lese meinen Namen. Ich lese eine Zahl: 2500.–
»Allet West?« frage ich einen Mann, der Horst Wendlandt heißt.
»Wat sonst? Wir zahln doch keen Ostjeld in Tempelhof.«
Mein Blutdruck steigt.
Ich unterschreibe.

Zweitausendfünfhun – es ist nicht zu fassen. Zweitausendfünf – mir is janz kribbelich. Zweitausend – det muß jefeiert werden!
Mit Wolfgang und... Ich seh' mich um.
Es ist Nachmittag. Eine festliche Szene wird gedreht: Gäste in Bratenröcken und Zylindern, Mädchen in schicken Kleidern. Dazwischen ich als Pfarramtskandidat mit beschleunigtem Pulsschlag.
Das? Oder das? Jaaa – das Mädchen sieht am flottesten aus.
»Gehn wir heut abend bummeln?« erkundige ich mich wie der Graf von Luxemburg.
»Klar«, erwidert es ohne Zieren.
Ich beschließe, ganz groß auszugehen.
Um 18 Uhr rufe ich: »Taxi!« Das Mädchen steigt ein, wir fahren nach Moabit. »Da holn wa noch meinen Freund ab. Zu dritt bummelt's sich besser.« Dem Mädchen ist's Wurscht.
Wir halten. Ich steige aus.
Wolfgang schichtet gerade Draht.
Kupferdraht.
Dazu spricht er aus »Fiesko« den Mohren: »Herr, einen Schurken könnt Ihr mich schimpfen, aber einen Dummkopf verbitt' ich.«
Ich unterbreche: »Stell dir vor: Zweenhalb Mille kriejick. Heute haunwa zu!«
»Wo?« ist Wolfgang sofort bereit.
»Ich dachte: standesgemäß.«
»Holla – det wird happig.«
»Zweinhalb sag ich nur...«
»Ooch wahr. Wohin?«
»Nuuun, Herr Kollege, im Taxi wartet noch eine Lady vom Film – wie wär's denn mit der ›Queen‹?«

»Du meine Jüte. Aber uff deine Verantwortung.«
»Zweieinhalb, Herr Kollege!«
»Das überzeugt.« Gruner flitzt zur Tür. Er schließt ab, hängt ein Schild an, auf dem steht »Geschlossen«, verschwindet in einem Hinterraum, ruft: »Fünf Minuten.«
Es werden zehn.
Doch für die »Queen«, die feinste, schickste Bar von Berlin, sind zehn Minuten Putz- und Flickappell angebracht.

Sie präsentiert sich im Kerzenlicht. Teuer.
Die Band spielt »La vie en rose«. Weich.
Der Frack serviert drei Manhatten. Süß. Und eigentlich nichts für mich: Ich mag noch immer keinen Alkohol.
Der Frack: »Wünschen die Herrschaften zu speisen?«
Ach ja, das wär's.
»Vielleicht darf ich vorschlagen?«
Schlagen Sie.
»Consommé parisienne...«
Konsom – »Bitte.«
»Ragoût fin en coquille...«
Kokiel – »Ja.«
»Meridon d'écrevisses.«
Krewiß – »Gewiß. Oder hat jemand 'n Einwand?«
Neinnein, alles okay.
»Danke«, sagt der Frack. »Ich bringe die Weinkarte.«
Die Band spielt: »Der dritte Mann«... dädädädädäääädädääääädädäääää...
»Hast du 'ne Ahnung, watte bestellt hast«, fragt Wolfgang.
»Nee«, sage ich. »Wir lassen uns überraschen.«
»Wissen Sie's?«
»Nein«, sagt auch das Mädchen.
Der Frack meldet sich: »Sie haben gewählt?«

Tja. Nein. Aber – äh –
»Wenn ich Ihnen einen Mosel empfehlen darf, die Nummer 12 vielleicht, den Lieserer...
»Der Lieserrr – äh – natürlich: genau den.«
Die Band spielt »Von den blauen Bergen kommen wir«.
Der Frack kommt mit drei Tassen Brühe. In der Brühe ängstigen sich je zwei Kartoffel-, zwei Porreestückchen. Am Nachbartisch knallt ein Sektkorken. Die Band spielt »Vielleicht ist Liebe nichts als Illusion«.
Das Mädchen findet: »Tolle Atmosphäre.«
Wolfgang ergänzt. »Ick hab schon mehr in der Tasse jehabt.«
Hinter der Bar schüttelt einer den Mixbecher. Der Frack bringt drei riesige Teller mit je einer faustgroßen Muschel. Aus der Muschel quillt schüchtern Ragout.
Wolfgang kostet. »Det hat meine Mutter montags gemacht.«
»Montags?«
»Ja, von dem, wat am Wochenende übrig jeblieben war.«
»Mensch!«
»Ick sach nur, wie't is.«
Die Band spielt »Baby, es regnet doch«.
Der Frack zelebriert Reis in Puddingform. Im Reis entdeckt das Mädchen einen Krebsschwanz. »Oh«, sagt es, »der is ja niedlich.«
Wolfgang weiß: »Die hamwa uns in Rathenow immer aus de Havel jeangelt. Aber dutzendweise.«
»Dafür sind die hier teurer«, ahnt das Mädchen.
»Meine Güte. Entweder isset zu wenig oder zu teuer: freut euch doch mal, daß wa uns det hier jetzt leisten!« werfe ich ein.
»Apropos leisten«, fängt Wolfgang den Ball auf. »Wat meinst'n, wat de blechen mußt?«

Ich heb' die Schultern und laß sie sinken, die Arme sind angewinkelt, meine Hände und meine Pobacken zucken im Samba-Takt, die Band spielt »Ei, ei, ei, Maria, Maria aus Bahia«.

»Ach, du rechnest jar nich?«

»Nee.«

»Na, hast ja ooch recht. Wer zwoonhalb in der Weste hat, der muß nich...«

»Wieso Weste?«

»Wieso nich!« Wolfgang richtet sich auf. »Sach bloß, du hast die Marie überhaupt nich bei dir?«

»Welche – die große?« Ich schüttele den Kopf. Die Band spielt »Das gibt es nur in Texas«.

»Ja, hast du se noch alle?« entsetzt sich Wolfgang.

Ich ziehe die Brauen hoch. »Erstens«, doziere ich: »Gage gibt es am Ende. Zweitens: Wenn es sie gibt, muß ick se gleich an Marlise weiterleiten. Drittens: Es hat 'n Vorschuß von 50 Em jejeben. Viertens: Morjen soll et wieder 50 jeben. Fünftens: Solange kann ick nich warten. Ick freu ma heute – also sind wa hier!«

»Und können nich bezahlen!«

»Mal nich'n Deubel anne Wand. Wir ham ja noch keene Rechnung.«

»Aber wenn wa se ham?«

»Denn sehn wa uns die Bescherung an. Und wenn es tatsächlich den momentanen Börsenkurs übersteigt – tja, ick denke, da wirst du als Moabiter Kupferking ja mal aushelfen können, wa...

»Ich?« ruft Wolfgang, und seine Pupillen weiten sich. »Ick hab doch jar keen Jeld einjesteckt.«

»Is det wahr? Du kommst in die teuerste Bar Berlins ohne 'n Groschen in der Tasche?! Also nee...«

»Also…« Wolfgang ringt nach Luft. »Also nu schlägt's vierzehn! Du haust uff'n Putz wie Ali Khan, gespielt von Kinski, und ick bin schuld, wenn wa hier nich aus'm Laden kommen!«

»Bleib ruhig. Ick bin zwar nich Kalanag, aber rauskommen tun wa hier.«

»Wie?«

»Na ja – ick werd ma jetzt – natürlich in aller Ruhe – die Rechnung jebn lassen. Und – ja, wennse zu hoch is, dacht ick, du holst den Rest von zu Hause…«

»Det darf nich wahr sein: von Moabit?« Wolfgang fährt sich erregt durch die Haare. »Wir sind hier in Grunewald, Mensch, det kost ja noch mal Taxe! Oh, warum war ick bloß so blöd, mitzukommen…«

»Weil ick da einjeladen habe. Außerdem wolln wa doch erst mal sehn, wat der Spaß nu wirklich kostet.«

Ich winke. »Herr Ober!«

»Bitte sehr?«

»Die Rechnung.«

Die Band spielt »Nach Regen scheint Sonne«. Zwei Paare tanzen. An der Bar schwarwenzeln drei ältere Herren um einen Ava-Gardner-Verschnitt.

Der Kellner kommt und stellt mir einen Teller hin. Auf dem Teller liegt eine gefaltete Serviette. Zwischen den Rändern lugt an einer Seite Papier hervor.

»Ob det die Rechnung is«, will Wolfgang wissen.

»Kann sein«, sage ich. Und mir wird klar, daß meine Weddinger Westminster-Bar-Blasiertheit unvollkommen ist.

Dann ziehe ich den Zettel vor.

Er enthält die Rechnung.

Ich lese, während das Mädchen anerkennt: »Diskretion Ehrensache. Das kann man nobel nennen.«

»Und wie nennst du et«, tippt mich Wolfgang an.
Ich kratze mich am Hinterkopf. »'ne Sache zum Schieben, denk ick.«
»Zum Schieben? Wat vastehst'n darunter?«
»Na, wie wat besprochn ham: Du bist so jut und holst noch fuffzich Piepen von zu Hause, und wir – wir schieben solange die Rechnung in de Serviette zurück und jehn uff Tauchstation.«
»Scheiße«, flucht Wolfgang und steht bereits auf. »Weeßte aber ooch, daß det 'ne Stunde dauern kann, bis ick wieder hier bin?!«
»Was, 'ne Stunde?« Ich tue besorgt. »Denn müssen wa wohl noch wat bestellen...«
»Und viel tanzen«, rät das Mädchen.
»Ja, das sowieso. Also, Wolfgang, bis nachher, wa?!«

VI.

Im Schloßpark fing es an.

Im Schloßpark von Neustrelitz: Schauspieler, erkannte ich, sind Handlungsreisende in Empfindungen. Sie breiten sie aus, führen sie vor, streicheln, klopfen, wenden sie. So, wie es alle Handlungsreisenden mit ihrer Ware tun.

Der Unterschied steckt im Detail.

Ein Handlungsreisender in Trikotagen, zum Beispiel, trägt diese Trikotagen bestimmt auch. Trägt sie aus guten Gründen. Gründen, die empfehlenswert sind. Was also macht der Handlungsreisende in Trikotagen, der selber ein zufriedener Trikotagenträger ist, um die Trikotagen seiner Firma zu vertreiben?

Er gibt preis, was er über Trikotagen weiß. Er weiß nur Gutes. Das Gute verkündet er besten Gewissens.

Ein vom Tragen von Trikotagen persönlich befriedigter Handlungsvertreter in Trikotagen handelt in der Ausübung seines Berufs mithin wie ein Christ. Er verkauft nicht, er missioniert.

Dagegen ein Handlungsreisender in Empfindungen – womöglich ist er Abend für Abend der Teufel! Oder aufreibender für ihn noch: Er ist heute der Teufel, morgen der vom Teufel Geholte, übermorgen der, den der Teufel ausgespuckt hat. Es gibt kaum Begrenzungen.

Ein Handlungsreisender in Empfindungen ist gehalten, drei Musterkoffer mit sich zu schleppen, um der Nachfrage gerecht zu werden, der Nachfrage unterschiedlichster Art. (Am seltensten wird nach Missionarischem gefragt.) Ein Handlungsreisender ist gehalten, Gutes wie Schlechtes, Schlechtes wie Gutes abzusetzen, er muß lügen, täuschen, fälschen. Wie kann er das?

Wie kann er auf Knopfdruck lügen oder lieben, täuschen oder tätscheln, fälschen oder fächeln? Wie kann er es, wo er doch, bevor er Handlungsreisender in Empfindungen wurde, ein Mensch wie jeder andere war, ein guter (unter Umständen), so gut gar wie der Trikotagen-Missionar?

Er bedarf der Hilfen. Der Hilfen und Helfer. Des Maskenbildners wie der Souffleuse, der Kostümbildnerin wie des Garderobiers, des Theatermeisters wie des Inspizienten, des Regisseurs wie des Kollegen.

Des Kollegen Handlungsreisenden in Empfindungen sowohl als auch der Kollegin Handlungsreisende in Empfindungen. Denn verteilt empfindet sich's anschaulicher. Äußerst selten kommt, sieht und empfindet ein/eine Handlungsreisende/r anschaulich mutterseelenallein.

Im Schloßpark von Neustrelitz erkannte ich, geholfen ist auch, wenn die Empfindungen, die er/sie von dienstwegen absetzen soll, sich mit den Empfindungen, die sie/ihn privat überschwemmen, vertragen.

Im Schloßpark fing es an. Wann immer ich seither dienstlich empfinden mußte, half ich raschestens. Wann immer ich half, dankte ich dem Geschick, zum Empfindungsressort ›Liebhaben‹ zu gehören. Wiewohl Liebhaben mit 'ner Macke.

Aus dem Schloßpark weiß ich: besser ulkig lieb gehabt als gar nicht.

*

Zwei Tage hatte ich gewartet. Und immer mit dem Satz im Ohr: »Sie hören von mir.«
Wann denn?
Und was vor allem?
Wie einer Fliege war mir zumute. Einer Fliege, die auf Leim geflogen ist, die um sich schlägt und doch schon spürt, es ist vergeblich.
»Sie hören von mir...«
Ernst Karchow hatte das gesagt.
Er war der frisch berufene Künstlerische Leiter der Freien Volksbühne in Westberlin.
Der Volksbühne gehörte das Theater am Kurfürstendamm. Dort hatte ich ihm vorgesprochen. Ich wollte ein Engagement.
Ein festes Jahresengagement. Das erste in Berlin. Das erste überhaupt.
Es war August 1950.
»Sie hören von mir...«
Mir war, als hätte Karchow es heiter ausgesprochen. Heiter und – na ja: zutraulich.
Wenigstens klang es nicht mürrisch.
Und nicht völlig hoffnungslos. »Sie hören von mir...«
Das ›ö‹ war betont. So betont man doch, wenn man wirklich einem was sagen will. Was Freundli... also, ich meine, wenn ich nur 'ne Absage formulieren werde, laß ich gar keine Luft in den Satz, dann fällt er mir eben bloß aus'm Mund, dann...
Aber es sind zwei Tage her.
Ob ich einfach anrufe?
Einfach? Was sage ich denn: ›Sie wollten mir Bescheid geben, Herr Karchow...?‹
›Ihnen? Ich...?‹

›Ja, Juhnke ist mein Name, Harald Juhnke, ich war vorgestern zum Vorsprechen bei Ihnen, und Sie sagten, ich würde von Ihnen hören...‹
›Ja und...?‹
›Und – äh – es sind zwei Tage – äh...‹
Scheiß! Das geht nicht. Der könnte sauer werden. Richtig sauer, obgleich er vorher gar nicht daran dachte. Obgleich er vorher vielleicht mit dem Gedanken spielte, diesen jungen Mann – ›wie heißt er noch?‹ – ›Harald Juhnke!‹ – ›genau den, jawohl; ich denke, so übel ist der nicht, der Bursche, begabt, jaja, begabt und einigermaßen manierlich aus der Wäsche guckend, mir scheint, ehe ihn ein anderer engagiert, sollte –‹
Stop! Ehe ihn ein anderer...?
Welcher andere?
Barlog!
Ja, Barlog, dem hatte ich ja auch vorgesprochen. Auch auf Marlise Ludwigs Empfehlung wie jetzt dem Karchow. Und Barlog hatte mich engagiert. Engagiert und gleich ausgeliehen. Ans Hebbel-Theater. Zum Einspringen für Fischer, den schönen, den Sebastian, den Barlog unbedingt haben wollte. Na gut, war 'ne Kunkelei. Aber mich brachte die immerhin ans Hebbel-Theater. In Westberlin. Und wenn auch nur für zwei Stücke und auch erst nach der Premiere, ohne Presse, doch ich war ja noch Schüler, ich... Ich könnte sagen: Barlog will mich haben, ich müßte mich entscheiden, ganz rasch.
›So plötzlich, Herr Juhnke...?‹
›Jaaa – ich bin mit Herrn Barlog seit meinem Einspringen im Hebbel-Theater im Gespräch, er wollte noch abwarten, aber nun – also nun hat er mir einen Zweijahresvertrag angeboten, und ich...‹
›Und Sie...?‹

›Und ich – äh – ich würde eigentlich lieber an die Volksbühne gehen denn... weil... äh...‹
Quatsch. Der Karchow reagiert eventuell ganz anders. Der war doch freundlich. Er sagte: »Sie hören von mir!«
Mit ’nem Ausrufungszeichen!
Und ’nem hellen, spitzen ›ö‹!
Zwei Tage...
Ejal – ick probier et jetzt, ick haltet nich länger aus, is ja Tierquälerei, det Jetue ›Se hörn von mir‹ – allet Jesülze nur, se solln endgültig sagn, wat is!
Wie spät? Halb vier. Da kann er im Büro sein.
Wo is denn hier ’ne Zelle...
»Tschuljung, wissen Se nich, wo man telefonieren kann?«
»Da drüben, junger Mann. Hundert Meter.«
»Danke.«

9 – 1 – 6 – 0 – 6 – 6 – tüüt – tüüt – tüüt – tü:
»Freie Volksbühne Theater am Kurfürstendamm.«
»Juhnke. Ich möchte Herrn Karchow sprechen, wenn’s...«
»Moment.«
Das geht ja gut. Ich hätte längst – Moment? Ob der gleich rankommt? Dann äh – Juhnke, Harald Juhn...
»Sekretariat Karchow.«
»Guten Tag. Juhnke. Ich war vor – Ich möchte gern Herrn Karchow sprechen, wenn’s möglich ist, ich...«
»In welcher Angelegenheit?«
»In welch – na, ich war vor zwei Tagen bei ihm zum Vorsprechen, und er hat sich nicht gleich entschieden, ich würde aber gern jetzt hören, wie...«
»Juhnke sagten Sie?«
»Ja. Harald Juhnke.«
»Tut mir leid. Ich habe noch keinen Bescheid vorliegen.

Herr Karchow wird sich melden. Sie hören von uns, Herr...«
»Moment! Das ist es ja – Sie hören von: ich müßte es jetzt hören. Bitte, verstehen Sie: Ich habe inzwischen ein Angebot erhalten. Ja! Von Herrn Barlog ein Angebot, vom Schloßpark-Theater!«
»Ja, und warum...?«
»Nun det is'n Dreijahresvertrag. Aber Sie wissen doch selber, wie das im Schloßpark-Theater läuft: Da hocken ja schon mehrere junge Schauspieler rum und werden nie beschäftigt, und ob's im nächsten Jahr, wenn's Schiller-Theater zukommt, anders wird, is noch die Frage, ich meine, ich dachte – also, ich will sagen: Ich würde lieber an die Volksbühne gehen, und da ich doch vorgesprochen habe, wollt' ich jetzt hören, was ist, denn... denn ich muß mich ja entscheiden, ich soll ja morgen bei Herrn Barlog unterschreiben! Wäre – wäre es nicht möglich, Herrn Karchow zu... bitte, ich...«
»Jaa – nur ich kann Sie nicht verbinden. Ich muß fragen, Moment.«
Moment?
Moment: der ist da, der Alte, sie geht ja hin; hoffentlich erinnert er sich – war vorgestern; vermutlich sprechen dem jeden Tag welche vor – ich hätte auf die »Mord im Dom«-Rolle hinweisen sollen, die war auffallend, die wird nicht jeder jeden Tag posaunen – und gefallen hat se ihm doch, das hab' ich gemerkt; ein Glück, daß Marlise so eisern darauf bestanden hat, die ganze Eintrichterei von der Heli Roth, der Regieassistentin, sofort zu vergessen und 'ne neue Version der Versucher-Figur einzustudieren; ich glaube, da wär' ich sonst eingebrochen; und ich wollte gar nicht – wenn die Marlise nicht gesagt hätte, sie würde mir den Ausfall

zahlen, falls ich reinfiele, wäre ich – ich muß ihr mal Blumen mitbringen, kann ja sein, daß es gerade wegen der »Mord im…« – Moment? Wie lange dauert denn das, du meine Fresse, ham die die Ruhe weg, da tun ei'm die Füße weh – natürlich, nu donnert der Affe ooch noch jejen de Scheibe! Wat? Ach, tritta nich uff'n Schlips, Mann, so lange bin ich noch jar nich hier in der Zelle, noch keene fünf Minuten – ick werd ma schon beeilen, jaja, ick kann lesen, du Pinsel! Faß du da ma alleene kurz! Spinner, du…

»Bitte?«

»Herr Juhnke? Sind Sie noch da?!«

»Ja, bitte, ich – äh…«

»Herr Karchow läßt Sie bitten, sofort ins Theater zu kommen. Gehen Sie gleich ins Büro.«

»Gleich ins Büro – ja – ach, was hatta denn gesagt?«

»Sie werden engagiert!«

*

Ohne Tante Elsas Zimmerverleih hätte ich nie so früh in die Hohe Schule der Zweisamkeit eindringen können. So früh und so ungestört. Aber meine Tante Elsa war Realistin.

Sie sagte sich: Irgendwo tut et der Junge ja doch. Und soll er sich nu dabei erst erkälten?

Nee, forderte sie barmherzig.

Tante Elsa hatte mich schon als Baby verwöhnt. Verwöhnt und lenkbar gemacht.

Sie empfand sich nicht als Retuscheurin des Daseins. Sie nahm es, wie es kam. Vorzugsweise nahm sie es leicht.

Ich fühlte mich sehr hingezogen zu Tante Elsa.

Ganz genau war sie die Cousine meiner Mutter. Sie entstammte einer Berliner Budiker-Familie, die am Rosenthaler Platz einen Mittagstisch dirigierte. Im Umgang mit Menschen hatte Tante Elsa Erfahrung.
Den Umgang mit mir gestaltete sie eher geschwisterlich. Sie kehrte nicht die respektheischende Tante vor, sie war meine große Vertraute. Eigene Kinder besaß sie nicht.
Ich fand sie außerdem schnieke, richtig elegant. Auch ihren ersten Mann, den Herrn Klose. Und über das flotte Leben, das die beiden führten, staunte ich als Kind schon.
Flott gleich fidel und ungezwungen.
Dagegen kam mir mein Zuhause transusig vor. Transusig, aber rechtschaffen. Klar. Dort eines Tages mit einem Mädchen aufzukreuzen, und gar noch mit einem hübschen und nach Einbruch der Dunkelheit, wäre mir unstatthaft erschienen.
Mit einem Mädchen ging ich zu Tante Elsa.
Sie guckte zwar, aber sie guckte schnell wieder weg, hob nicht mal die Brauen. Sie zählte, registrierte und verglich auch nicht. »Komm«, wischte sie meine anfänglichen Erläuterungen ein für allemal fort, »darüber wird nicht gesprochen.«
Tante Elsa war 'ne Wucht.
Ich hätte sie knuddeln mögen, wenn ich damit nicht bereits anderweitig beschäftigt gewesen wäre. Also bedankte ich mich, indem ich stets vorher für's Essen sorgte.
Für's Essen zu dritt: Tante Elsa, das Mädchen und ich.
Am häufigsten brachte ich Tante Elsa eine Gans mit. Die aß sie besonders gern. Und nicht nur zur Winterszeit.
Eigensinnig.
Hatte sie das Geschnatter meiner jeweiligen Begleiterin auf den Geschmack gebracht?

Ich erfuhr es nicht. Tante Elsa hielt sich an ihr Gebot. Über die anwesenden Damen wurde kein Wort verloren, über die abwesenden erst recht nicht.

Das änderte sich, nachdem ich den Kain gespielt hatte. Den, der den Abel erschlägt.

Eine christliche Theatergruppe, die sich »Die Vaganten« nannte, hatte bei den Berliner Schauspielschulen nach Mitwirkenden gefahndet. Marlise Ludwig empfahl mich: »Ein Jesus ist der Harald ja nicht, aber ich würde ihm zutrauen, daß er einen spielt.«

Das genügte.

Vor allem, weil ich auch nur den Kain spielte.

Die Rolle meines Bruders Abel bekam Gerd Vespermann, meine Mutter Eva mimte die mit mir gleichaltrige Eva Probst. Es war Ende April 1950. Das Stück hieß: »Ihr werdet sein wie Gott«.

Wir wurden hauptsächlich fröhlich. Und Gott, glaube ich, muß es gewollt haben, sonst hätte er das Zusammenfinden dieses Trios verhindert.

Vespermann, beispielsweise, fehlte damals noch jeglicher Griesgram. Vespermann war eine Stabrakete: angetrieben von Witz, gefüllt mit Ulk. Ausgerechnet ihn ins Jenseits zu befördern, wurde von Vorstellung zu Vorstellung unzumutbarer für mich. Aber Gott regelte auch das.

Er regelte es trotz eines inflationären Freikartenkontingents. Als sämtliche »Vaganten« sämtliche Verwandten, Freunde und Bekannten zum kostenlosen Brudermord vergattert hatten, mußten noch deren Verwandte, Freunde und Bekannte dafür büßen. Die jedoch zeigten Großmut mit ihren Verwandten, Freunden und Bekannten – der christliche Geist hatte gesiegt. Und das Morden à la Vespermann/Juhnke nahm ein nicht zu spätes Ende.

Gott sei gedankt.
Wir waren unterdessen Freunde geworden, der Gerd, die Eva und ich. Dann kaufte ich wieder eine Gans.
Und ich fragte Eva: »Kommste mit?«
»Wohin?«
»Zu Tante Elsa.«
»Was gibts'n da?«
Ich antwortete ehrlich: »Zuerst Gänsekeulchen.«
Eva hob ihre Stupsnase.
Ich brauchte nicht weiter zu reden. Was es danach geben würde, witterte Eva so. Sie war helle, drollig und ausgelassen. »Isset weit?« erkundigte sie sich.
»Nee, bloß 'n paar U-Bahnstationen. Und zu der Fahrt lad' ick da ooch noch ein.«
»Stürzt dich ganz schön in Unkosten«, rechnete sie.
»Nich wahr?« Ich blinzelte wie'n Kater.
Eva blinzelte retour.
Wir dachten dasselbe. Darum hörte sich's fast synchron an, als wir den Mund aufmachten und gemeinsam festhielten: »'ne jut jebratne Jans is 'ne jute Gabe Gottes!«
Gottesgaben achtet man.
Vor allen anderen tun es Vaganten.
»Los«, sagten wir beide und eilten zu Tante Elsa.

An dieser Stelle ist zu erwähnen, daß Eva und ich noch öfter zu Tante Elsa eilten. Auch, daß die Damen einander schätzen lernten.
Die eine schätzte die Kochkunst der anderen, die andere an der einen die Dressur des dritten.
Und dennoch passierte, daß meine einzigartige Verbindung zu Tante Elsa jetzt Schaden nahm.
Das lag nicht an Eva.

Es lag daran, daß Evas Eltern von Tante Elsas Zimmerverleih nichts ahnten, aber so realistisch gesonnen waren wie die Tante. Sie entschieden: Ehe unsere Eva mit dem die Nächte durch'n Park latscht, bleibn se besser beide bis zum Frühstück hier.

»Ohhh«, hauchte ich verlegen. »Danke.«

Dann deponierte ich meine Zahnbürste und sagte an, was ich von daheim gewöhnt war.

»Meine Mutter kocht mir morgens Kakao.«

Ich erhielt Kakao.

Doch ich hätte mit Kaffee vorlieb nehmen sollen. Anscheinend weckte die vorlaute Kakaoansage die Einbildung von Zwangseinquartierung.

Und so hängte Evas Familie der Antipark-Entscheidung rasch einen Nachtrag an.

Er lautete: Keineswegs aber darf Eva täglich mit dem Kakao-Bubi frühstücken.

»Oh!«

Ich kam nicht umhin, eine zweite Zahnbürste zu erstehen.

Mutter strahlte.

Ohnehin war sie beleidigt gewesen, wie hastig ich meinem soliden Klappbett zu entrinnen versucht hatte. Dem Klappbett, dem Schrank, dem Schreibtisch in meinem halben Zimmer. Und – natürlich – ihrem sahnigen Frühstückskakao. Ja, nach Sahne schmeckte der. »Weil ich doch so spack aussah«, wie Mutter meinte.

Ich trank ziemlich lange Kakao zum Frühstück. Kakao auf Milch- und Milch-Sahnebasis. Abwechselnd. Und vermutlich wäre das noch viel länger so geblieben – denn wir mochten uns ja; die Eva, der Kakao und ich – aber der Film war dagegen.

Der Film ganz allgemein.
Eva wurde von ihm entdeckt.
Das löste erst Jubel, danach Terminnöte aus. Und nicht zu überbrückende Entfernungen machten eine Frühstücksfortsetzung auch illusorisch.
Ich weiß nicht, ob Eva sehr traurig war. Ich sah sie kaum mehr.
Ich allerdings zeigte Trauer. Eine Woche, zwei... Mutter lebte auf, der Kakao troff richtig vor Sahne und hintereinanderweg gab es meine Lieblingsessen: da entsann ich mich Utes.
Ute Sielisch.
Oder einfacher: der blonde Kuchentraum von Otto Normalverbraucher in der »Berliner Ballade«.
Rolf Kühn, der Klarinettist in Werner Müllers RIAS-Tanzorchester, hatte mich Ute vorgestellt. Und zwar ohne Umschweife.
Rolf war sanft, aber direkt.
»Schau ihn dir an, Ute! Jung isser, talentiert und neuerdings immer häufiger solo...«
»Ist das wahr?« Ute spielte die Wißbegierige.
»Ja. Und nu zu dir, Harald: Isse nich süß? Und bitte – zum Goldhaar hat sie dunkle Kulleräuglein.«
Ich bestätigte: »Eine Augenweide, keine Frage. Aber was soll das – ham wir Sklavenmarkt?«
»Im Gegenteil: freien Markt. Und ich«, flüsterte er so laut, daß man ihn ohne Mühe verstand, »ich verrate dir ein Geschäftsgeheimnis, weil ich euch beide mag.«
»Welches?« fragte Ute.
Rolf sah zu ihr, dann zu mir.
»Ja, ich wüßte es auch gern.«
»Gut«, tat Rolf befriedigt, »ihr scheint es wert zu sein. Aber

nicht weitersagen: Ute ist seit neuestem gleichfalls immer häufiger solo!«
Die hübsche Ute: sieh mal eener guck.
Ich hatte noch ihren Blick gesucht, sie hatte ihn erwidert. Dann hatte Rolf sein Perry-Como-Lächeln gelächelt und – wie lange war das her?
Drei Wochen? Vier?
Warum war ich eigentlich nicht gleich auf die Idee gekommen, mit Ute auszugehen – bescheuert. Absolut bescheuert, ja. Aber hoffentlich wettzumachen.
Ich müßte sie anrufen.
Wir könnten uns nach der Vorstellung treffen, wenn ich sie erreichte. Und 20 Piepen würde mir Mutter pumpen. Bestimmt. Warum war ich eigentlich nicht gleich…

Ich erreichte Ute. Wir gingen tanzen.
Ute tanzte gut. So gut, wie ich es mir ausgemalt hatte.
Wir tanzten durch einen Sommer und einen Winter. Und ich scheute nicht mal die Unkosten, eine Bleibe zu mieten. Eine möblierte. In Theaternähe.
Nur wohnten wir dort nicht zusammen.
Wir wohnten überhaupt nie zusammen. Ich – nun ja, ich ging eben unverschämt gern auch außer der Reihe tanzen. Zweiundzwanzig war ich und mittendrin in meiner ersten starken Gänger- und Drängerzeit.
Da erschien Wilfried Seyferth auf dem Plan.

»Bei Kelch« hieß das Lokal. Es lag im Bayerischen Viertel von Berlin und zählte zu den drei, vier Top-Treffs der frühen 50er Jahre. Schauspieler verkehrten dort in der Hauptsache, bekannte, unbekannte und insbesondere schwule.

Hansi Kelch, der Besitzer, hatte Geschmack. Das spürte man auf der Zunge, das teilte sich Augen und Ohren mit. Hansis mitternächtliche Transvestitenshows lösten Beifallsstürme aus. Nacht für Nacht.
In der Nacht, als Wilfried Seyferth am Nebentisch saß, war ich mit Eva-Ingeborg Scholz »bei Kelch«. Wir spielten an der Volksbühne zusammen in einem Stück. Wir waren Kollegen. Dennoch entging mir nicht Seyferths Interesse für Eva.
»Vorsicht«, warnte ich sie. »Dem glimmen die Pupillen.«
»Quatsch. Ich kenn den doch.«
»So jenau?«
»Nee – natürlich nicht.«
»Natürlich is det eene wie det andere.«
»Ach«, wehrte sie ab. »Ich kenn ihn von irgendwoher, ich weiß es nicht genau. Wir grüßen uns, das ist alles.«
»Kann ja sein. Aber det Glimmen bleibt. Ick kann doch kieken.«
»So?!« Sie reckte den Hals.
Ob angenehm oder unangenehm berührt, wagte ich noch nicht zu bestimmen.
»Na ja, das hat er umsonst.«
»Vorläufig«, quittierte ich.
Ich hatte meinen ahnungsvollen Tag.
»Sag mal«, fragte ich dann, »ist der Seyferth nicht an den Kammerspielen in München? Wat macht'n der hier?«
»Filmen wird er«, antwortete Eva. »Was se alle machen, wenn se nach Berlin kommen.«

Die Berlinerin Eva-Ingeborg Scholz indessen drehte in München einen Film. Als sie abreiste, war seit dem Abend »bei Kelch« eine Woche vergangen. Höchstens.

Es war jedoch eine bedeutsame Woche geworden. Für sie so wie für mich. Und für Wilfried Seyferth.
Denn logisch: Seyferth war an unseren Tisch gekommen. Ich hatte das Glimmen in seinen Augen richtig gedeutet. Und das Glimmen geriet zum Glitzern. Und die Nacht dehnte sich aus bis zum Verkauf der Morgenzeitungen. Zum Schluß verabredeten wir uns für die nächste Nacht, danach für die übernächste, danach – und so weiter.
Immer zu dritt.
Und mit immer wachsender Aufmerksamkeit füreinander.
Das heißt, der Seyferth hatte allein die Eva im Blickfeld; Eva selbst schwankte. Darum war meine Anwesenheit auch vonnöten. Ich markierte die Bande, die die Eva für ihr Billard mit verdeckten Signalen brauchte. Mich fesselte wiederum Seyferth.
Solange wir zu dritt waren, rief ich damit kein Echo hervor. Erst als wir zu zweit waren. Obwohl wir uns, das war klar, zu zweit auch nur weiter noch trafen, um über die momentan abwesende Dritte zu reden.
Anfangs zumindest.
Aber dann ging mir der Stoff aus. So viel wie Seyferth über Eva zu erfahren suchte, so viel wußte ich nicht zu erzählen. Also redeten wir allmählich über anderes.
Und ich bemerkte, Wilfried Seyferth, der Mittvierziger, hörte noch immer zu, wenn ich etwas sagte. Und er fühlte sich auch zu Erwiderungen veranlaßt.
Es entstanden Diskussionen und Dispute.
Am Ende – die Eva war schon zurück, er seinerseits verabschiedete sich für ein paar Wochen – am Ende wurzelte eine Freundschaft.
Eine ungleiche, wie sich herausstellen sollte. Doch eine Freundschaft, die ich genoß.

Und die mir (allen gebratenen Gänsen der Tante Elsa zum Trotz) den Ruf eines Begnadeten einbrachte.
Eines Begnadeten deshalb, weil mich Seyferth fast jeden Abend vom Theater abholte.
Was denn, fragten sich die verblüfften Kollegen, issa nu ooch noch schwul, unser Harald?

VII.

Wilfried Seyferth war einundzwanzig Jahre älter als ich. Geborener Darmstädter, das Elternhaus akademisch.
Er hatte sich zuerst in Frankfurt am Main, danach bei Heinz Hilpert, am Deutschen Theater in Berlin, die Sporen verdient. Die Sporen und noch etwas mehr. Nach 1945 war er in Zürich gewesen, dann in München.
Seit 1933 filmte er auch. Nie Hauptrollen, doch die wichtigen Nebenrollen: einen Bruder also, einen Neffen, einen Freund oder Feind, welche den Hauptrollen das Rückgrat geben. Und anscheinend überzeugte er durchwegs.
Denn er spielte Theater, bis die Theater im totalen Krieg nicht mehr spielen durften. Und er drehte Filme bis zum Kriegsende.
Dabei war er weder ein schöner noch ein heldischer Typ. Er war nur jung (Jahrgang 08) und ziemlich kurz geraten. So kurz, wie bei Komikern (von Rühmann bis Thomalla, von Kemp bis Bollmann) üblich.
Nur zählte er gar nicht zur Garde der Komiker. Komik war nur eine Seite seines Schauspielerberufs. Die andere führte er in der Gestalt der Kanaille Franz Moor vor. Und er hatte auch noch die zahllosen Charaktere dazwischen, einschließlich des Darmstädter »Datterich«-Schläächtkopps Schmidt, auf der Pfanne.
Mit anderen Worten: Wilfried Seyferth war künstlerisch so

gut und vielseitig, daß er ständig gebraucht wurde. Zu Ende der 40er Jahre, als die deutsche Filmindustrie wieder zum Sammeln blies, war Seyferth erneut aufgerufen. Und er kam, sah und verdiente.
Als ich ihn kennenlernte, Anfang der 50er Jahre, gehörte er bereits zu den wenigen Besitzern des ersten Porsche-Sportwagenmodells. So ein Auto erregte Aufsehen – Wilfried Seyferth versteckte nicht gern, was er glaubte, sich leisten zu können.
Und übrigens: 1953 heiratete er Eva-Ingeborg Scholz. Es war seine dritte Ehe.

Die *Frankfurter Nachtausgabe* vom Sonntag, dem 10. Oktober 1954, meldete:

> Der 46jährige Filmschauspieler Wilfried Seyferth, der früher lange Jahre Mitglied des Frankfurter Schauspielhauses war, ist Samstag früh gegen 5.30 Uhr auf der Straße bei Frankfurt tödlich verunglückt.
> Diese Nachricht wurde in Frankfurt besonders schmerzlich aufgenommen, da Seyferth sich am Abend zuvor noch im »Metro im Schwan« seinem Publikum vorgestellt hatte. Als Darsteller des Majors Luschke in dem Kirst-Film »Null-acht-fünfzehn« wurde er so hart von Autogrammjägern bedrängt, daß er sich über die Blumenbeete am Rathenauplatz in Sicherheit bringen mußte.
> Soviel bekannt ist, verließ Seyferth nach der letzten Vorstellung etwa um 23.45 Uhr das Theater, um sich mit einigen Freunden in den »Frankfurter Hof« zu begeben. Er hatte jedoch kein Zimmer genommen, da er in der Frühe des nächsten Morgens nach Köln fahren wollte.
> Gegen 5 Uhr lag dichter Nebel auf der Wiesbadener Straße. Seyferth, der einen schnellen Sportwagen fuhr,

geriet in der Nähe der Zeilsheimer Abfahrt auf die linke Fahrbahnseite und wurde aus der Kurve getragen. Der Wagen prallte gegen einen Baum, und Seyferth wurde herausgeschleudert. Auf dem Weg zum Krankenhaus starb er im Wagen der Rettungswache. Nach Ermittlungen der Polizei muß Seyferth im starken Nebel die Sicht verloren haben.

Meine Begegnung mit Wilfried Seyferth leitete ein, was ich bei jungen Schauspielern heutzutage weitgehend vermisse: die Verbeugung vor den erfahrenen, erfolgreichen älteren Kollegen. Wobei ich zugebe: völlig uneigennützig habe ich mich selten verneigt.

Ich schielte nach Nachahmenswertem.

Von Kurt Meisel etwa hab' ich mir die Intensität abgeguckt, mit der man eine Rolle ausfüllt: über die Heftigkeit und die Kraft zur Eindringlichkeit. Daß Meisel vielleicht manchmal zuviel Kraft entfaltete, störte mich nicht. Ich bin schlaksig. Die Gefahr, zu wenig auf die Tube zu drücken, war bei mir viel eher gegeben.

Mit Kurt Meisel habe ich mehrmals zusammengearbeitet. Mit Tilla Durieux (ab Dezember 1953) und mit Käthe Dorsch (ab Februar 1957) jeweils nur zweimal.

Die Durieux war dreiundsiebzig, die Dorsch sechsundsechzig Jahre alt (sie starb im selben Jahr). Beide waren berühmt, für Fachleute gar weltberühmt und in der Theatergeschichte längst mit einem Sonderplatz ausgezeichnet. Wahrscheinlich hatten ihre außergewöhnlichen Fähigkeiten sogar schon Dissertationen gezeitigt.

Trotzdem: die Durieux kam auf die Probe und beherrschte a) ihren Text und vermochte b) den Text auch noch zu variieren, als handele es sich um Musik, die so, so oder so

interpretiert werden kann – bittschön, Herr Regisseur, wie hätten S' denn gern...?
Die Dorsch immerhin hatte Tonlage und Ausdruck ihres Rollentextes bereits festgelegt. Und allemal richtungsweisend. Von der ersten Probe an ertönten dann aus ihrem Mund premierenreife Passagen, während das Ensemble (wozu ich gehörte) bis nach der Premiere patzte.
Diese Virtuosität war es, die mich anspornte.

Ich bin sicher, mit zunehmendem Alter hätte Wilfried Seyferth die gleiche Virtuosität erreicht. Für mich besaß er sie damals schon. Und dabei habe ich ihn nicht einmal in München im Theater erlebt, in seinen von der Kritik gefeierten Darstellungen der Pest (Camus, »Belagerungszustand«) oder des St. Just (Büchner, »Dantons Tod«), sondern ich habe ihn lediglich im Kino gesehen.
In Filmproduktionen der Nachkriegszeit.
Außer dem US-Streifen »Entscheidung vor Morgengrauen« und dem heimischen »Fröhlichen Weinberg« aber zählte da keiner zu der Abteilung ›mit besonderem Anspruch‹. Und ob die dazu zählten, ist auch strittig.
Wilfried Seyferth, fand ich, ließ sich das kein einziges Mal anmerken. Offensichtlich konnte er gar nicht schludern. Offensichtlich veredelte er noch Tinnef.
Ein Mann mit Stil in jedem Fall. Mit Grundsätzen. Und aus der Sicht meines Umgangs mit Menschen die Verkörperung einer mir bis dahin absolut ungeläufigen Spezies – des Herrn nämlich.
Der ist ja eine gesonderte Art von Mann.
Welcher Art, ist freilich nicht leicht zu beschreiben.
Selbst der Duden müht sich.
Nach dem Duden (Bd. 8, 1964) ist es »ein männlicher

Erwachsener von gepflegtem Äußeren, guten Umgangsformen; namentlich Angehöriger der besseren Gesellschaftsschichten; der entsprechende Gegenbegriff zu ›Dame‹.«
(Zwischenruf: Was ist anno 1964 die bessere, was die schlechtere Gesellschaftsschicht?)
Doch nicht genug damit. Um die Suche nach dem, was einen Herrn ausmachen soll, zu erschweren, führt der Duden überdies einen Satz aus der Literatur (ohne Quellenangabe) an. Er heißt: »Die Herren zogen sich ins Rauchzimmer zurück, die Damen tranken Kaffee.«
(Sind – zweiter Zwischenruf – das »Rauchzimmer«, das spätestens 1945 in Flammen aufging, und das »Zurückziehen« statt eines »Aufstehen und gehen« Kennzeichen des Begriffs ›Herr‹?)
Egal.
Was einen Herrn von einem Mann unterscheidet, scheint so einwandfrei nicht zu klären zu sein. Das ist gut. Das läßt den Schluß zu: die Gattung ›Herr‹ enthält verschiedene Artgenossen – vom Gutsherrn bis zum Tischherrn, von Tweed bis Mohair.
Für mich wenigstens war er stets Herr Seyferth.
Und schon damit wich er vom 99,99 Prozent umfassenden Rest der Komödianten ab – Herr Seyferth pflegte stur diesen Rest zu siezen.
Ergebnis: für 99,99 Prozent seiner Mitmenschen blieb Herr Seyferth stets Herr Seyferth.
Mithin ein Albino.
Denn wo Siebzehnjährige ohne Stocken Siebzigjährige duzen, beim Theater, beim Film, da ist so'n Siezer die weiße unter lauter grauen Mäusen.
Ich war gepackt.
Doch Herr Seyferth legte noch etwas zu. Er fächerte das

Siezen vom distanzierenden bis zum Sympathie bezeugenden ›Sie‹, jede Nuance war vertreten.
Mich, zum Beispiel, zeichnete er ja mit seiner Freundschaft aus.
Also entzog er dem Sie ein paar Korsettstangen. Und plötzlich hieß ich: »Junex«.
Statt »Herr Juhnke« und »Harald«, wie alle übrigen sagten. »Junex« und natürlich weiterhin »Sie« – ich war hingerissen. Das klang so nach Zugehörigkeit, Eingeweihtheit. Nach Club, Ledersessel, Brasilzigarre... als ob sich Sir Winston persönlich mit einem einließ. Und tatsächlich ähnelte Herr Seyferth in Haltung und Gehabe einem Englishman. Einem, der in Indien stationiert ist und Europa im Urlaub beehrt. Keineswegs ähnelte er einem Komödianten.
Die Komödianten begannen gerade die neue Lässigkeit zu kreieren. Gestricktes wurde en vogue, Leder. Herr Seyferth zog Nadelstreifen, Weste, Seidenhemd und Krawatte vor.
Er schwamm gegen den Strom.
Er erzielte Wirkung.
Ich war überwältigt.
Was Herr Seyferth sagte, achtete ich wie Gebote. Was er tat, tat ich nach.
»Junex«, sagte er, »Sie sind nicht nur schlicht fröhlich, Sie haben Background. Erweitern Sie den, pflegen Sie den, bringen Sie es zur Mannigfaltigkeit.«
»Junex«, riet er ferner, »lehnen Sie sich privat nicht an Schauspieler an. Die Kollegen haben Sie mehr als reichlich um sich. Wählen Sie für Ihren privaten Umgang Ärzte und Leute aus der Industrie aus. Die reden zwar auch nur über ihre Arbeit, diese Arbeit ist uns aber fremd, und darum ist sie interessant.«
»Junex«, versicherte er, »die Schauspielerei hat eine uner-

hört lange Lehrzeit. Sehen Sie zu, daß Sie mit zwanzig Jahren auskommen.«

Wilfried Seyferth starb viel zu früh.
Als ich ein Jahrzehnt später eine neue maßgebende Freundschaft knüpfte, riß die gleichfalls vorzeitig ab. Der wiederum ältere Freund starb auch nach wenigen Jahren.
Walter Hass hieß er. Er war Anwalt in München und Dr. jur.
Wir hatten uns zueinander hingezogen gefühlt, weil jeder seine Lebensweise vom anderen bestätigt fand.
Das war eine auffällige Lebensweise. Auffällig und nicht der Gesundheit dienend: wir lebten als Schein-Werfer.
Kurz vor seinem Tode hatte Walter Hass noch Richard Burton als Mandanten gewonnen. Mehrmals flog er deshalb in die USA und trank Burtons Whisky.
»Du«, erzählte er mir danach, »jetzt habe ich einen getroffen, der die Probleme hat, die wir haben.«

Ich war befreundet mit Hubert von Meyerinck.
Wenn es einer Erklärung bedarf, was Sekt vom Champagner trennt – Hupsi war Champagner. Wenn es einer Erklärung bedarf, wieso jemals das adlige ›von‹ in seinen Familiennamen geriet – Hubert von Meyerinck personifizierte die Rechtfertigung.
Wenn es einer Erklärung bedarf, daß es zwischen einem fünfundsechzigjährigen notorischen Knabenfan und einem dreißigjährigen notorischen Weibernarren 90 Prozent Gleichklang geben kann – Hupsi von Meyerinck war mein Beweis.

Als ich zum Zirkel der Bewunderer von O. E. Hasse stieß,

plauderte er mit mir über die Liebe. Über die Liebe schlechthin sowie über die Liebe zwischen Mann und Frau und zwischen Männern. Die Liebe zwischen Frauen ließ er aus. Wir waren zu zweit. Der bisherige ständige Zuhörer O. E. Hasses hatte brüsk das Hörrohr für immer gekappt; alle zufälligen sonstigen Besucher hatten an diesem Abend Hasses gastliche Wohnung bereits verlassen.
Vorsorglich? O. E. strich mir übers Haar.
Ich fühlte dasselbe, das ich als Siebenjähriger während der Fahrt mit der Gespensterbahn gefühlt hatte.
»Nein«, dachte O. E. halblaut, »du bist mir zu schade.« Er langte zum Whisky und fing an zu dozieren. Plaudern war für O. E. nie etwas anderes als dozieren.
Er dozierte vornehmlich über die Liebe zwischen Griechen und Griechen. Über die Göttin Venus Urania. Über Uranier oder Urninge. Über den Uranismus. Über die Urningsliebe. Ich dachte, das kann ja nicht wahr sein, was so'n einzelner Mann über die Liebe im besonderen zu sagen wußte. Und letztlich nur sagte, um... »Nein«, murmelte er erneut, die Hand endgültig von meinem Schopf nehmend, »nein, bist mir doch zu schade, mein Junge.«
Ich atmete aus.
»Hast du ein Mädchen?«
»Eins?!« Ich hob beide Arme. So erschrocken, als hätte er mich einen Eunuchen genannt. Dann machte ich: »Pahhh!« Mit knallhartem ›p‹ und vielen weichen ›h‹.
»Massen!« ergänzte ich darauf – »Massen!« und lehnte mich zurück.
O. E. hatte die Lider angehoben.
Jetzt hob er auch die Stirn.
Seine Hand schüttelte das Whiskyglas, sein Hals den Kopf. »Massen?« fragte er. Und er gab sich selbst die Antwort:

»Schnell fertig ist die Jugend mit dem Wort, das schwer sich handhabt wie des Messers Schneide. Aus ihrem heißen Kopfe nimmt sie keck der Dinge Maß, die nur sich selber richten.«

O. E. Hasse plauderte nie wieder mit mir über die Liebe zwischen Griechen und Griechen, über die Göttin Venus Urania über Uranier, Urninge und Uranismus. Das Thema war ein für allemal ausgestanden.
Es blieben tausend und mehr Themen.
O. E. schnitt sie an wie Meterbrote. Es gab kein Thema, zu dem er schweigen konnte.
Er wußte so viel. Er hat mich damit wie kein anderer beeindruckt.
Hat man früher mehr gelernt?
Wurde nachhaltiger gelernt?
O. E. Hasse mindestens muß es getan haben. Bildung, Geist und Schwelgerei erfüllten ihn. Die Lebensart, die ich an meinen Mentoren so hoch schätzte, demonstrierte er am vollständigsten.
Er war ein Genießer, und er hatte Pflichtbewußtsein: ein Bacchant aus Preußen.
Wäre er nicht Schauspieler gewesen (das ist kaum vorstellbar), hätte er ein vermögender Schloßherr sein können. Ein Stadtschloßherr, auf dessen Soireen sich die Creme trifft.
Er war ein Löwe im Salon. Ein König Artus jeder Tafelrunde, denn er verfügte über die Befähigung, Mittelpunkt zu sein, ohne gänzlich vor Eitelkeit zu platzen.
Ein sehr alter Kollege äußerte sich mal dazu. Es war Robert Müller (oder »Nasenmüller«), vierundzwanzig Jahre älter als O. E. Und es geschah in Hasses Stammlokal »Schildkröte«, weit nach Mitternacht, als O. E. nach schier endlo-

ser Rede Luft schöpfen mußte. »Ähhh...« knarrte in die plötzliche Stille der Altmime Müller, »ähhh... Oh-Ehhh...« (er hatte seit 'ner Stunde nur zugehört, er suchte nach Worten und hob sein Glas), »ich trinke auf den Charme, mit dem du deine Prominenz verhüllst.«

1956 bin ich mit O. E. Hasse auf eine Tournee gegangen. Wir spielten das Stück »Oberst Chabert« nach Balzac. Die Tournee dauerte mehrere Monate, ich lernte viel von Herrn Oberst.

Wenn Herr Oberst die Bühne betraten, betrat ein Souverän die Bühne. Wenn jemand wagte, dessen Souveränität in Zweifel zu ziehen, erfuhr er Züchtigung.

Oberst O. E. trat dann an die Rampe und aus der Rolle. »Verzeihung«, sagte er schneidend. »Verzeihung, aber es ist zu laut! Ich komme noch mal wieder...!«

Das darf ich nicht vergessen: Durch Wilfried Seyferth bin ich auf den Durst gekommen. Durch den Durst aufs Trinken, durchs Trinken aufs Saufen, durchs Saufen ins Gerede, durchs Gerede – aber der Reihe nach.

Wilfried Seyferth wußte mit Maß zu trinken. Das heißt, so viel, daß er immer noch feststellen konnte: genug.

Da ich bestrebt war, ihm in jeder Weise nachzueifern, überwand ich meine alberne Abneigung gegen den Alkohol. Wenn ein Herr wie Herr Seyferth ein volles Glas nach dem anderen vollen Glas leerte, mußte darin ein Sinn liegen. Ein Sinn, der, wie ich hoffte, mir nach intensivem Üben aufgehen würde.

Ich übte unter Anleitung. Seiner Anleitung.

Natürlich trank Wilfried Seyferth nicht einfach, was sonst hierzulande so getrunken wird. Dagegen hätte seine ausgeprägte Individualität protestiert. Er bekundete beharrlich eine Vorliebe für ein ausländisches Getränk. Und indem er dies noch mit einem inländischen Getränk von völlig anderem Ursprung mischte, bekundete er Vorliebe für ein ungewöhnliches Getränk. Ein teures zudem.

Wilfried Seyferth trank – und folgedessen trank ich es auch – Porter mit Sekt.

Hierfür orderte er nicht nur »Porters beer«. Er war Fachmann. Er orderte die Sorten »brown stout« oder »double stout«. Das sind die stärksten.

»Ohnehin«, klärte er mich auf, »ist ja Porters beer ein ungemein starkes Bier. Ganz früher tranken es die britischen Lastträger. Aber später dann, um die Jahrhundertwende, mixte man es auch in Bowlen und in Champagner. Die Menschen, Junex, entwickelten Stil.«

Und vorsichtig, aber gewiß stilvoll, goß er sich Sekt in sein Porter.

»Prost!« sagte ich.

»Cheerio«, gab er mir Bescheid.

Der Kellner in der Nobelkneipe »Kopenhagen« am Ku'damm hüstelte vornehm. Ich war auf dem Marsch zum Gentleman.

*

Ich hatte auf den Proben gar nichts zu suchen. Das war nicht mein Stück. Ich spielte in allen übrigen mit, ausnahmsweise in diesem Stück nicht.

Shakespeares »Viel Lärm um nichts« war es.

Ich besuchte die Proben, weil da der Mann probierte, den

mir Marlise Ludwig als Ziel vorgegeben hatte: »Wenn aus dir was wird, kannst du werden wie Viktor de Kowa.«
De Kowa probte den Benedict.
Das ist eine berühmte Komödienfigur.
Zwei Drittel seiner Auftrittszeit versucht Benedict, sich und aller Welt klarzumachen, wieviel weniger als wenig er von den Frauen hält. Den Frauen allgemein, und Beatrice im besonderen. Beatrice ist das weibliche Pendant zu Benedict. So wortgewandt, so streitlustig und so angefüllt von Hohn und Spott fürs andere Geschlecht wie dieser. Aber »Viel Lärm um nichts« heißt das Stück. Und deshalb wird gegen Schluß gezeigt, daß die beiden nur ein Brett vorm Kopf gehabt haben. Ein dickes. Denn als man Benedict steckt, wie verknallt die Beatrice in ihn sei, und Beatrice steckt, wie verschossen Benedict in sie, glauben sie das. Die Glocken läuten...
De Kowa war Benedict.
Achtundvierzigjährig, Ende 1953, war er aber auch so viel de Kowa, daß auf seine Kosten kam, wer den Star sehen wollte. Diesen schwanenhalsigen.
Wie er gucken konnte! So abwartend abwesend betrachtete zehn Jahre später Twiggie, die spindeldürre, den zu dicken Rest der Menschheit.
Wie er gehen konnte! Gehen, stehen, gucken – das ließ an Geometrie denken, an Motorik und Taktik. Jede Bewegung stimmte und war doch jedesmal um eine Winzigkeit überzeichnet. So überzeichnete auch Gründgens.
Und dann die Sprache! Das war Shakespeare, war Benedict, ja. Aber es war unüberhörbar gleichfalls de Kowa. Er zerlegte den Text. Zerlegte ihn wie einen Fisch. Einen Fisch mit vielen Gräten. Gerieten ihm die in die Gabel und blieben kleben, konnte er keifen. Servierte er das

Filet, artikulierte er. Die Häppchen aus den Bäckchen verplapperte er.
De Kowas Benedict war ein sehr eigener Benedict jedenfalls. So manieriert, wie ihn de Kowa und die Mehrheit seiner Generation gesehen hat. So reif, wie ein Mann sein muß, der in langen Jahren der Erfahrung zum Ehe-, nicht aber zum Kostverächter geworden ist.
Daß der dann am Ende sich auch nur wie ein mondsüchtiger Tölpel benimmt, ist ja der Witz der Geschichte.
Ich verspürte ihn.
Ich hockte in einer Reihe der hinteren Parketthälfte. Sagte de Kowa was, wiederholte ich's leise. Leise, aber mit der gleichen Betonung.
Rückte er den Kopf nach links oder rechts, rückte ich meinen Kopf nach links oder rechts. So weit, daß ich ihn gerade noch beobachten konnte. Drehte er sich, rutschte ich im Sessel, federte er in den Knien, zuckte ich, mahlte er mit den Wangenmuskeln, malmte ich.
Ich wurde de Kowas Schatten. De Kowas Benedicts Schatten. Ich wurde es freiwillig, ohne sein Wissen und ohne die Erwartung, in absehbarer Zeit die Rolle auch spielen zu dürfen. Es war Ende 1952, ich dreiundzwanzig.
Die Generalprobe stand an. Die Premiere.
Ich sah noch die Generalprobe, den Verlauf der Premiere entnahm ich der Zeitung. Viktor de Kowa kam gut weg – na, Kunststück!
Ich hatte genug.
»Viel Lärm um nichts« war nicht mein Stück. Ich spielte bloß in allen übrigen mit.

Da komme ich ins Theater, und Regisseur Christoph Groszer stürzt mir entgegen. Ich sage: »Morjen.«

»Morjen«, winkt er. Und rennt weiter. »Du hast noch Zeit, ich muß die Probe verschieben, 'ne Stunde bestimmt...«
»Wieso? Wat is'n passiert?«
Groszer ist schon kurz vorm Büro. »Viktor hat'n Meniskusriß, liegt im Krankenhaus, wir suchen 'n Ersatz, ich muß telefonieren.« Er wirft die Tür hinter sich zu.
Ich bleibe stehen.
Meniskus? So wat ham doch Fußballer, Fritze Walter und der Rahn und... Krankenhaus! Da fällt ja die Vorstellung aus, wenn se nich eenen finden... Wen sollnse denn finden?! Wer hat den Benedict denn im Ärmel, dassa da so ohne... Harald! Det kann doch nich dein Ernst sein – Harald! Nur weil de uff'n Proben warst, kannste doch nich annehmen, daß – wer soll det denn verantworten, Mensch!?!
Ich drehe mich um. Es geschieht ganz automatisch. Ich gehe den selben Weg, den Christoph Groszer gegangen ist. Ich gehe ins Büro. Ich öffne die Tür. Ich sage »Morjen« zur Sekretärin. Und ich zeige auf die nächste Tür. »Der Chef ist doch drin?«
»Ja, aber nicht jetzt stören, bitte, uns raucht der Schädel, wir telefonieren nach'm Ersatz für Viktor.«
»Weiß ick. Deswejen bin ick ja hier«, sage ich und greife nach der Klinke. Ich drücke sie runter, stoße die Tür auf. »Morjen.«
Christoph Groszer redet ins Telefon, sehe ich. Ernst Karchow lauscht ins Telefon. Mehr Telefone gibt es nicht in dem Raum. Ich trete an Karchows Schreibtisch heran.
Er legt die Hand auf die Muschel. »Was ist denn?« fragt er ärgerlich.
»Ich muß Ihnen was sagen. Wegen de Kowa, wegen –«, ich unterbreche. Ernst Karchow nickt in den Hörer, spricht, seufzt und legt auf.

»Was ist mit dir?« guckt er hoch. Zwei Sekunden lang nur. Dann blickt er seinem rechten Mittelfinger nach, wie der in einem Buch eine Kolonne von Telefonnummern abjagt. Ich denke, das ist nicht die Situation für'n gemütliches Kaffeekränzchen, das ist...
»Ich spiel' Ihnen die Rolle morgen abend, Herr Karchow!«
Der Finger bleibt stehen.
Der Kopf schnellt empor.
Die Augen weiten sich. Die Kinnlade droht abzuklappen.
Ich rede: »Ich hab mir fast alle Proben mit Viktor anjesehn, ick hab den druff. Jede Bewejung. Und den Text, den hab ick uffjefrischt bis morjen. Morjen früh könnwa proben, abends spielen, Herr Karchow, Sie –«
»Bist du verrückt!«
»Nee.«
»Dann hau ab, und mach keine Witze. Wir haben zu tun, wir müssen Viktor vollwertig ersetzen oder müssen es ganz lassen. Für Experimente ist keine Gelegenheit.« Er schüttelt den Kopf, will sich wieder über die Kolonne der Telefonzahlen beugen. Ich fahre dazwischen.
Meine Linke ans Herz gepreßt, spreche ich: »Daß mich ein Weib geboren hat, dafür dank ich ihr; daß sie mich aufzog, auch dafür sag ich ihr meinen demütigsten Dank; aber daß ich meine Stirn dazu hergebe...«
»Schluß!« donnert Ernst Karchow dazwischen. Ich stoppe meine Beweisführung. Groszer hat zu telefonieren aufgehört, Karchow fragt ihn: »Hat er Zeit?«
Groszer antwortet: »Nein. Tut ihm leid. Schönen Gruß.«
»Mist, verfluchter«, reagiert Karchow.
Groszer sieht mich an. »Hast du wirklich den ganzen Benedict intus?«
Ich horche auf.

Ein Hauch von Nachdenklichkeit schwingt da mit, eine Spur von eh-gar-nichts-mehr-geht-sollten-wir's-vielleicht-doch... Auch Karchow richtet den Blick auf mich.
»Ja«, beteuere ich. Und schränke ein: »Na, zur Hälfte. Aber die andere Hälfte hab ich bis morgen früh, und dann könn' wir proben, dann –«
»Diesen Riemen willst du in einer Nacht lernen?!«
»Klar! Ich kann gut nachts.«
»Text lernen?«
»Ja, auch Text lernen!«
»Okay«, beschließt Karchow da. »Es ist sowieso Wurscht. Wir finden nirgendwo einen Ersatz. Versuchen wir's. Morgen, 10 Uhr ist Probe.«

Habe ich geschlafen? Nein, geschlafen habe ich nicht. Ich habe mir das Buch vorgenommen. Ich habe gelesen. Immer wieder. Den Tag über und die Nacht. Das ist ein Riemen, endlos und nicht immer griffig. Ich kaue, ich würge, ich spucke.
Von der Kunst des Tranchierens, wie sie de Kowa zelebriert hat, bin ich ein Lichtjahr entfernt.
Doch manchmal – ja, manchmal bin ich ihr nah. Vorm Spiegel. Wenn ich den Hals recke wie er, die Stirn und die Brauen. Wenn ich... ob ich mich übernommen habe?

»Du kannst doch den Text gar nicht«, schreit Groszer. »Du hast auch keine Zeit mehr, es ist halb elf! In neun Stunden steigt die Vorstellung.«
Er ist verzweifelt, ich bin müde.
Hundemüde.
»Ich hau mich noch 'ne Stunde in die Garderobe«, sage ich.
»Wart's ab. Heut früh um sechs ha ick'n noch jekonnt.«

»Um sechs – heute abend mußte ihn können!«
»Ich kann ihn. Wart's ab.«

Wart's ab?
Um halb acht gibt's nichts mehr abzuwarten. Um halb acht, am Abend, klebt Günther Frank einen Bart. »Ich nehm 'nen graumelierten, wa?« sagt er und ordnet ihn mir um die Nase. »Der macht wat älter.«
»Ja«, sage ich, »det kann ick jebrauchen.«
Fritz Genschow tritt ein. Er sieht meine Tasse stehen. Die Tasse ist leer. Seine Froschaugen erfassen mich. »Ein Kaffee wäre sicher noch gut«, erwägt er mit heller Vorturner-Stimme.
»Ja«, sage ich, »det kann ick ooch jebrauchen.«
Eckart Dux kommt hinzu. Ich seh' ihn im Spiegel. Er hebt die Hände und ballt sie zu Fäusten. Die Daumen ganz fest gedrückt. Und er lächelt. Dieses sanfte saubere Kopfhoch-Lächeln, das nur er hat.
»Ja«, sage ich, »det kann ick vor allem jebrauchen.«
Dann wird es acht.
Ich warte in der Kulisse. Dort, wo die Kollegen warten. Sie umarmen mich. Ich höre ihr »Toitoitoi!« Dann geht der Vorhang auf.
Noch vier Minuten.
Im Foyer verrät ein Aushang: »Statt des erkrankten Viktor de Kowa spielt Harald Juhnke«.
Noch drei Minuten, noch zwei, eine... Ich bin Benedict. Ein Edelmann aus Padua. Mit Don Pedro, dem Fürsten von Aragon, seinem Halbbruder Don Juan, dem Grafen Claudio und Diener Balthasar zusammen trete ich auf.
»Viel Lärm um nichts« beginnt für mich.
Wird das Lärmen zum Applaus?

Klaramaria Skala war meine Beatrice.
Um elf, beim Schoppen, sagte sie mir: »Also weißte, ich hab's nicht für möglich gehalten, daß es klappt. Aber wie du es machst, ist es verblüffend. Ja, du verblüffst! Nicht einmal hast du den Text richtig gebracht, aber du hast ihn gebracht. Und mit so einem Strahlen im Gesicht hast du ihn gebracht.
Dieses Strahlen verblüfft. Die Leute denken, der hat den Erfolg gepachtet. Und das ist dein Erfolg dann, Harald, glaub mir.«

Ich glaubte es ihr.
Die Intendanz setzte noch ein paar Proben an. Die Presse wurde eingeladen. Der Erfolg hielt an. Dr. Siegfried Nestriepke ließ mich ins Büro rufen.
Dr. Nestriepke war der Intendant der Volksbühne im Theater am Kurfürstendamm. Ein Herr von siebenundsechzig Jahren. Gescheit wie ein Professor, fürsorglich wie im Roman ein Studienrat in der Abiturklasse.
Vor einem Monat hatte ich ihn um Vertragsverlängerung gebeten. Er hatte gemeint: »Wäre es nicht besser, Harald, Sie würden in die Provinz gehen?«
»Ich? In die Provinz – warum?!«
»Weil Sie dort mehr lernen, Junge. Die ganz großen klassischen Rollen kriegen Sie ja doch nicht. Aber in der Provinz bekommen Sie die. Überlegen Sie sich's mal, Harald, es ist zu Ihrem Besten.«
Vor einem Monat war das gewesen. Ich hatte mir überlegt, ich wollte bleiben.
Jetzt stand ich wieder vor ihm. Ein winziges Schmunzeln lag in seinem Gesicht. »Bitte«, bot er mir Platz an.
»Was ich neulich geraten habe«, begann er, »vergiß es.« Er

blätterte eine Akte auf. »Ich mache ein Angebot: Wir verlängern um ein Jahr.« Er sah mich an.
Ich nickte.
»Und verdoppeln die Gage.«
Ich schluckte. Und nickte. Und addierte: 1200.
Zwölfhundert Piepen!
Mein Jott, damit war ick ja reich.

*

Vielleicht war Wilfried Seyferth im Theater darauf gekommen. Als er mich als Liebhaber gesehen hatte. Als Liebhaber, der zur Eheschließung drängt.
Jedenfalls goß er eines Abends andächtig den Sekt in das Porter, gab acht, wie sich die Flüssigkeiten vermengten, und sagte: »Junex, ich habe über etwas nachgedacht, das ausschließlich Sie betrifft.«
Ich stutzte.
»Wissen Sie«, fuhr er fort, »es fehlt Ihnen noch etwas.«
Mir?
Ich nahm die Finger untern Tisch und schnipste mit den Nägeln.
»Es fehlt Ihnen noch Schliff.«
Ich hörte auf zu schnipsen.
Er setzte das Sektfläschchen ab. Seine Kirschaugen richteten sich auf mich. Seine Mundwinkel richteten sich abwärts. Das ganze Puttengesicht bekam einen betrübten Ausdruck.
»Ich meine, Ihre Mädchengeschichten sind es, die Sie behindern.«
Behindern?

Ich legte die Hände in den Schoß. Welches hindert mich denn? Noch nie hat mich eins ernstlich gehindert. Ich war baff.

»Sie haben ständig neue am Hals und sehr selten begeisternde, Junex, ich sage das in aller Offenheit.« Er senkte den Blick und betrachtete sein Glas. Er wirkte plötzlich versonnen.

»Haben Sie sich mal geprüft«, fragte er leiser, »ob Sie die Mädchen benötigen?«

Ob ich die Mädch – nanu, schreckte ich zusammen, issa doch vom andern Ufer? Oder stehta uff jedem Ufer: issa bi?! Ich verschränkte die Arme. Weshalb war mir das nie aufgefallen?

Er drehte verspielt sein Glas.

»Benötigen Sie für den erotischen Kitzel die Promiskuität, Junex?«

Die was?

Er sah mich an. »Das Wechselspiel. Den Reigen: heute die, morgen die.« Er hob das Glas. »Ist es das, was Sie reizt?«

Ach so. Tschaaa... Ich hob auch mein Glas.

»Naja, also – also richtig wehren tu ich mich nicht dagegen, wenn es sich so ergibt.«

Er hielt sein Glas in Kinnhöhe und schüttelte kaum merklich den Kopf. »Wohlsein«, murmelte er.

»Wohlsein«, murmelte ich.

Wir tranken.

»Hahhh«, hauchte er aus und stellte das Glas ab. »Ist das gut?«

»Sehr gut«, bescheinigte ich. »Das schmeckt von Tag zu Tag besser.«

»Ich hab's Ihnen prophezeit.« Er spreizte die Hände. »Im Leben gibt es Stockwerke, wenn es richtig verläuft, nicht

Stationen. Das Leben, wenn es lebenswert ist, gleicht einer Aufwärtsfahrt mit dem Fahrstuhl, keiner Eisenbahnfahrt. Der Dachgarten ist oben.«

Ich begriff. »Auf dem Dachgarten swingt Teddy Stauffer.«

»Zum Beispiel«, freute er sich.

Er hatte die Ellenbogen aufgestützt. Sein Kinn berührte die abgewinkelten Daumen der gefalteten Hände. Die Mundwinkel hoben sich.

»Und auf dem Weg zum Dachgarten, Junex, sind die Gelegenheiten, sich auszustaffieren. Sich zu vervollkommnen. Im ersten Stock gibt's...«

»Schuhe«, fiel ich ein, »Kurzwaren, Unterwäsche, Hüte, Schirme, Brillen, Teppiche, Gardinen...«

»Ja«, bremste er mich. »Das ganze Durcheinander. Und auch im zweiten Stock gibt es das. Dann aber sollte man die Entscheidung treffen.«

Er schob den Kopf vor. Seine Lippen spitzten sich. Jetzt, wußte ich, würde er die Katze aus dem Sack lassen. Das machte er immer so.

Herr Seyferth sagte: »Sie müssen in die Hände einer Frau kommen, die Ihnen mehr als tolle Nächte bedeutet. Eine Frau, mit der man sich auch am Tag sehen lassen kann, die Format hat.« Er lehnte sich zurück. Die Hände ruhten auf der Tischkante, die Finger trommelten.

Wie ein schlauer Pferdehändler sah er aus; oder nein: wie ein Bankier, der Probleme per Überweisungen löst. Ich war mir nicht schlüssig, was er beabsichtigte.

»Morgen«, sprach er da weiter, »kommt so eine Frau. Die werde ich Ihnen vorstellen. Sie ist eine Tänzerin eigentlich, mittlerweile aber auch eine Schauspielerin. Sie hatte mit Fischer, mit O. W., gemeinsam Erfolg und dreht einen

neuen Film. Wahrscheinlich haben Sie von ihr schon gehört: Es ist Sybil Werden.«
»Ah«, staunte ich.

Die PR-Aufreißer beim Film hatten Sybil Werden zu ihrem Kinostart ein besonderes Merkmal verpaßt: »die schönsten Augen der Welt«. Nach dem Kinostart wurde ihr Rollenfach so angegeben: »die überfeinerten modernen Gestalten und seltsamen Frauen mit vamphaftem Einschlag«.
Public Relations ist kein Geschäft, das auf Bescheidenheit basiert. Schon gar nicht beim Film. Die Prahlereien, die Sybil Werden angingen, hatten indes Hand und Fuß.
Sybil war tatsächlich ein überfeinerter, seltsamer Typ. Und sie besaß wahrhaftig sehr schöne Augen und federleichte Anmut. Sie war eine Frau, die auf Spitzen schwebt und in die Ferne schaut. In die Ferne, wo die Seele schwingt.
Eine Tänzerin.
Eine klassische Tänzerin.
Seit ihrem sechsten Lebensjahr hatte sie in der Tatjana-Gsovsky-Mangel gesteckt, aus der lauter Tatjanas hervorgehen: mit Mittelscheitel und Nackenknoten, die Füße auswärts gestellt. Im Visier die Karriere.
1946 war sie da. Sybil stieg zur Primaballerina der Berliner Staatsoper auf. Einer, wie sich's gehört, umjubelten Primaballerina.
Vier Jahre danach jubelte gar ein Filmregisseur.
Filmregisseure in jenen Tagen standen im Ruf, Stars backen zu können wie Brötchen. Der Regisseur, der bei Sybils Anblick jubelte, war Rolf Hansen. Kein Bäcker, sondern ein Konditor.
Gerade hatte er die Schell und den Borsche ins Schaufenster gelegt. Nun nahm er sich O. W. Fischers an.

Der Film trug den Titel »Das letzte Rezept«.
Fischer spielte einen Apotheker in Salzburg, der sich in eine Tänzerin verliebt: Der Apotheker ist verheiratet und Sohn eines gealterten Arztes, die Tänzerin morphiumsüchtig und schön.
Sybil Werden spielte die Tänzerin. Besser: sie war die Tänzerin. Himmlisch wie ein Bolschoi-Engel.
Der Film wurde zum Knüller. Er schoß O. W. in die Umlaufbahn und machte Sybil bekannt.
Ich kannte sie auch von daher.
Es stimmte, was Herr Seyferth gesagt hatte: Sybil Werden war eine Frau, mit der man sich den ganzen Tag lang sehen lassen konnte. Den ganzen Tag lang und überall. Eine Dame, jawohl.
So wat hatte ick noch nie jehabt: Marzipan in Silber- und Seidenpapier.
So was, das war klar, heiratete man am nächsten Morgen, Herr Seyferth hatte recht.

»Guten Abend, Herr Juhnke«, begrüßte mich der Kellner im »Kopenhagen«.
»Nabend«, sagte ich. Ich kam direkt aus der Vorstellung. »Ist Herr Seyferth da?«
»Ja. Herr Seyferth und eine Dame.« Er zeigte auf einen Tisch weiter hinten.
Aha. Die Attacke konnte beginnen. »Wie seh ick denn aus?« Ich streckte das Kinn vor.
»Knackig«, behauptete der Kellner.
›Knackig‹ befriedigte mich. Ich orderte: »Bringen Se ooch gleich 'ne Pulle Sekt an den Tisch.«
So – und nun auf in den Kampf! Ich stürmte ab.
Ich hatte mir schon den ganzen Tag überlegt gehabt, wie

man einer Dame aus den Scharnieren hilft. Macht man es behutsam? Rainermariamäßig, mit Schwärmerei...?
Oder unterkühlt pomadig: Mein Freund, der Intendant, erklärt, er kann mich unmöglich entbehren...?
Oder sagt man: Juhnke. Auf diesen Tag hab' ich gewartet, Sie sind so schön, wie ich Sie mir vorgestellt habe, noch schöner, ab wann werden Sie mir treu bleiben...?
Ich hatte mich noch nicht entschließen können.
Doch jetzt stand ich vor ihrem Tisch. Und sie sah noch viel schöner aus, als ich sie mir vorgestellt hatte. Und sie lächelte. Von da an handelte ich spontan.
Ehe Wilfried Seyferth zur Rede anheben konnte, ergriff ich ihre Hand. Ich beugte mich darüber und küßte sie. Ehe sie dann die Hand danach wegziehen konnte, guckte ich hoch, sagte »Juhnke« und küßte die Hand ein zweites Mal.
Dazu glühten meine Augen wie Grillkohle.
Dann richtete ich mich auf.
Und dann lief es ab, als wären wir im grrroßen rrrussischen Rrreich! Hinter mir stand der Kellner bereit; »plopp« rülpste der Korken; der Sekt schäumte; ich salutierte wie der Fähnrich vor Katharina: »Na sdrowje!«
Sybil kam nicht mehr zum Luftholen.

Am übernächsten Morgen wußte sie, daß ihr mein Herz gehörte. Mein Herz und alles übrige. Und sie wußte, sie brauchte nur einen Tag zu nennen – an dem Tag würde geheiratet werden.
Damen sind auch Menschen. Sybil sagte nicht nein. Allerdings sagte sie auch nicht wann.
Monate der Prüfung?
Monate der Bestätigung.
Unmittelbar nach dem Kennenlernen fingen sie an.

Ich machte ein Programm für Sybil: Da gehn wir hin und dort, schlug ich vor, und am nächsten Abend, ich hatte zufällig spielfrei, in eine Premiere in die ›Komödie‹, in Schale natürlich, mit Smoking, Fliege, hohen Absätzen und tiefem Dekolleté.

Sybil, wie gesagt, kam nicht mehr zum Luftholen. Aber, keine Frage, sie kam mit.

Es gefiel ihr, wie sie gefiel. Das halbe Theater drehte sich nach ihr um. Und mir gefiel, daß sie so gefiel.

Ich merkte, die, die mich kannten, fielen aus allen Socken:

Nu kiekt euch den Kleenen an, jetzt hatta aber in de Vollen jegriffen!

Uschi Lingen kriegte Stielaugen.

Am nächsten Tag rief sie mich an. »Harald!« bestürmte sie mich. »Das ist ja 'ne Frau wie aus dem Bilderbuch! Du, trag sie auf Händen! Ihr beide seht gut aus zusammen, sehr gut – mach um Himmels willen jetzt bloß keinen Mist, pfleg das, hörst du!?!«

Ich hörte es. Hörte nichts lieber. Ich saß auf einem Teppich. Der Teppich flog.

Wilfried Seyferth hatte gesagt: »Sie müssen in die Hände einer Frau, mit der man sich auch am Tage sehen lassen kann.« Wilfried Seyferth hatte leicht reden.

Ich sah die Frau auch nicht nachts.

Nachts vernahm ich nur ihre Stimme. Per Telefon. Ich telefonierte von Göttingen aus. Die halbe Gage ging drauf. Die Gage wurde für eine Filmrolle bezahlt. Ich drehte einen Film, der den Titel »Die blaue Stunde« trug.

Ein vielversprechender Titel.

Wäre ich nicht unmittelbar zuvor der Frau begegnet, mit der

man auch am Tage – es hätte der Titelversprechungen nicht bedurft.
Ein boshafter Titel?
Wäre ich nicht unmittelbar zuvor dieser Frau begegnet, mit der – ein lachhafter Titel. Absurd. Ohne Beziehung für mich. In meinen blauen Stunden in Göttingen hing ich am Telefon. Ich turtelte, ich quasselte mit jener Frau, die ich in Göttingen vermißte.
Einen Vertreter spielte ich da vor der Kamera. Einen Vertreter für Staubsauger und Gatten.
Wäre ich nicht unmittelbar zuvor der Dame – ich war ihr begegnet. Und nun genierte ich mich, unmittelbar danach einen Vertreter spielen zu müssen. So einen Vertreter.
Meine Partnerin verstand das zum Glück.
Meine Partnerin war die Söderbaum.
»Die Sybil Werden ist es, die dir solche Gewissensbisse bereitet?» fragte sie mich.
»Ja«, sagte ich.
Sie guckte verklärt. Und nickte.
»Das ist begreiflich, Harald. Die ist ja wunderschön, die mußt du heiraten.«
Kristina Söderbaum hatte Sybil einmal im Kino gesehen. Mit ihr ließ es sich wunderbar von Sybil schwärmen. Mit Veit Harlan nicht.
Veit Harlan war der Regisseur des Films. Er schwärmte vom Film. Vom Film an sich.
Wenn er erzählte, nahm er jeden gefangen. Er erzählte spannend, plastisch und überzeugend.
Als er erzählte, wie er mit Goebbels umgegangen war, überzeugte das auch. Es überzeugte sogar, als er den Sinn und Verlauf der »Blauen Stunde« erzählte. Er hätte sie immer nur erzählen sollen – nie drehen.

Mir erschien Harlan als ein Besessener. Ein besessener Filmemacher, der genauso unter Stalin oder Idi Amin hätte arbeiten können wie unter Goebbels.

Ich war von Sybil besessen. Von der Frau, mit der man sich auch am Tag sehen lassen kann. Und ich fragte sie, nachdem ich aus Göttingen zurück war: »Wann lassen wir uns nun endlich auch auf dem Standesamt sehen?!«
»Bald«, antwortete sie.
Bald? Was besagte denn ›bald‹ – ich war dreiundzwanzig, ich wollte es wissen.
Jetzt und sofort.
Sag es!
Komm!
Da atmete sie heftiger. Meine Ungeduld fegte ihre Gelassenheit weg.
»Im März«, entschied die Frau nun, mit der man sich auch am Tag sehen lassen kann. »Im März« – und ihre hohe Stimme vibrierte. Die schönsten Augen der Welt funkelten.
Ich lag auf meinem Teppich.
Der Teppich flog.

»Wie bitte?« fragte Mutter.
Ich wiederholte: »Ich werde heiraten.«
»Wen denn?« fragte Vater.
Ich sagte: »Die Tänzerin Sybil Werden.«
»So«, seufzte Mutter.
»Soso«, echote Vater.
Die eine wischte verstört das Tischtuch glatt, der andere zündete sich zweimal die Zigarette an.
Mehr gab es dazu nicht zu sagen. Ich war froh, daß ich immerhin das raus hatte.

VIII.

Wenn O. W. Fischer einen Film in Berlin drehte, gab er uns gelegentlich die Ehre. Uns waren Sybil und ich. Wobei ich nur zu O.-W.-Ehren kam, weil Sybil unterdessen mit bürgerlichem Nachnamen Juhnke hieß.
O. W. mochte anscheinend Sybil.
Sybil, ganz sicher, mochte O. W. Sie verband etwas mit ihm, das in die Abteilung ›Schwarm & Vorbild‹ paßte. Etwas, das ich nicht nachzuvollziehen vermochte.
O. W. war für Sybil der vollkommene Star-Schauspieler. Vollkommen in Bild und Ton, in Gesinnung und Gebaren.
Ich sah ihn höchstens im Kino so.
Im Kino gefiel er mir.
In der Rolle, in die er sich privat hüllte, gefiel er mir nicht.

Privat empfand ich ihn als gestelzt.
Ich hatte den Eindruck, irgendwann war er dahintergekommen, sich von der Konkurrenz absetzen zu müssen. Der Konkurrenz der professionellen Liebhaber. Die schläft und säuft sich vornehmlich in die Popularität. Eine Alternative, könnte er sich gesagt haben, wäre grübeln.
Öffentliches Grübeln, versteht sich.

«O. W. ist aufgestanden, hat in den Spiegel gesehen, sich rasiert, und anschließend hat er sich 'ne Handvoll Grübeln in die Poren massiert«, sagte ich zu Sybil. »Grübeln statt After shave. Kannste dir det vorstellen?«

Natürlich nicht.
Sie versuchte es auch gar nicht.

Weil damit die Fronten feststanden, hätte sich das Thema O. W. erledigen können. Nicht jeder, der einem gelegentlich die Ehre gibt, muß beiden Beehrten lieb und teuer sein. Es reicht, wenn er einem lieb ist und dem anderen teuer.
Doch das Thema erledigte sich nicht.
Sybil war von dem Ehrgeiz befallen, ihre Freunde zu meinen Freunden machen zu wollen. Und mehr: ihre Vorbilder zu meinen Vorbildern.

»Nein!« wehrte ich mich. »So kann ich nicht leben. So will ich auch nicht leben. Was ist denn das für ein Leben – der lebt ja gar nicht, der macht sich ja was vor!«
»Weshalb?« stritt Sybil. »Weshalb sagst du das?«
»Weil ich vermute, daß das Wissenschaftliche, wovon er den ganzen Tag faselt, 'ne Nummer zu groß ist. Zu groß für ihn. Für seine grauen Zellen. Aber das zuzugeben, ist er zu eitel.«
»Eitel?«
»Ja, was sonst! Ich sag dir, der ist so eitel, daß er damit schon wieder kokettiert.«
»Ach, du bist doch nur voreingenommen. Du erträgst nicht, daß er so gut aussieht und sich so gut benimmt, daß er rundum ein Herr ist ohne Talmi!«
»Ein Herr?« zauderte ich. »Ein Herr ist Wilfried Seyferth, ein Herr ist auch O. E. Hasse, ist – ichweißnichtweralles. Aber die haben alle etwas, das man anfassen kann. Weißte, die ham Rauhputz uff der Fassade, O. W. hat Lack. Und das ist das Falsche. Es ist so falsch wie det, wat er dauernd vom Stapel läßt: modern, zum Beispiel. Modern, den Begriff

jibt et in der Kunst jar nich. Unmodern ooch nich. Doch wenn de ihn fragst, wat et als Ersatz dafür jibt, redet er 'ne halbe Stunde. Aber det is 'ne halbe Stunde ohne 'n Ergebnis. Det is heiße Luft. Wenn et mehr wäre, würde er mich ja bekehren können. Ick verteidige ja keene andere Meinung, ick hab ja bloß meinen jesunden Menschenverstand. Aber den immerhin hab ick.«

»Den Weddinger«, lokalisierte Sybil spitz.

»Sicher. Nicht jeder schmeißt in Dahlem mit de Eierpampe um sich. Doch wenn et eenes Tages seine Kinder tun – wat willste?«

Sybil wollte, ich sollte werden wie er.

So seriös.

O.-W.-seriös. Seriös-leutselig heißt das. Und das ist nur zu beschreiben, wenn man den alten Kaiser Franz Joseph bemüht. Den Kaiser auf der Promenade von Bad Ischl. Wie er huldvoll den Gruß erwidert, wie er nachsichtig lächelt. Eine Majestät durch und durch. Eine Majestät auf Urlaub und eine Majestät im Dienst. Denn da offenbart sich die Seriösität einer Majestät, unterscheidet sie sich von der eines Kaffeehändlers: der Kaiser ist immer im Dienst. Aber im Urlaub verdeckt er das. Verdeckt es wie ein Artist: mit einem Lächeln. Einem verhaltenen Lächeln. Einem Lächeln, das ahnen läßt: Wie's da drinnen aussieht, geht niemand was an. Oder nur ein bißchen. Gerade so viel, daß jedermann, bei aller Leutseligkeit, niemals die Ernsthaftigkeit allen majestätischen Tuns verkennt. Daß er niemals zweifelt, sondern stets glaubt. An Majestät – beziehungsweise an O.W.

So seriös sollte ich werden. So wollte Sybil mich.

Für Sybil war O.W. eine Art Guru. Der dachte laut, der dilettierte laut. Und vor allem: der tat das mit der Anmaßung eines Hyde-Park-Speakers, der 'ne neue Heilslehre in petto hat, 'ne unfehlbare, für alle Menschen gut, für alle, von Grönland bis Feuerland, einschließlich Wien.
Ich sagte : »Zwischen ihm und mir liegen Welten. Und die Anzüge kannste mir nirgendwo machen lassen, in denen ich aussähe wie er.«
Sybil gab nicht auf. Sie war das Weichmachen von Muskeln gewöhnt. Es gab Streitgespräche. Streitgespräche im Hause Juhnke über den abwesenden Herrn Fischer.
Sie fragte: »Wer ist denn dann dein Vorbild?«
»Ich habe keins. Kein vollständiges. Ich sehe da was Vorbildliches und dort. Aus. Basta. Ich bin Harald Juhnke. Und nur wenn die Tante Fee aus dem Märchen käme und ich mich entscheiden müßte – jut, denn sag ick: 'n Mann wie Hans Albers, 'n Kerl.«

Die Ehe (hat Karl Farkas mal definiert) ist der Zusammenschluß zweier Menschen zur Bewältigung jener Probleme, die sie nicht kennen würden, wenn sie sich nicht zusammengeschlossen hätten.
Der Zusammenschluß der nylonen Sybil mit dem wollenen Harald entsprach dieser Definition.

*

Das war 1952. Da hieß es am Telefon: »Wir ham 'ne Rolle für Sie, komm Se doch mal raus.«
Na gut, fuhr ich raus ins Synchronstudio.

Zum ersten Mal.
Mein Erster hatte eine italienische Stimme und aß Spaghetti: Walter Chiari. Ein Komiker aus Verona, nicht viel älter als ich.
Der Film hieß »O.K. Nero« und war eine Italo-Veruze der US-Schinken vom Typ »Quo vadis?«.
Die Rolle war ziemlich groß.
Jemand sagte: »In Ordnung, Harald. Wir werden uns wohl jetzt öfter hier sehen.«
Ich dachte: Dufte. Je öfter um so besser. Jedes Wiedersehen wird honoriert.
Das Wiedersehen brachte eine Hauptrolle ein. Eine Hauptrolle in einem schwedischen Film, der die Sensation der vorangegangenen Filmfestspiele in Cannes war.
Ich synchronisierte Folke Sundquist in »Sie tanzte nur einen Sommer«.
Ich blieb auch noch eine Weile der deutsche Sundquist-Sprecher. Ein paarmal kam der ja nach seinem Super-Debüt noch zum Zuge. Dann nicht mehr. Aber da war ich auch schon bei Daniel Gélin gelandet. Bei Gélin und einigen anderen.
Das heißt, ich habe nicht ständig Gélin gesprochen. Zuweilen sprach ihn ein Kollege.
Das hing mit Gélin zusammen. So unverwechselbar wichtig wurde der von seiner französischen Firma diesseits des Rheins nicht genommen. Also hatte er mal 'ne hellere, mal 'ne dunklere Stimme. Na und?
Ein Mann namens Spiegel, Sam Spiegel, lehrte die Branche dann, was alles dazugehört, um aus einem Star einen Weltstar zu machen: Sam Spiegel flog nach Berlin ein und suchte selber die deutsche Stimme für seinen Star aus.
Sam Spiegel war der Produzent des preisgekrönten Streifens

»On the waterfront« (»Die Faust im Nacken«). Sein Star war Marlon Brando.
Die Zeit: Spätsommer 1954.

»Ja, gibts dafür Kohlen?«
»Klar. Das is doch keene Krauterfirma. Die Suche wird bezahlt.«
»Und wer is noch dabei?«
»Na alle. Alle Twens in Berlin. Sebastian Fischer, Klaus Schwarzkopf, Martin Benrath, Horst Niendorf, Peter...«
»Is jut, ick gloobs ja. Und wann?«
»Morgen. Morgen nachmittag um halb fünf bist du dran.«
»Det jeht. Und wann fällt die Entscheidung?«
»Wenn Spiegel sagt: Den nehm wa. Det kann übermorgen abend sein.«
»So – wat is'n der Spiegel für eener? Erzähl mal, spricht der nur englisch?«
»Ach wat, der stammt aus'm k.u.k.-Österreich. Aus Jaroslau, hat er mir gesagt. Ich hab ihn gefragt. Weil er wirklich einwandfrei deutsch kann. Hat in Wien studiert. Ist fuffzich etwa. War ooch 'n paar Jahre in Berlin. Bis 33. Der weeß, wat er will.«
»Den Brando uffmotzen? Is ja eigentlich nich mehr nötig, wa? Den kennt doch jeder seit ›Endstation Sehnsucht‹. Aber wenn't Kohlen jibt, warum nich. Kriejen tut'n nachher ja sowieso 'n anderer. Bis morjen.«
»Halb fünf!«
»Halb fünf.«

Freddy Vohrer, der Chef der Synchronfirma, machte eine Vorauswahl. Vohrer wußte schließlich, welche Töne Marlon Brando drauf hat. Solche Töne, meinte Vohrer, hatte auch Sebastian Fischer drauf.

Für Vohrer war die ganze Aktion gelaufen, bevor sie anlief. Aber Vohrer hatte auch nichts gegen sie. Wenn die Amis Wirbel wollten – bitte sehr. Der Wirbel machte unterm Strich -zig Mark siebzig, dort war die Kontonummer.
Der Wirbel war wohl Mister Spiegels alleinige Idee.
Brando hatte nämlich bereits zwei Jahre zuvor für seinen Zapata in »Viva Zapata!« den Preis als bester Darsteller des V. Festivals von Cannes erhalten. Und für den Terry Malloy in »Die Faust im Nacken« wurde er postwendend nach der Uraufführung für den Oscar nominiert (den er dann tatsächlich auch bekam). Doch wurde »Die Faust im Nacken« insgesamt ja mit höchsten internationalen Preisen bedacht. Sam Spiegel, der Produzent, muß trotzdem Bedenken gehabt haben. Verkaufsbedenken.
Denn »Die Faust im Nacken« ist ein so guter Film, wie in fünf Jahren allenfalls zwei Filme werden. Gut von der Machart, gut von der Gesinnung. Er ist, was die Gesinnung betrifft, ein religiöser Film im Reißerstil, der die seit über einem Jahrhundert praktizierten Methoden einer Gangster-Gewerkschaft aufdeckte und der sie gleichzeitig damit für immer beseitigen wollte.
»Die Faust im Nacken« war Teil einer Kampagne gegen Korruption und Terror. Gegen Leute, die nicht vor Mord zurückschreckten und scheinbar auch am längeren Hebel saßen. Es war die Kampagne einer Bürgerinitiative von drei Männern, mehr nicht: einem Jesuitenpater, der dagegen predigte, eines Journalisten, der enthüllende Artikel schrieb, eines Schriftstellers, der das Filmdrehbuch verfaßte.
Und die Herstellung des Films nach dem Drehbuch war nun der aufwendigste Teil der Kampagne, der teuerste. Die Frage für den Produzenten lautete: Wie holt man das Geld wieder rein, wenn der Film in Amerika, wo er auf seine

direkten Feinde trifft, nicht läuft. Nicht läuft, weil er boykottiert, weil er unterdrückt wird, obschon er vor Auszeichnungen nur so klirrte.
Da der Film auf der Biennale gestartet worden war, handelte es sich vorerst noch um nicht-amerikanische.
Sam Spiegel zog den Schluß: Außerhalb Amerikas mußte unbedingt das Geschäft gemacht werden. Mit dem Namen des Regisseurs Elia Kazan, mit dem Namen des Hauptdarstellers Marlon Brando. Die deutsche Stimme zu finden, die dem Brando-Original am nächsten kam, war ein Teilchen der Verkaufskampagne des Mister Spiegel.

Mister Spiegel hörte sich sämtliche Stimmen an, die in die engere Wahl gekommen waren. Seit einer halben Stunde hörte er schon. Und mäkelte auch seit dieser halben Stunde. Sogar die Stimme von Sebastian Fischer, Freddy Vohrers Favorit, fand keine Gnade vor seinem Trommelfell.
Zu fein war sie ihm. Zu edel.
»Wissen S'«, umriß er seine speziellen Stimmwünsche, »es sollten Stimme und Person übereinstimmen. Der Brando spielt einen Boxer, einen ehemaligen. Gut – einen Boxer haben S' net, das kann i mir denken. Aber S' werden doch vielleicht so einen Kerl haben, der am liebsten berlinert?«
»Davon ham wir dreizehn aufs Dutzend.«
»Okay. Berlinern darf er natürlich nicht. Aber der Touch muß da sein, der proletarische Touch in der Stimme. Haben S' da keinen in Ihrer Auswahl?«
Freddy Vohrer zögerte.
»Wissen S', vielleicht hat so ein Mann ja auch die gleiche Art wie der Brando. Haben S' keinen hier, der sich so gibt wie der?«
Nein, hätte Vohrer sagen müssen. Nein hätte gestimmt.

So'n Mann wie Marlon Brando gab es weit und breit nicht. Vohrer tat vielmehr so, als sei ihm ein unbezahlbarer Tip verraten worden. Sekundenlang spielte er den Nachdenklichen, dann den, der auf die Ostereier stößt. »Hören Sie sich mal den an«, rief er.
Er rief es, weil Rufen Optimismus ausdrückt. Optimismus vertreibt Nörgeln.
Und eine neue Schleife wurde abgespielt. Eine Stimme ertönte, die etwas flapsig wirkte. Rauh und trotzig. Roh und dickfellig.
Mister Spiegel schrie auf: »Das ist sie!«

Es klingelte. Ich nahm den Hörer ab. »Juhnke.«
»Vohrer. Tach, Harald.«
»Tach, Freddy. Was gibt's?«
»Ja, weißte, der Spiegel möchte dich gern mal sehen, der meint, du hättest das in der Stimme, was Brando hat. Diese helle, diese heiße Heiserkeit.«
»Hatta jesacht? Meine Jüte, is woll'n Kenner.«
»Ja. Und nun geb ich dir noch'n Rat: Der große Kenner ist sicher: so einer wie du müßte ungefähr so auftreten, wie Brando in seinen Filmen auftritt.«
»Ha! Du willst ma verscheißern.«
»Nee! Komm also im Brando-Look, wenn du kommst.«

Ich warf mich in Jeans, in einen Nicki und 'ne Jacke aus Leder.
Den Kragen der Jacke klappte ich hoch.
Dann stieß ich die Tür auf.
Ich machte zwei Schritte, blieb stehen – (einundzwanzig, zweiundzwanzig, zählte ich heimlich) – und ließ ein »Hallo« fallen.

Ein Mann sprang auf. Ein Mann um die Fünfzig. »Na, was sagt ihr denn: das ist doch genau der Typ!«

Vierzehn Tage lang habe ich den Brando daraufhin synchronisiert. Vierzehn Tage Schwerarbeit wurden das: Ich habe immer wieder in die Bänder gehört, habe jeden Ton studiert. Und beinahe habe ich das Original auch erreicht. Selbst bei den Stakkati.
Die Stakkati übrigens sprach niemand sonst auf der Welt außer Brando. Meine vierzehn Tage Synchronarbeit erwiesen sich als Zwiesprache mit ihm, als Seminar.
Als Seminar beim – wie ich meine – wichtigsten Schauspieler meiner Generation.

Das Ergebnis begutachtete Sam Spiegel mit dem unbescheidenen Wort »kongenial«.
Ich sagte: »Nicht doch, Sie übertreiben.«
Dann war die Premiere. Und selbstverständlich wurde es eine aufsehenerregende Premiere, denn Ende 1954 zählten Filmpremieren zu den aufsehenerregenden Ereignissen.
Das Aufsehen schlug bis zu mir durch.
Einige Kritiker erwähnten die vorzügliche Synchronisierung des Films, einige wenige sogar meinen Namen. Es war, als sei das Synchronisieren am Vortag erfunden worden. Und alle Anrufe, die danach bei mir ankamen, waren Gratulationen. Als hätte nicht Brando, sondern Juhnke den Film gemacht.
Es waren zahllose Anrufe.
Von Anruf zu Anruf wurde mein »Nicht doch! Sie übertreiben« lautloser. Zum Schluß ließ ich's weg.
Ick bin ja ooch eitel.

*

Ab meinem dritten Bühnenjahr gastierte ich hin und wieder an Westberliner Privattheatern. Im Nachbarhaus des Theaters am Kurfürstendamm fing ich an, in der ›Komödie‹.
Ein Regisseur hatte mich gefragt, ob ich Zeit für einen Auftritt im letzten Akt hätte.
Ich sagte: »Bis zehn spiel' ich bei uns. Danach ja, wenn es die Intendanz genehmigt.«
Danach war ich auch erst vonnöten.
Die Genehmigung wurde erteilt.
»Es ist nur eine kleine Rolle«, erläuterte der Regisseur. »Sie spielen einen Halbstarken. Einen jungen Kerl, der in die Wohnung eines Ehepaares kommt und dort dieses Ehepaar tyrannisiert. Ich denke, das müßten Sie hinkriegen.«
Ich dachte das auch.
Der Regisseur überließ mir ein Textbuch. Ich lernte meine Rolle auswendig. Drei Tage später war die erste Probe für mich.
»Bitte«, sagte der Regisseur.
Ich spielte ihm einen Halbstarken vor, der in die Wohnung eines Ehepaares kommt und das Ehepaar tyrannisiert.
»Gut«, wertete der Regisseur meine Vorführung. »Gut, sehr gut, wie Sie das machen – aber Sie sind falsch angezogen.«
Was bin ich?
Ich stand in Bühnenmitte, im Hintergrund noch. Nicht ausgeschlossen, daß ich mich verhört hatte. »Ich bin was?« fragte ich.
»Sie sind für Ihr Alter falsch angezogen«, gab der Regisseur ein zweites Mal von sich. Er tat, als sei er der Feldwebel aus der Kleiderkammer.
War der behämmert? Ich trat an die Rampe.
»Hörn Sie«, sagte ich, »wie'n Halbstarker angezogen ist,

weiß ich besser als Sie alter Sack. Ich komm ja daher. Ich bin ja so. Wat ick anhabe, is jenau richtig.«

Ich blickte an mir runter. Eine Lederjacke hatte ich an, ein kariertes Hemd und schmal auslaufende Jitterbug-Hosen.

»Wie wolln Sie das überhaupt beurteilen!? Gucken Se mal in' Spiegel, Sie mit Ihrm Brenninkmeyeranzug!«

Ich hob die Schultern und breitete die Hände und Arme aus.

»Aber wenn Sie schlauer sind – jut, jeh ick ruff ins Büro und sage, die Rolle spieln Se alleene! Mit Ihrem Brenninkmeyeranzug.«

Ich machte eine Kehrtwendung und ging ab. So was Dämliches, ärgerte ich mich, so was ist Regisseur.

So was trug den Namen Erik Ode.

So was war auch noch gar nicht so fürchterlich alt. Zweiundvierzig Lenze.

Alt genug freilich (ich war dreiundzwanzig), um mein Vater zu sein. Und damit viel zu alt, um die Kleiderordnung eines Halbstarken besser zu kennen als ich. Ausgerechnet!

Nee!

Nicht mit mir!

Zehn Monate vorher hatte ich Erik Ode kennengelernt. Er besaß einen Namen als Film- und als Synchronregisseur. Er erweiterte das Feld: er wurde für die Boulevard-Theater der begehrte Regisseur ›mit der leichten Hand‹.

»Wolken sind überall« hatte er in der Volksbühne inszeniert. Mit Karl John.

Als Karl John krank wurde, fischte Ode mich aus dem Ensemble, um die John-Rolle zu übernehmen. Ich war erst zweiundzwanzig. Wenn ich im Stück sagen mußte: »Ich bin siebenundzwanzig« – zog ich die Stirn hoch, um ein paar Falten zu zeigen.

Mit drei Proben hatte ich die Rolle übernommen. Erik Ode war mit mir zufrieden. Als er gleich darauf wieder in der Volksbühne Regie führte, legte er Wert auf meine Mitwirkung.
Nein, ich hatte nichts gegen Erik Ode. Im Gegenteil, er war mir sympathisch.
Das ging bloß nicht so weit, mir Vorschriften machen zu lassen. Unsinnige Vorschriften.

Erik Ode antwortete nicht. Noch nicht.
Er war in seinen Parkettsessel gerutscht und stierte stumm vor sich hin.
Ich wartete.
Hans Nielsen mischte sich ein. Hans Nielsen spielte mit Alice Treff zusammen das Ehepaar. Das Ehepaar, das von dem Halbstarken hopp genommen wird.
»Das ist die heutige Jugend«, bemerkte er seinem Freund Erik gegenüber. Nielsen, einundvierzig, hatte die ernüchternde Ausgewogenheit eines Programmdirektors.
Ode biß sich auf die Lippen.
Ich wartete immer noch.
»Du kannst nichts machen«, vermittelte Nielsen. »Höchstens rausschmeißen. Aber...«
»Aber er ist dieser Schlot, den ich haben wollte«, nickte Ode. »Also!«
Er reckte den Finger und blickte zu mir rüber. Ich wartete ganz hinten.
»Morgen 14 Uhr, Durchlaufprobe.«
»Is gut«, bestätigte ich.

Von nun an gab es keine Beanstandungen mehr zwischen uns. Erik Ode brachte wenig später seinen Film »Schlagerparade« raus, einen Kassenknüller. Es wimmelte von Rollen. Da fiel für mich auch eine ab.

Und zwei Jahre danach trafen wir uns erneut. Zuerst im Theater, anschließend im Filmatelier. Jedesmal war Ode der Regisseur.

Jedesmal verstanden wir uns besser.

Am besten verstanden wir uns, als der Film gedreht wurde. Sein Titel lautete: »Heldentum nach Ladenschluß«.

Das war ein Vier-Episoden-Film. »Die erste humorvolle Chronik der Fluchtabenteuer deutscher Soldaten«, ergänzte der Verleih noch.

Die Episode, die Ode und mich betraf, hieß »Captain Fox«. Captain Fox (Eduard Tracy) verursachte die Flucht des Feldwebel Burmann mit dem Sarg. Der Feldwebel Burmann war ich, Captain Fox der amerikanische Lagerkommandant. »Nie wird hier einer auskratzen, und du schon gar nicht«, hatte Texas-Boy Fox triumphiert, als Burmanns erster Versuch, abzuhauen, mißlang. »Never! Never! Never! Hundert Dollar wette ich gegen deine speckige Feldmütze!« Hundert Dollar – Ex-Fallschirmjäger Burmann fühlte sich herausgefordert. »Die Wette gilt!«

Verstärkte Wachen waren die Folge. Wagenkontrollen, zweimal am Tag Appell. Foxens Wachsamkeit war vorbildlich. Und dann, eines Abends, fiel der Schuß.

Texas-Boy ging gerade am Lagertor spazieren, als Burmann an ihm vorbeihechtete. Die Wachen konnten nicht schießen. Fox stand im Wege. Fox schoß selber. Fox gab einen Warnschuß ab. Doch Burmann sackte zusammen. Hatte da noch jemand geschossen?

Deutsche Sanitäter waren sofort zur Stelle. Sie schleppten Burmann ins deutsche Lagerlazarett. Eine Stunde später meldete der deutsche Arzt: »Burmann ist tot.«

»Nein«, erschrak Fox. Nein, das hatte er nicht gewollt. Und das auch noch an diesem Abend. Für den nächsten Morgen wurde hoher Besuch aus Washington erwartet.
Da machte der deutsche Arzt einen Vorschlag. Captain Fox griff ihn auf: ein US-Sergeant lieferte in Herrgottsfrühe den Sarg mit Burmanns Leiche im deutschen Krankenhaus der Nachbarstadt ab. Und dann hörte man's trommeln. Eine Leiche wurde lebendig. Sie trommelte gegen den Sargdeckel. Entsetzte Arbeiter öffneten. Ein Toter stand auf. Und rief: »Never, never, never – pah! Ewig schade nur, daß ich des Doktors wegen nicht meine Mütze zu Fox schicken kann, ich verliere einhundert Dollar.« Er verneigte sich. »Guten Morgen übrigens, meine Herren, mein Name ist Burmann.«

Dieser Feldwebel Burmann war meine erste Filmhauptrolle. Wenngleich eine, die mit dem Viertel der Zeit auskommen mußte, die sonst Hauptrollen in Filmen zur Verfügung stehen, um Zuschauer einzufangen.
Die Zuschauer mochten sich denn auch nicht leicht einfangen lassen. Nicht von mir und nicht von meinen Kollegen. In keiner der vier Episoden lachte sie ein ausgewachsener Star an.
Da selbst Episoden-Filme mit Star-Besetzung nie Kassenrenner geworden waren, durfte eine neue Erfahrung gewonnen werden: Ohne Stars schafften sie es auch nicht.
Im Fall »Heldentum nach Ladenschluß« kam noch etwas Zeitbedingtes hinzu: 1955, als der Film startete, kehrten die letzten zehntausend Gefangenen aus Rußland heim. Sie verscheuchten jeden komischen Aspekt von Fluchtabenteuern. Mit größtem Erfolg wurden hingegen im gleichen Jahr mindestens vier dramatische Kriegsfilme gestartet (»Des Teufels General«, »Kinder, Mütter und ein General« sowie

zwei konkurrierende über das Attentat auf Hitler am 20. Juli).

Ich machte mit Erik Ode noch zwei Filme. Der letzte war »Der Mustergatte«.
Der lief aber auch nicht. Denn nach zwanzig Jahren wollten sich die Leute ihre gute Erinnerung an den Rühmann-Vorrenner noch immer nicht verjagen lassen.
Unsere Zuneigung füreinander konnte das jedoch nicht erschüttern. Wir arbeiteten wieder zusammen in den 70er Jahren. Im Fernsehen. Im »Kommissar« und im »Preußenkorso Nr. 17«.
Und fest steht, Erik Ode hat auf meine Entwicklung als Schauspieler viel Einfluß genommen. Ich kam durch ihn zum Boulevard-Theater. Und damit immer weiter weg vom klassischen Theater.
Als Boleslaw Barlog mir einen Dreijahresvertrag fürs Berliner Schiller-Theater anbot, sagte ich erst ja und dann nein.
»Mensch«, meckerte Barlog, »mach doch keen Quatsch. Du und Klaus Kammer, ihr werdet doch'n fabelhaftes Jespann!«
Ich blieb bei dem Quatsch.
Ich habe mich -zigmal gefragt, ob das verkehrt war. Ich habe mal so, mal so geantwortet. Heute antworte ich: Es war nicht verkehrt.

IX.

Ich wurde bei den Filmproduzenten der Republik beliebt. Ich war so unkompliziert. Bei einer Offerte interessierte ich mich erstens: für die Höhe der Gage (»Was is drin?«), zweitens: für die Namen der übrigen Mitwirkenden (»Fein, die Dame kenn ich noch nicht.«), drittens: für den Aufnahmeort (»Prima, da scheint die Sonne.«).
Daß es außerdem genug zu trinken geben würde, setzte ich voraus. (Ich setzte kein einziges Mal zuviel voraus.)
In den meisten Fällen bekam ich Antworten, die ein Ja leicht machten. Ich packte dann meine Koffer und schwirrte ab. Ich war fröhlich unterwegs.
Ich maulte nicht bei Überstunden, ich maulte nicht, wenn der Wecker klingelte. Ich sagte allenfalls dann zu dem langhaarigen Kind an meiner Seite: »Merk dir, nischt ist kürzer als so 'ne Nacht.«
Ich war bei den Filmproduzenten beliebt.

Wenn ich mich immer zum Schluß erst nach Titel und Inhalt eines Films erkundigte, hatte das seine Berechtigung. Die Inhalte waren hauptsächlich schwachsinnig, die Titel deuteten es an.
Zum Beispiel drehte ich: »Schön ist die Liebe am Königssee« und »Allotria in Zell am See«. Oder: »Wenn die Alpenrosen blühn« und »Der Glockengießer von Tirol« und »So liebt und küßt man in Tirol«. Oder »Davon träumen alle Mäd-

chen« und »Das hab ich in Paris gelernt«. Oder: »Das Geheimnis der drei Dschunken« und »Die letzten Drei der Albatros«. Oder: »Wenn Mädchen ins Manöver ziehn« und »Piefke, der Schrecken der Kompanie«.
Die Liste könnte ich fortsetzen.
Auf die auch damals schon gestellte Frage, warum ich denn so einen Schwachsinn drehe, erwiderte ich damals: »Falls ich auf künstlerische Filme warten wollte, käme ich nie zum Filmen.«
Das ist richtig geblieben.
Meinen wesentlichsten Film hatte ich schon mit »Heldentum nach Ladenschluß« abgeliefert.

Zu »Heldentum nach Ladenschluß« gibt es eine Vorgeschichte, die mit Kunst zu tun hat. Kunst im Theater.
Oscar Fritz Schuh hatte die Direktion der Volksbühne im Theater am Kurfürstendamm übernommen. Er hatte neue Schauspieler engagiert, die bisherigen hatte er gefeuert. Alle – bis auf zwei. Einer davon war ich. Der Mehrzweckjüngling.
An Weihnachten 1954 inszenierte Schuh dann den »Zerbrochenen Krug« mit Ernst Schröder als Dorfrichter Adam. Ich spielte den Ruprecht. (Das ist der Bauernsohn, der seine Verlobte verdächtigt, es mit einem anderen getrieben zu haben; den die Mutter der Verlobten einen Flaps schimpft und vor Gericht beschuldigt, einen Krug zerbrochen zu haben; den Richter Adam zu gern verurteilen würde, wenn es da nicht erstaunliche Punkte zu Ruprechts Entlastung gäbe.)
Die Aufführung gefiel allgemein. Die Deutsche Botschaft in London vermittelte eine Einladung zu den Londoner Theater-Festwochen. Das Gastspiel hatte ein großes Presseecho.

So groß, daß es selbst Filmleute nicht übersehen konnten.
Unter anderem ein Filmverleih, der »Heldentum nach Ladenschluß« vorbereitete.
Danach erlebte ich so etwas ähnliches wie einen Boom. Ich wurde mit Angeboten überschwemmt. Und nein konnte (und wollte) ich nicht sagen. Ich beendete meinen festen Volksbühnenvertrag und unterzeichnete einen festen Filmverleihvertrag. In reinen Lustspielen vertraute man mir die Hauptrolle an. In reinen Klamotten auch. In den restlichen war ich für Heiterkeit zuständig.
Der Heitere hatte es oft besser als derjenige, der den Liebhaber spielte. Der Liebhaber mußte den ganzen Film über bierernste Texte aufsagen, ich durfte zwischendurch immerhin in die Küche.
»Und wennde in de Küche bist«, hieß es, »denn läßte allet fallen, wat de in der Hand hast – Teller, Tassen, wat de findest. Is allet klar? Okay, wir drehen!«

Ich drehte in der Hauptsache B-Filme. Das sind die preiswerteren auch in der Herstellung. Im Gefolge eines aufwendigen A-Filmes bringen sie dem Verleih jedoch meistens den Schinken fürs Brot ein. Sie werden zusammen mit dem A-Film verliehen. Wer A haben will, muß auch B nehmen.
So ein B-Film ist mit der B-Seite einer Schallplatte vergleichbar. Die B-Seite ist Mitesser der A-Seite. Wird A ein Hit, fliegt B mit.
Die Filme der 50er und der 60er Jahre stillten in erster Linie das Unterhaltungsbedürfnis. Sie waren Fließbandware. Wären solche Filme nicht längst bekannt gewesen, man hätte sie erfinden müssen. Und wie gesagt: es war ulkig, da mitzumachen.

Man traf am Drehort auf die honorigsten Kollegen. Manche versuchten, ihre Mitarbeit so lange zu ignorieren, bis die Gage fällig wurde.
Als ich so einmal auf O. E. Hasse traf, nannte sich der filmische Anlaß: »Wenn am Sonntagabend die Dorfmusik spielt«. Es war am Beginn der Heimatfilmwelle, O. E. war ein Bühnen-, aber noch kein Filmstar. Und er genierte sich, weil er mit einem mäßigen Heimatfilm unmäßig viel Geld verdienen wollte.
Immer, wenn er gefragt wurde, wie der Titel des Films wäre, den er gerade drehte, antwortete er französisch. Er sagte: »Musique de village«.

Einmal saß ich mit Hubert von Meyerinck im Hotel Sacher in Wien. Es war Abend, wir kamen vom Drehen.
Abends, hatte man mir gesagt, gibt es im Sacher keinen Tafelspitz. Das traditionelle Gericht des Hotel Sacher, Tafelspitz (Rindfleisch) mit Apfelkren, wird dort nur mittags serviert. Extra wegen des Tafelspitzes war ich aber ins Sacher gesteuert.
Ich bat den Kellner mit Kinderblick: »Könnten Sie nicht vielleicht eine Ausnahme machen?«
Der Kellner verbeugte sich und griff tief in die Schmähtüte. »Ich bitt' Sie, Herr Juhnke: für den Prinzen von Preußen und für Sie hoabn mir immer oan'n reserviert.«
Ich war gerührt.
Für den Prinzen von Preußen und für mich – das muß einem erst mal einfallen.
Ich amüsierte mich sehr.
Hubert von Meyerinck amüsierte sich nicht. Nicht an diesem Abend. An diesem Abend fand er vielmehr, Wiener Schmäh in einem Hotel wie dem Sacher sei unverschämt.

Hupsi war schlichtweg zu gut erzogen. Hupsi entstammte hohen kaiserlichen Offizierskreisen in Potsdam. Er war auf einem Gut, umgeben von Knechten, Kutschern, Dienern und Förstern, von Mägden, Zofen und Fräuleins aufgewachsen. Für Hupsi war Kellner-Schmäh im Hotel Sacher, als hätten Marktschreier und Rummelplatzausrufer das ehrwürdige Haus übernommen.

Und sich ärgern war eins, was Hupsi an diesem Abend als Garnierung zum Tafelspitz im Hotel Sacher beitrug. Das andere war, daß er seinen Ärger dem Kellner unter die Nase rieb.

Da rächte sich der noch einmal auf seine Weise.

Als wir aufstanden und gingen, verabschiedete er uns. Er tat es differenziert.

Mich dekorierte er: »Auf Wiedersehen, Herr von Juhnke!«

Hubert von Meyerinck dedekorierte er: »Auf Wiedersehen, Herr Meyerinck.«

*

Ich war achtundzwanzig, als ich mit dem Mann einen Film drehte, den ich am meisten verehrte. Mit Hans Albers.

»Der tolle Bomberg« war der Film betitelt. Er sollte so großartig werden wie »Münchhausen« einst. Aber so wurde er nicht.

Die Figuren ähneln sich.

Und Albers erzählte, bereits bei der Ufa hätte der Plan bestanden, mit ihm in der Hauptrolle die Streiche des westfälischen Barons von Bomberg ins Kino zu bringen.

Ich freute mich, daß dieser Plan nicht durchgeführt worden

war. Ich freute mich, daß der Film erst jetzt gedreht wurde. Jetzt war ich dabei.

Das Filmdrehbuch hielt sich in etwa an die berühmte Vorlage. Insbesondere, was die Hauptperson betraf.
In den 20er Jahren hatte der Westfale Josef Winckler seinen Schelmen-Roman »Der tolle Bomberg« geschrieben. Den Helden hatte er so charakterisiert: »Bei den geistlichen Herren war der Baron ein Besessener, bei den adligen ein Trottel, bei den Spießern ein Hundsfott, bei den Militärs ein Saufgenie, bei den Damen ein Wüstling, aber beim Volk ein Kerl.«
Zweifellos demnach ein Mann, den niemand anders als Albers spielen konnte. Niemand anders glich diesem Bomberg mehr. Nach wie vor.
Er war fünfundsechzig. Sein Motto hieß: Image verpflichtet.

Er soff wie ein Loch. Keiner nahm's mit ihm auf.
Rolf Thiele, der Regisseur, und ich, wir spürten das jeden Nachmittag. Wir waren seine ständigen Bomberg-Begleiter. Bis zum Nachmittag.
Nachmittags bauten wir ab. Albers stand wie eine Eiche. Ein Superschlucker.
Wie machte er das?
Nebenbei drehte er noch. Drehte unermüdlich. Und bei Außenaufnahmen schrieb er zugleich Autogramme, winkte Neugierigen zu, lächelte. Lächelte sein Siegerlächeln. Nebenbei.
Und war abends noch immer fit. Schluckte im Hotel. Lachte. Lachte vorzugsweise in Richtung Damen.
Schönen Damen.
Wie bewältigte er das alles?

Da fand im Hotel eine Modenschau statt.
»Die sehn wir uns an«, bestimmte er. Und wir sahen sie uns an. Und sein Auge fiel auf ein Mannequin. Ein ungemein hübsches. Er entschied: »Das Mädchen lad' ich zum Essen ein, hört ihr?«
Wir hörten.
»Aber«, organisierte er weiter, »Ihr kommt da erst mal mit zu. Sieht ja woll sonst zu dämlich aus. Vater is nich mehr der Allerjüngste, klar?!«
Alles klar.
»Und dann geb' ich euch aber'n Wink. Unauffällig. Und dann laßt ihr Vater mit der Deern allein. Klar?!«
Alles klar.

Das Mädchen folgte der Einladung zum Essen.
Das Essen bestand aus vier Gängen. Der vierte Gang war gerade gelöffelt, als uns Albers den Wink gab. Auffällig unauffällig.
Wir empfahlen uns.
Rolf Thiele sagte zu mir: »Nicht in die Bar. Wir gehn in die Halle.«
Wir verließen das Restaurant. In der Halle fragte ich: »Wozu denn hierhin?«
»Weil mich interessiert, was der Hanne nun alles noch anstellt. Wir setzen uns jetzt und gucken ein bißchen. Wenn er noch größere Sachen mit dem Mädchen vorhat, muß er ja hier lang kommen.«
Rolf Thiele zählte neununddreißig Lenze.
Mit jedem neuen Film, den er machte, festigte er seinen Ruf, auf schöne Frauen programmiert zu sein. Es war verständlich, wenn er in Erfahrung bringen wollte, wie man solchen Ruf zu konservieren vermochte.

Ich wollte das ja auch gerne wissen.

Eine halbe Stunde später rückte Hans Albers an. Die eine Hand hielt das Mädchen fest, die andere eine Flasche Champagner. Und so, zu dritt, steuerten sie auf die Treppe zu. Die Treppe führte hinauf in die Zimmer.
Weshalb trägt er die Flasche selber, fiel mir auf. Die serviert ihm doch der Zimmerkellner viel besser. Besser und unbemerkt.
»Merkwürdig«, sagte ich. »Wat passiert denn noch da oben? Das möchte ich rauskriegen, Mensch.«
»Ich auch«, gestand Thiele.
»Denn mach ick det: denn frag ick morgen früh das Mädchen. Die ganze Modetruppe wohnt doch im Hotel hier. Ich frag das Mädchen. Ja. Ejal, wat det fürn Eindruck macht.«

Den feinsten Eindruck machte es sicherlich nicht. Aber so fein gab sich das Mädchen ja nicht. Es zeigte sich keinen Moment pikiert. Eher, so schien es mir, war es erleichtert, mit einem anderen darüber reden zu können.
»Komisch war's, absolut komisch«, verriet die Schöne. »Zuerst haben wir noch 'n paar Schluck getrunken, und dann hat er plötzlich zu mir gesagt: ›Nu, Kleines, nu mußt du aber auch hierbleiben. Ich laß dir im Salon ein Bett machen, ich geh in mein Schlafzimmer. Denn weißte, da unten, da sitzen die beiden. Der Thiele und der Juhnke. Und wenn du da runterkommst, alleine – das schadet meinem Ruf.‹«

Ich spielte Albers' Sohn in dem »Bomberg«-Film. Ich dachte, wenn das tatsächlich so wäre, dann hätte ich wohl einen Übervater. Aber so?

So huldigte ich ihm.
Er war ein Denkmal. Ein Denkmal, das es nur alle fünfzig Jahre so gibt.
Ich meinte, zu dessen Bewahrung berufen worden zu sein, als er mich vorknöpfte: »Kleener«, fing er an, »ich werd dir was sagen: Du hast zwar nich meine Augen, aber du hast wat im Auge. Ja, irgendwat hast du im Blick. Ich sage dir: Du spielst einmal den Liliom.«

*

Als ich den »Mustergatten« drehte, stand in den Zeitungen zu lesen, diese Rolle, die sei mir auf den Leib geschrieben. Die spiele ich auch zu Hause.
Das stimmte, als ich den »Mustergatten« drehte. Da schnupperten Sybil und ich einen zweiten Frühling. Nach drei Jahren Ehe.
Dem ersten Frühling, zur Hochzeit, war ein heißer Sommer gefolgt. Der Herbst, der sich anschloß, war bunt. Bunt und kurz. Und danach kam der lange Winter.
Barbara war gestorben. Unser Kind.
Es war schon krank geboren worden. Nach vierzehn Monaten war es tot. Unsere Ehe auch.
Sybil zog sich in einen Berg zurück. Einen Berg von Gefühlen. Sie schloß die Tür hinter sich und warf den Schlüssel fort. Sie wollte niemanden sehen.
Das kapierte ich.
Aber ich überwand es nicht. Und ich begann, um die Häuser zu ziehen.

»Hast du denn nie einen Kater?« wurde ich immer gefragt.
Ich antwortete: »Nee. Ick weiß jar nich, was det is.«
Ich wußte es wirklich nicht.
Ich hatte meinen großen Lehrmeister Wilfried Seyferth vor Augen. Ich trank jeden Abend. Regelmäßig. Regelmäßig und reichlich.
Wenn ich spürte, daß ich einen in der Krone hatte, war die Nacht ziemlich rum. Ich verabredete mich für die nächste Nacht und zog heim. Heim?
Ich schlief fest.
Daß ich nur kurz schlafen konnte, weil die Nacht vorbei war, machte mir nichts. Ich war nüchtern.
»Dir müßte mal schlecht werden vom Saufen«, wurde mir immer gesagt. Ich antwortete: »Mir ist noch nie schlecht geworden vom Saufen, ick weiß jar nich, wie das is.«

Am meisten wünschten Uschi Lingen und Kurt Meisel, daß mir vom Saufen schlecht werden würde. Wir waren Kollegen, dann waren wir Freunde geworden.
Sie wünschten, Sybil sähe auch wieder mich, und ich sähe wieder Sybil.
Sehr langsam erfüllten sich diese Wünsche.

Als ich den »Mustergatten« drehte, waren wir kurz zuvor umgezogen. In dem frisch bezogenen Haus gab eine ganz junge Stimme den Ton an: Peer, unser kleiner Sohn.
Ich nannte ihn Zusel.
Zusel kittete die Risse, die sich da aufgetan hatten. Kittete sie vorerst.

Barbara war ersehnt worden.
Peer wurde erfleht.

Seine Gesundheit bewies, was der Arzt lange vergeblich Sybil zu erklären versucht hatte: nicht von Schuld zu sprechen, wenn von Barbaras Sterben die Rede war.
Peer richtete Sybil wieder auf, und unsere Ehe setzte sich fort. Oder das, was wir als unsere Ehe ausgaben.
Ich hatte mir darunter etwas anderes vorgestellt. Sybil hatte sich auch etwas anderes vorgestellt. Das Unverständnis haben wir nie überbrücken können.
Ich war vor allem zu jung.
Ich ließ mir die Kette, die mich an die Familie ankoppeln sollte, nur zu Hause gefallen. Ich machte jedoch einen Film nach dem anderen – wann war ich zu Hause?

Ich wollte viel Geld verdienen. Sehr viel. Und ich verdiente dann auch so sehr viel, daß ich mir ein Hobby erlauben konnte.
Das vornehmste Hobby, das sich ein Geldverdiener erlauben kann: das Hobby des Geldwiederausgebens.
Ich betrieb es zu Hause und unterwegs.
Ich betrieb es leidenschaftlich.
Zu Hause trat ich auf wie ein Onkel. Ein Onkel aus Texas, versteht sich. Unterwegs wie sein Neffe.
Und seit es Peer gab, war ich so ein lustiger Onkel wie ein lustiger Neffe. Nur war ich öfter Neffe als Onkel.
Das hing mit dem Kreislauf zusammen. Dem Kreislauf aus: Film = Geld = Lust = Film = Geld = Lust = Film = Geld = Lust = und so weiter.

Es ist Mittwoch, der 25. Februar 1959.
»Was hast du?« wundert sich Sybil. »Plötzlich ärgert dich, daß der Vertrag da ist?! Warum ist er denn da? Du hast zugesagt. Du sagst doch jeden Film zu, und wenn er noch so

idiotisch ist. Statt mal wieder Theater zu spielen. Vor einem Jahr hast du deine letzte Premiere gehabt.«

»Vor einem Jahr?« sinniere ich.

»Ja, die war am 26. Also morgen vor einem Jahr.«

»Na, das is schon überhaupt keen Trost. Warum sachste mir das? Da hätt ick jetzt gar nich dran gedacht. Ick bin doch eh sauer.«

»Aber nie lange. Unterschreib nicht. Sag ab.«

»Sag ab! Wie stellst'n dir das vor?«

»Verlang mehr Gage. Verlang das Doppelte. Du brauchst doch nur den Lentz anzurufen. Komm! Mach! Und dann rufst du anschließend Wölffer an, ob er ein Stück hat.«

»Ach, Blödsinn. Ich kann doch nich auf einmal das Doppelte habn wollen! Das weißt du doch genau! Nee, ick hab zugesacht, und ick muß den Scheißfilm machen. Da komm ich nich drum rum. Der Lentz würde denken, ick bin verrückt geworden. Und überhaupt, wie sieht'n das aus...«

»Das ist doch egal. Du mußt mal einen Anfang machen.«

»Aber nich so einen. Ick kann denn eben erst im September wieder Theater spielen.«

»Na wunderbar.« Sybil geht zum Bad. »Dann brauchst du dich ja nicht mehr zu ärgern, dann kannst du auch nachher mitkommen.«

»Ins Theater?«

»Ja. Anneliese hat drei Karten.«

»Nee. Keine Lust. Da werd ich bloß wieder sauer, wenn ich det sehe. Das Stück hätt ick annehmn solln, is 'ne schöne Rolle. Neenee, da kannste allein hingehn.«

»Und was tust du?«

»Weiß noch nich. Der Klaus is nich da, glaub ich. Und ick will ooch am liebsten alleine sein.«

»Du?!«

»Ja. Ich!«
»Aber an der Theke?!«
»An der Theke, klar! Bin ick'n Einsiedler? Ich ärgere mich lieber alleine an der Theke, wat is dabei?!«
»Nichts. Gar nichts«, kommentiert Sybil noch. Dann rauscht die Dusche, und sie verschwindet darunter.
An der Tür klingelt es.
»Sybil! – Ach so, jaaa, ich geh schon.«
Ich mache die Tür auf, in der Tür steht ein junges Mädchen. Es sagt: »Guten Abend, Herr Juhnke, ich soll auf den Peer aufpassen. Sie wolln doch ins Theater.«
»Nee. Meine Frau will. Ich will – ich muß woanders... aber nu komm. Mach da't gemütlich.«
Das Mädchen tritt ein. Ich sage: »Meine Frau ist im Bad. Ich geb ihr Bescheid.«
Ich gehe ins Bad. Sybil duscht noch. »Das Mädchen is gekommen, die Babysitterin«, rufe ich. Das Wasser rauscht.
»Wer?«
»Das Mädchen fürn Zusel.«
Sybil stellt das Wasser ab. »Ist gut.« Sie langt nach ihrem Handtuch.
»Ich hau denn ab«, sage ich.
»Willst du nichts mehr essen?«
»Nee. Jetzt nich. Grüß die Anneliese. Und vielleicht komm ich ja ooch noch und hol euch ab, mal sehn, ick weiß noch nich – viel Spaß.« Ich mache die Tür vom Bad hinter mir zu.
Das Mädchen ist in Peers Zimmer, die Tür steht auf. »Meine Frau ist gleich hier«, sage ich. »Schönen Abend.«
Ich öffne die Haustür, gehe zur Gartenpforte. Der Wagen steht davor.
Wo könnt ick denn nu hinfahrn? Oh, das is kalt. Spring an – los!

Na siehste. Det is doch was. Ab denn.
Niklasstraße, Spanische Allee, Bahnhof Nikolassee. Da drüben, der Schuppen – nee, heut nich. Ich dreh den Kahn um. Hier: von-Luck-Straße, Potsdamer Chaussee.
Ja, da drüben. Da war ich lange nich. Gute Idee.
Ich fahre vor, parke, trete ins Lokal. »Guten Abend«, grüße ich. Es riecht nach Ochsenschwanzsuppe, dieser dicken: viel Mehl, wenig Schwanz. Ich gehe an die Theke. Da ist Platz.
»Guten Abend«, wird mein Gruß erwidert. »Auch mal wieder im Lande?«
»Ja.« Ich schüttele mich wie unser Hund.
»Kalt, nich?«
»Kann man sagen, ja. Aber gebn Se mir trotzdem erstmal 'n Bier.«
»Ein Bier. Bitte sehr. Keinen Schnabus...?«
»Schnabus – hm, gegen die Kälte, die Pest und die Lepra: hm, Sie ham recht, 'n Klaren.« »Doppelten?«
»Bitte.«
Die Kühlschranktür klickt, das Tulpengläschen stubst auf, aus dem Flaschengießer ploppert es, die Kühlschranktür tönt: klack.
»Zum Wohle, Herr Juhnke.«
»Danke. Prost – ahhhhhhhh.«
»Tut gut. Ja. Das Bier läuft. Wie geht's sonst? Viel zu tun, was?«
»Ja, ganz ordentlich.«
»Was drehen Sie zur Zeit? Oder drehn Sie nich, spieln Sie Theater im Augenblick?«
»Nee. Denn könnt ich ja auch nicht hier sein jetzt. Ich drehe. Ich hab nur heute und morgen frei.«
»Das Bier, bitte sehr. Wohl bekomm's. Was drehen Sie? Ich meine, wie heißt der Film?«

»Der heißt: ›Tausend Sterne leuchten‹.«
»Was mit Revue?«
»Ja. Revue und Toni Sailer – prost!«
»Sehr zum Wohle! Toni Sailer, ahhh ja, dann wird wohl auch Ski gelaufen in dem Film.«
»Kann sein, ja. Ich les nur das Drehbuch, soweit's mich betrifft. Das reicht. Noch'n Doppelter.«
»Ein Doppelter, bitte sehr.« Die Kühlschranktür klickt, aus dem Flaschengießer ploppert's, die Kühlschranktür klackt. »Herr Juhnke, zum Wohle!«
»Danke. Auf einem Bein kann man nicht – prost.«
»Meine Rede. Bierchen noch?«
»Bierchen? Jaa, klar.«
»Sofort, ein Bier. Schon im Hilton-Hotel gewesen?«
»Ja, neulich mal, is'n doller Bau geworden. Und der Blick von oben – meine Güte, bis zum Rathaus. Dem alten, in der Königsstraße.«
»Bitte schön, ein Bier. Ja, von dem Blick schwärmen sie alle. Haben mir schon Gäste erzählt. Aber was sagen Sie zu Chruschtschows neuem Vertragsangebot?«
»Käse.«
»Sag ich auch. Schnäpschen noch?«
»Bitte, ja.«
Es klickt, es ploppert, es klackt. »Zum Wohle, Herr Juhnke. Dabei wollte mir ein Gast weismachen, dieser Friedensvertrag sei doch in Ordnung. Wir würden ja alles selber in die Hand nehmen können, 's sei ja garantiert. Und was is mit Berlin? hab ich gefragt.«
»Eben. Ändert sich doch nischt. Der Käse hat doch schon in der Berlin-Note gestanden. Prost.«
»Prost. Das ist so einer, wissen Sie, der fährt dauernd rüber. Bißchen schräg. Aber 'n guter Gast. Geht mich ja auch

nichts weiter an. Nur – ohne Besatzungstruppen dastehn...«
»Und Drei-Staatentheorie vertreten...«
»Nee. Appetit? Ich geb Ihnen mal die Karte.«
»Neinnein, 'ne Gulaschsuppe genügt mir, schön scharf.«
»Gulaschsuppe, schön scharf, bitte sehr.«
Schritte. Das Fenster einer Speisedurchreiche ratscht hoch. »Eine Gulasch, scharf!« Das Fenster knallt runter. Von rechts tritt der Kellner an den Tresen. Ordert: »Vier Pils, zwei Korn.« Fügt an: »Ob wir'n bißchen Musik haben.« Antwort: »Ham wir. Wir ham alles, nur keen Geld.« Schritte. Der Lautsprecher knackt. Es klimpert. Eine Plapperstimme plappert topfig: »Das hab' ich in Paris gelernt...«
»Ooch das noch«, sage ich. »Alles noch mal.«
»Bier und Schnaps! Bitte sehr. Ärger?«
»Ärger nich, nee. Ich kann das Lied bloß nich mehr hörn.«
»Dieses?«
»Ja. So heißt ooch mein übernächster Film, falls nich noch was dazwischen kommt. Ich darf nich dran denken.«
»Ach.« Klick, plopplopplopplopp, klack. »Bier läuft. Ist frisch angestochen. Wohlsein. Macht kein Spaß, was?!«
»Wohle. Spaß? Ach Gott, wie man's nimmt. Wenn man den Blick nur fest auf die Gage richtet, isset keen Problem. Nur das könn Se ja nich immer. Manchmal...«
Das Fenster der Durchreiche ratscht, eine Tasse scheppert auf der Untertasse, das Fenster knallt. Im Lautsprecher klingt es vollmundig: »Addio amigo...« Schritte. Schurren.
»Guten Appetit.«
»Danke.«
»Ja, das glaub ich. Unsereiner kommt ja schon nich mehr ins Kino. Keine Zeit und – na, der Kasten da.«

»Jaja. Irgendwann kieken wa alle bloß noch in die Röhre.«
»Scharf genug?«
»Danke ja. Ham Se noch 'n Brötchen?«
»Brötchen? Selbstverständlich.« Schritte. Knirschen. Rumpeln. »Bitte schön.« Von rechts der Kellner: »Fünf Wacholder, drei Pils. Ham wir Pfefferminzlikör?« Klick. »Was ham wa?« Plopplopplopplopplopplopplop. »Pfefferminzlikör.« Klack. »Nee. Son Zeug nich. Mokkalikör, Ananas.« Das Fenster der Durchreiche ratscht. Eine Hand schiebt vier Teller vor. »Ich nehm erst die Rouladen.« Klirren. Schritte. Aus dem Bierhahn tropft's.
»Geschmeckt?«
»Gut. Ja. Danke. Und hier bitte...«
»Die Luft rauslassen.«
»Genau. Ham Sie Feuer mal, ich... äh...«
»Feuer! Natürlich – bitte. Behalten Sie.« Klick, plopplop, klack. »Wohl bekomm's. Bier läuft.«
»Danke. Prost.«
»Prost. Sie sind nie im Fernsehen?«
»Bis jetzt noch nicht, nee.«
»Ich hab gelesen, 's soll jetzt schon fast drei Millionen Fernsehteilnehmer geben. Also da fehln noch'n paar dran. Aber, wenn Se mich fragn: 's sind zuville.«
»Zuville, ja.«
»Da ham wir uns extra alle diese Kästen in die Lokale gestellt und nu?«
»Nu koofense sich alle die Röhre. Wieder nischt mit dem bißchen Vorgabe. Das Leben is hart. Trinken Se einen mit?«
»Zwei Doppelte? Gern.«
Klick, plopplopplopplop, klack. Aus dem Lautsprecher glüht es, die Fersen zucken, der Hintern federt: »Spiel noch einmal für mich, Habanero...«

»Auf Ihr Spezielles!«
»Wohlsein. Ahhhhh – und 'n Bierchen noch.«
»Ein Bier, bitte sehr. Was ich sagen wollte – der Castro da, der Fidel Castro, der hat's ja nu wirklich geschafft.«
»Da rolln jetzt die Köppe, ja. Aber wenn man det so liest, scheint es wohl auch anjebracht zu sein.«
»Den Batista kriejen se sowieso nich.«
»Der is ja weg. Den kricht keener mehr. Aber det is ja immer. Trinken Se noch einen mit?«
»Zwei Doppelte? Ja, danke.« Kli-plopp-klack. Aus dem Lautsprecher zwitschert es: »Lollipop...« Von der Durchreiche riecht es nach Schnitzel. »Ich bitte sehr.«
»Prost!«
»Auf Ihr Wohl! Das ham Se doch sicher verfolgt?«
»Wat?«
»Mit den beiden Staatsanwälten det.«
»Die se da am Arsch ham wegen dem Volksgerichtshof?«
»Ja, die beeden. Oder 's solln ja sogar dreie sein. Ick sage Ihnen, nischt passiert denen, gar nischt. Ick hab hier'n Gast, der is beim Justizsenator – abjewinkt hat er.«
»Wer?«
»Der Gast. Guter Gast übrigens, kommt öfter. Nee, hat er gesacht, die hocken zusammen. Die alle von de Justiz. Da hackt keener dem andern de Oogen aus. Aber von uns wolln set habn. Nächste Woche, Steuerprüfung – bitte?«
»Fünf Wacholder, drei Pils«, bestellt der Kellner.
Es klickt, ploppert, klackt. Dann blechert Blech, und Glas gloggert. Ick globe, ick muß mal. Wo ist hier für kleene Jungs? Ahja, da hinten, an der Durchreiche vorbei. Ohh, det is ja Sülze mit Bratkartoffeln. Aber nee, kommt nich in Frage, det wirft ma um Jahre zurück. »Alles noch mal, bitte. Ich bin gleich wieder hier, ja.«

»Bier und Doppelter noch mal, bitte sehr, Herr Juhnke.«

So, jetzt hab ick wohl'n kleenet Quantum weg, jetzt werd ick mal zahlen und sehen, wo noch'n bißchen wat los is, hier schläft ja schon allmählich der Kellner ein, und nach Ochsenschwanzsuppe riecht es ooch immer noch; wieso bin ick überhaupt hier jelandet? Sollt ick nich die Frauen abholen? Halb elfe, könnt ick noch schaffen, müßt ma nur beeilen, hoffentlich springt det Auto an.
»Einen Doppelten noch und die Rechnung.«
»Einen letzten noch, und denn wollnwa, bitte sehr, Herr Juhnke.« Klipplopklack. »Zum Wohle!«
»Danke. Prost. Ich habs nich kleiner.«
»Fünfzig Mark! Kriejen wa kurz und klein.« Schrurr schrurt die Lade. Pling, pling, pläng. »Fünfzig, neun, zwanzig, dreißig, fuffzich. Danke sehr.«
»Danke auch. Und auf Wiedersehn.«
»Auf Wiedersehn, Herr Juhnke. Kommen Sie gut nach Hause.« Schrumm macht die Lade. Aus dem Lautsprecher scheppert's metallen: »Däädet-dedädettäätäätää-däää-det...« River Kwai, so wat müßte man ma drehn, »detäädedettäää...« Statt ›Bei der blonden Kathrein‹, aber so wat – au, det is kalt. Schlüssel. Zujefrorn? Jottseidank, Brrrrrrr. Brrrr. Brr. Mannomann. BrrrrRäääarrrruuurr... Najaa. Nu muß ick aber ooch. Bis zum Theater: 20 bis 25 Minuten. Wenden. Oh, Scheinwerfer an.
Is nix im Radio?
Tschihhhptschahhp. Tschop. Dedäähhhdedääh. Nee. Tschiip. Tschap. Ahh: »Voolaaare-dudelluda-vollaaare-dadelladum-didapdidadedadap!« Wat will der!?!
Is det?!
Du Scheiße!

Zivilstreife! Kelle! Ick hab – nee! Zuviel. Wat soll...
Los!
Licht aus! Vorbei! Gas!
Mensch, wat machste? Biste verrückt? Kommt der?
Ja!
Wenn ich anhalte: Ich hab ma jeirrt, war vablüfft, Panik!
Quatsch.
Der holt uff. Ich muß weg. Inne Seitenstraße.
Gas!
Jetzt – auuuhhhh, det is ja höllisch. So dunkel. Wo is Platz?
Allet voll!
Da is der schon wieder. Weiter. Weiter. Gas!
Hauseingang: rin: stehen: ducken – wo?
Jibt's nich hier.
Mann, is der schnell.
Wat mach ick nur? Kreuznacher Straße! Rin – ohhhh, det quietscht! Is aber jut – links, rrrääähhh, Mann!
Jutet Auto, liecht wie'n Brett. Da!
Schon wieder der Arschriese, wie macht der det?
Polizeifunk.
Ick muß den Polizeifunk einstel... rechts, üüüütsch, Gas! Wo is denn der... Tschiiptschoptschüüüühhh... Scheißverfluchter, wat hab ick bloß jetan, warum fahr ick hier wie'n Idiot, wär ick doch stehenjebliebn, die kriejen ma ja doch, und denn jibt et erst'n Ärjer... und steht inne Zeitung: *Harald Juhnke fährt Amok! Der Filmstar, 29* ... Naja, oder: *Der bekannte Filmschauspieler, 29...*
Det issa!
»...rfolgen Mercedeslimousine, fährt ohne Licht, Richtung Breitenbachplatz!«
Det bin ick?!
Die vafolgn ma! Ick werde jejacht! Warum denn...

Rechts! Üüüühhhtsch!
»...mousine biegt ab in Bonner Straße, Richtung Südwestkorso!«
Links, ohhhhhhh, wat hab ick denn jetan!?! Wat denn! Wat is denn det fürn Staat! Ick werd verfolcht, als hätt ich eenen umjebracht! Wo sind wir denn?! Bei'n Nazis?! Im KZ?! Bin ick 'n Mörder!?!
Links! Krärrrrrrrtssschhhhh!
»...sine biegt ein in Breitenbachplatz, Richtung U-Bahn Podbielski-Allee!«
Ein Bier hab ick jetrunken, einen Schnaps, harmlos, janz harmlos, und et is nischt passiert, nischt, überhaupt nischt, nich mal bei der Jacht jetzt... ohhh, die Burschen, vafolgn ma, wenn det inne BILD-BZ-Mottenpost...
Links! Schräääätschschkrrruu!
Mann, wo bin ick?!
»...ne fährt auf falscher Fahrbahn Engler Allee, Richtung Breitenbachplatz!«
Mein Gott, wenn jetzt eener... ick muß ab... Links! Jaaa! Det is jut jejangen. Und ruff. Gas. Und links. Auuuuhhh! Los! Und links! Haaajaahhh! Die ham ma valorn! Haha! Und Gas! Und links und...
Wat?
»...rfolgte Mercedeslimousine ohne Licht passiert Königin-Luise-Straße, biegt Altensteinstraße ein!«
Biegt ein, biegt ein, biegt ein... wo soll ick denn hin?! Laßt mich doch in Ruhe! Ich habe keiner Seele was getan! Ich zahle meine Steuern! Ich wollte ein Bier trinken, ein Bier und 'n Schnaps... ist das verboten? Warum jagt ihr mich? Warum – links! Üüüüiiiiiihhhhhhh!
Wenn ich jetzt anhalten würde und raus... bremsen, stoppen, weg: det Auto! Det würdense finden! Hat eener

jeklaut. Wo warn Sie jestern abend? Inne Kneipe am... allet Blödsinn. Nischt looft, nischt!

»...ist Unter den Eichen eingebogen, fährt Richtung Zehlendorf!«

Die hamma! Die nehm ma hopp! Det steht allet morgen inner Zeitung: *Wildgewordener Filmschauspieler von Polizei gejagt!* Gas!

Und links!

Ich könnte... wo?

Was ist das?! Mensch, jetzt! Von links ooch noch! Und vorn! Und rechts!

Bbbrrrräääämmmmmttssschh!

»Ihr Schweine, ihr Hunde, paßt nur uff, wenn de Russen kommen, denn...!«

Es war hell, als Sybil eintrat.

»Wieso liegst du denn im Gästezimmer? Und...«

»Bleib ganz ruhig: es kommt gleich die Polizei«, erwiderte ich, statt die Frage zu beantworten. Und dabei drehte ich mich ihr zu.

»Die Poliz... wie siehst du denn aus?! Um Gottes willen, was hast du getan!«

»Ach, das weiß ich selber nicht. Das ist 'ne lange Geschichte.«

»Was für 'ne Geschichte? Erzähl!«

»Na ja, det war'n acht Polizisten...«

»Acht Polizisten! Und was hast du mit denen zu tun gehabt? Warum siehst du so aus?!«

»Ja – ich denke, 'n paar werdn ooch so aussehn wie ich.«

»Polizisten?!«

»Ja.«

»Du hast dich geschlagen! Ja, sag mal, bist du verrückt

32 »Also«, sagte Carl Froelich, »wie'n Pfarrer siehta nich aus, aber ulkig issa.« Das reichte. Ich drehte meinen Film Nr. 1 »Drei Mädchen spinnen« und ließ das Starfoto Nr. 1 machen – den Blick in die Ferne, die Nüstern gebläht. Es war Mitte des Jahres 1950.

33 Was von dem hoffnungsvollen Filmstar (siehe oben) keener wußte: Der Junge hatte die Gage verpfändet; ich war mit'm Radl im Studio.

35 7.9.53: Filmpremiere »Die Stärkere« im Marmorhaus Berlin; v. l. n. r.: Elsa Wagner, Tilly Lauenstein, Wolfgang Liebeneiner, Gertrud Kückelmann, Hans Söhnker.

◁ 34 1952/53 drehte Veit Harlan die Komödie »Die blaue Stunde« mit Kristina Söderbaum (Bild links); wir tranken immer heimlich Sekt, und sie riet mir: »Heirate die Sybil Werden«.

36 Auf dem Filmball 1955: Mit Ilse Steppat hatte ich kurz vorher »Oberarzt Dr. Solm« gedreht.

37 Rund 50 Leute wollen mich entdeckt haben. Jo Herbst war der erste. Mit »Heldentum nach Ladenschluß« machten wir 1955 einen gemeinsamen Film.

38/39 Theo Lingen war mein Partner im »Mustergatten«, 1956, Regie führte Erik Ode; 's wurde kein Erfolg. »Der Mustergatte« 1956 hieß richtig »Kann man so treu sein ...«

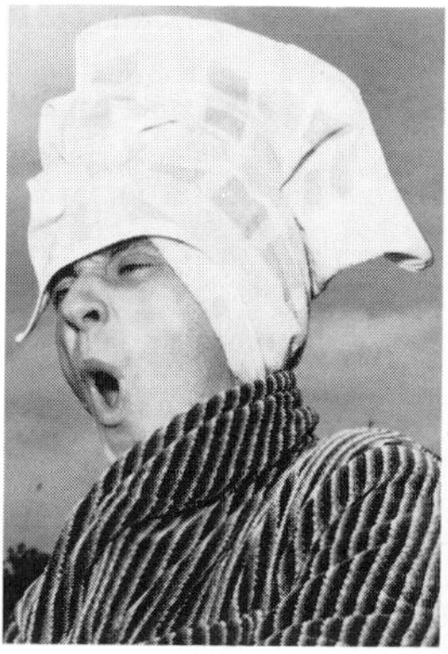

40 Wenn überhaupt, habe ich ein Vorbild gehabt: Hans Albers. 1957, in »Der tolle Bomberg« (mit Marion Michael), spielte ich seinen Sohn.

41/42 Bilder aus den gesammelten B-Film-Klamotten: mit Gerhard Riedmann (oben) in »Jede Nacht in einem anderen Bett«, 1956 (oder Vertreters Lust, Vertreters Leid), und Albernheiten aus Wien mit Karin Dor und Hubert von Meyerinck im »Skandal um Dodo«, 1958.

43/44 B-Filme waren der Schinken aufs häufig karge Brot der A-Filme: ich lieferte fast ausschließlich Schinken: 1957, mit Christine Görner (rechts und unten) im k. u. k.-Quatsch »Wenn Mädchen ins Manöver zieh'n«.

45/46 »Weiße Göttin vom Rio Bene« hieß der Streifen, den ich 1964 mit René Deltgen (Bild oben nächste Seite) und Pierre Brice (nächste Seite Bild unten) in Brasilien machte. Das Beste daran waren die Brasilianerinnen, die gar nicht mitspielten... ▷

geworden? Warst du betrunken? Hast du dich ins Auto gesetzt, bist du gefahren – sag doch, was war los?!«

»Ach, ich weiß nicht. Kauf die Zeitung. Wahrscheinlich is allet schon drin.«

X.

»Hat *Ihnen* die Romy denn nicht gefallen?« fragte mich Magda Schneider. Und dabei lachte sie, weil sich's eben gehört, solche Fragen lachend zu stellen.
»Oh«, lachte ich zurück, »sehr.« Dann wehrte ich ab: »Aber nicht so.«
Nicht so mit Haut und Haaren, meinte ich. Nicht so ergeben, wie sie es wahrscheinlich braucht, um gleichzeitig Star, verliebte Frau und Mutter zu sein.

Es war im Frühjahr 1965, als ich Romy kennenlernte. Daddy Blatzheim gab zur Eröffnung des Berliner Europa-Centers eine Party. Eine Party mit Romy.
Ich ging gemeinsam mit Harry Meyen hin.
Romy entdeckte Harry.

Freund Harry überlegte sicherlich, wie gut es für ihn wäre, von Romy geliebt zu werden. Harry hat sich immer alles genau überlegt. Er war so ehrgeizig.
Ich hab' mal zu ihm gesagt, so starr ausgerichtet, aufs oberste Treppchen zu steigen wie du, so kann man unmöglich leben.
Wie soll man leben, fragte er mich. Etwa wie du?
Wart's ab, sagte ich.

Wir warteten es beide ab, und ich machte Karriere. Harry konnte es nicht verstehen.

Ich sagte, wieso, Harry? Wieso verstehst du das nicht? Ich bin ein guter Schauspieler, alles andere ist unwichtig. Deine Überlegungen, ob du vielleicht, wenn du den triffst oder jenem das sagst, und dieser vielleicht, weil er vorher von dir nun möglicherweise – du lieber Mann, so kann man nicht leben. Da fällst du mit auf die Schnauze.

Dann war er mit Romy Schneider verheiratet.
Und jetzt glaubte er, er wäre selber ein Weltstar. Wenn er redete, redete er fast nur noch so: »Gestern waren wir mit Orson essen gewesen. Und danach kam der Curd vorbei, und es war irrsinnig interessant...«
Prima, sagte ich ihm, ganz prima finde ich das, und mit Orson Welles würde ich auch gern mal essen gehen wollen – aber erzähl doch das deiner Tante. Einem Kollegen gegenüber wirkt's lächerlich.

Ich war wohl der einzige, der so offen mit ihm gesprochen hat. Seine distanzierende Art schreckte die anderen ab. Damit kamen sie nicht zurecht.
Mir konnte er das nicht vormachen.
Mir konnte er auch nicht seine Überlegenheit vorspielen. Diese Überlegenheit besaß er gar nicht. Das war alles Affentheater.

Im Februar 1958 war ich mit Harry Meyen näher bekannt geworden. Wir spielten die beiden Hauptrollen in der Komödie »Bunbury« von Oscar Wilde. Im Renaissance-Theater in Berlin war das.
Harry lieferte zugleich seine erste Regie ab. Und Regie und Darstellung wurden gefeiert.

Er war ein hervorragender Regisseur.
Weil ich so völlig anders bin, als er es war, stellte ich für ihn ein sehr gutes Instrument dar. Wir haben noch mehrmals zusammen gearbeitet und mehrmals erfolgreich.
Jedoch ausschließlich in den Jahren vor seiner Hochzeit mit Romy.

Daß diese Hochzeit seine hohe Zeit einläuten würde, war seine ärgste Fehlkalkulation. Und geradezu rätselhaft war, auf welche hanseatisch-britische Weise er sie in seinen Griff zu bringen versuchte.
Ich habe nie begriffen, weshalb er nicht Französisch lernte, obschon er in Frankreich residierte.
Er hingegen konnte bis zum Schluß nicht begreifen, daß ein Daniel Biasini in der Lage war, ihm seine Romy wegzunehmen. »Das war doch unser Sekretär«, tat er ahnungslos wie ein weltfremder, -zigfach gehörnter Lord, »der holte uns den Champagner aus unserem Keller.«
»Siehste, Harry«, sagte ich, »und auf dem Weg vom Keller bis zu dir hat er immer Romy getroffen. Bei der Gelegenheit ist es passiert.«
»Ja, könntest du das verstehen?« entrüstete er sich.
»Selbstverständlich«, erwiderte ich, »denn andere Mütter haben gleichfalls schöne Kinder. Und der sieht ja blendend aus, das mußt du doch zugeben. Und der war vielleicht liebenswürdiger zu ihr, als du es warst. Daß man sich dann verliebt, kommt in den besten Familien vor.«

Als er zu trinken begann und ein paar Mal auffiel deshalb, wunderte er sich, wie rasch man ihn fallenließ. Harry hatte immer übersehen, wie er auf andere wirkte. Sein Leben lang wirkte er arrogant.

Sei freundlich, wenn du schon Zicken machst, riet ich ihm aus eigener Erfahrung. Sei einfach und freundlich. Das ist das mindeste, was man erwartet. Sonst stellt man dir noch ein Bein, nachdem du gestolpert bist.
Harry überhörte den Rat.

Schlimmer indes als der Alkohol war seine Tablettensucht. Und die Mixtur aus Tabletten und Alkohol. Achtzehn Jahre lang schluckte er den Kram. Vor allem Schlaftabletten.
Das hat ihn kaputt gemacht.
Zum Schluß lebte er nur noch in der Vergangenheit und erzählte andauernd dasselbe.

Daß er fähig sein würde, sich umzubringen, hatte ich nie für möglich gehalten. Daß er es auf so makabre Art tun würde, schon gar nicht.

*

»Wieviel?« fragte der Anwalt.
»Zehn Bier und dreiundzwanzig Klare«, sagte ich.
»Ist das wahr?«
»Türlich. Ich hab ja die Rechnung.«
»Nicht zu fassen. Sie haben 'ne Doppelleber.«
»Weshalb?«
»Tja, na die Blutprobe! Ich hab das Ergebnis. Noch keine zwei Promille.«
»Ist doch gut – oder?«
»Leider nein. Für den Führerschein ist es zuviel. Den sind Sie los. Für's schlechte Benehmen ist es zu wenig.«

»Also kein Jagdschein?«
»Nein, den § 51 brauche ich erst gar nicht zu bemühen.« Er guckte in sein Notizbuch. »Ich habe das Datum schon. Sie erhalten die Vorladung noch. Und bitte, versäumen Sie den Termin nicht, sonst hauen Ihnen das die Zeitungen auch um die Ohren.«

Mir das Nichterscheinen vor Gericht anzulasten, wäre nur das i-Tüpfelchen in der Berichterstattung gewesen. Was über meine Fahrt zu schreiben möglich war, das war geschrieben worden.
Das und ein bißchen mehr.
Nachts um elf Uhr sollte ich ganze Kompanien von Fußgängern gezwungen haben, sich durch schnelle Sprünge auf den Bürgersteig vor meinem rasenden Auto zu retten. Ich hatte nicht einen in Erinnerung.
Dann sollte ich um Haaresbreite beinahe einen Autofahrer gerammt haben. Beinahe!
Und die roten Ampeln, die ich angeblich überfahren hatte, waren natürlich zahllos. So zahllos, daß sie keiner der zahllosen Reporter, die mir während der Amokfahrt den Puls gefühlt und den Schaum vom Mund abgewischt haben wollten, Stück für Stück auch noch zählen konnte. Logisch. Doch war das ja nicht alles.
Es gab zwar keinen Beweis dafür, daß ich durch meine Fahrt einen Schaden verursacht hatte, aber es gab einen Beweis dafür, was ich gedacht hatte. Gedacht und geschrien! Acht Polizisten verbürgten sich dafür. Und es kam ins Protokoll und vom Protokoll in die Zeitungen.
Die mildeste Formulierung lautete: »Wenn die Russen erst in Westberlin sind, werdet ihr schon eure Quittung erhalten.«

In Berlin (-West) durfte/darf man allerlei. Und da Berlin (-West) rund um die Uhr geöffnet war/ist, ließen/lassen sich denn auch mancherlei Leute zu allerlei anregen. Daß man einiges davon dann doch nicht durfte/darf, war/ist so abscheulich nicht. Das fiel/fällt in die Rubrik ›Verführung‹. In Berlin (-West) durfte/darf man indessen niemals gegen das elfte (West-) Berliner Gebot verstoßen, ganz gleich, ob nüchtern oder besoffen. Das Gebot, das da heißt: Male nicht den Einzug der Russen an die (West-) Berliner Wand.
Wer es, ob nüchtern oder besoffen, dennoch tat/tut, war/ist verurteilt, ehe das Gericht zum Nachdenken kam/kommt. Denn Gerichte, die nicht lesen, was überall zu lesen ist, halte ich für Gerüchte.

»Harald«, hatte mir mein Anwalt den Rat gegeben, »wir sollten uns nichts vormachen: ungeschoren kommen Sie da nicht raus.«
»Warum denn?« stellte ich mich dümmer, als die Polizei erlaubt. »Weder bin ich vorbestraft, noch habe ich jemanden geschädigt. Man könnte doch eigentlich nur den Führerschein behalten und ’ne kräftige Geldstrafe für meinen rabiaten Umgang mit diensttuenden Wachtmeistern festsetzen.«
Der Anwalt wiegte bedenklich den gerichtserfahrenen Kopf.
Ich sagte: »Aber selbst im äußersten Fall müßte ich doch mit Bewährung rechnen dürfen?«
Der Anwalt wiegte weiter den Kopf.
Ich erschrak. »Wieviel?« fragte ich.
»Drei bis vier Monate«, schüttelte der Anwalt aus dem gerichtserfahrenen Ärmel.
Mir stockte der Atem.
Dann faßte ich mich und bat: »Könnte man das wenigstens in die Zeit über Weihnachten einbauen?«

Sybil entrüstete sich.
»Das gibt's doch nicht, das kann nicht sein: statt daß du verzweifelt bist und nicht ein oder aus weißt, kommst du vom Anwalt und sagst, über Weihnachten ließe sich's am besten in den Terminkalender einplanen. In den Knast! Und über Weihnachten, das ist doch furchtbar!«
Ich entgegnete: »Was ist daran furchtbar, wenn es nicht zu ändern ist?«

Zu ändern war es nicht.
Der Richter war keiner von der väterlichen Sorte. Seine Expedition in mein Innerstes zur Erforschung meines Gewissens war eine Pflichtübung. Entsprechend kurz fiel sie aus. Aber dann widmete er sich dem Unsinn, den ich den acht Polizisten um die Ohren geschleudert hatte. Und ich merkte, ob nüchtern oder besoffen, das hätte ich nie tun dürfen.
Unverkennbar grauste es ihm vor mir. Unverkennbar war ich für ihn ein (West-) Berliner Blutegel.
Meine Leumundszeugen schmetterte er ab.
Walter Gross war der eine. Er gab seiner Überzeugung Ausdruck, mir müsse in jener Nacht eine Schnur gerissen sein, nicht anders wäre mein Verhalten zu erklären. Ich sei ein fröhlicher und gut zu leidender Mann, auch und besonders wenn ich trinke.
Der Richter, das sah man, ließ sich mit keinem Wort überzeugen.
Dann trat mein zweiter Zeuge auf. Und er bekräftigte, was der erste bekundet hatte. Er setzte aber am Ende noch hinzu: »Wir sind doch keine Leute, die sich schlagen.«
»So?« wurde der Richter da hellwach. In seinen Pupillen blitzte es. Und ganz und gar auf Aufhellung aller Umstände

bedacht, beugte er sich vor und erkundigte sich beim Leumundszeugen Nr. 2: »Was sind Sie von Beruf?«
»Boxer«, mußte er eingestehen. Es war Bubi Scholz.
Die Zuhörer lachten. Das Verkehrsschöffengericht zog sich zur Beratung zurück.

Das Urteil lautete: Sieben Monate Gefängnis ohne Bewährung.
Mein Anwalt legte sofort Berufung ein.
Am 4. November 1959 war mein Fall noch immer eine Schlagzeile wert:

> *Landgericht sagt »nein«*
> *Harald Juhnke muß sieben Monate ins Gefängnis!*
> Der Filmschauspieler Harald Juhnke hatte gestern kein Glück mit seiner Berufung gegen ein Schöffengerichtsurteil vom 23. Mai, in dem er wegen Trunkenheit am Steuer, Körperverletzung, Widerstandes gegen die Staatsgewalt und Beleidigung zu sieben Monaten Gefängnis ohne Bewährungsfrist verurteilt worden war. Die Große Verkehrsstrafkammer des Westberliner Landgerichts wies ihn ab.
> Das Gericht billigte dem 30jährigen Schauspieler auch keine Bewährungsfrist zu, obwohl er seine Amokfahrt vom 26. Februar dieses Jahres in der Berufungsverhandlung bitter bereute und erklärte: »Ich habe mich zu dem Entschluß durchgerungen, nie wieder ein Auto zu lenken.«
> Juhnke hatte damals im 70-Kilometer-Tempo drei Straßenkreuzungen bei rotem Licht überfahren. Als zwei Funkwagen die Verfolgung aufnahmen, raste er in einer gemeingefährlichen Amokfahrt neun Kilometer durch die

Straßen Westberlins, ehe er gestellt werden konnte. Die Beamten, die ihn aus dem Wagen holten, beschimpfte Juhnke in übler Weise. Einem der Polizisten schlug er sogar die Faust in die Zähne.

Um Weihnachten im Knast zu verbringen, war es zu spät. Der Anwalt sagte: »Es wird Sommer werden bis zum Strafantritt.«
Ich würgte mein Selbstmitleid hinunter und holte den Terminkalender hervor: im Sommer also.

*

Sommer war es. Die Zeit, da vernünftige Menschen in die große Ferien fahren.
»Mach's gut, Zusel«, verabschiedete ich mich von meinem Sohn. »Papa muß einen Film drehen.«
»Und Mama?« fragte er.
»Mama... äh: Mama bringt mich nur zum Flughafen. Weißt du, ich fliege weit fort, Zusel. So – und nun sei schön brav. Ich höre alles.«
»Ja«, versprach Zusel. Denn seit er meine Stimme am Telefon erkannt hatte, seitdem schien ihm nichts mehr unmöglich.
Ich erlaubte mir noch einen Blick in den Spiegel. Den hellgrauen, den neuen Anzug hatte ich an.
»Molto elegante.«
Sybil konnte nicht lachen.

Lachen konnte ich auch nicht. Aber heulen mochte ich noch weniger.

Sybil fuhr mich in die Seidelstraße nach Tegel.

In der Seidelstraße gibt es nur zwei Adressen, die man aufsucht. Fährt man an der ersten vorbei – am Flughafen Berlin-Tegel –, zeigt sich ein wenig Wald und gleich danach eine ungewöhnliche Mauer. Ungewöhnlich hoch. Die Mauer ist die Umschanzung der zweiten und seit der Jahrhundertwende so bekannten wie gefürchteten Adresse der Strafanstalt Berlin-Tegel.

Sybil fuhr bis zu dem Punkt, wo die Mauer eine Unterbrechung erfährt. Diese Unterbrechung ist aus schwerstem Eisenstahl.

Ich drückte einen Klingelknopf.

Eine Tür öffnete sich. Eine eiserne.

Ich sagte zu Sybil: »Nu isses soweit.«

Wir umarmten uns, und jeder ermahnte den anderen, den Kopf hoch und die Ohren steif zu halten. Dann küßten wir uns, und ich ging, entschlossen wie der Graf von Monte Christo, durch die Eisentür.

Es mußte sein.

Leider.

Ich wurde ins Haus II eingewiesen.

Das Haus II unterschied sich vom Haus I und Haus III dadurch, daß es die schwereren Fälle in seine Obhut nahm. Die also, die einen fürsorglichen Aufenthalt von sechs Monaten bis zu zehn Jahren Gefängnis verordnet bekommen hatten.

Das Haus I ist das Gefängnis für leichte Strafen, Haus III ist das Zuchthaus.

Meine Zelle hatte die Größe von etwa vier Quadratmetern.

Das war der erste Schock, nachdem ich mich eine Stunde vorher noch zu Hause umgesehen hatte: in meinem Sechs-Zimmer-Haus auf 3500 qm Garten einschließlich Swimming-pool. Der zweite Schock erfolgte, als mir die Bedeutung des roten Punktes an meiner Zellentür erklärt wurde. An der Zellentür außen.

»Det heißt, in diese Zselle ist ein gefährlicher Gewaltverbrecher eingeschlossen. Der eingeschlossene gefährliche Gewaltverbrecher in einer Zselle mit einem roten Punkt ist gehalten, bei jedem Aufschließen der Zsellentür sofort zsurück bis ans Fenster zsu treten, die Hände in den Nacken zsu verschränken und so stehenzsubleiben und weitere Anordnungen abzsuwarten.«

»Das gilt doch wohl nicht für mich?« wagte ich noch einen Einwand.

»Det gilt selbstredend für Sie. Glooben Sie vielleicht, et jibt hier Ausnahmen?!«

»Ja aber ich bin doch kein Gewaltverbrecher. Und erst recht kein gefährlicher Gewaltverbrecher.«

»Det sacht hier jeder, det jeht mich nischt an. Also machen Se keene Menkenke, richten Se sich nach den Anordnungen. Et jibt keene Ausnahmen.«

Hinter mir fiel die Tür ins Schloß.

Ich blieb eine Weile stehen und lauschte den Schritten des sich entfernenden Beamten nach. Dann machte ich vier Schritte und guckte zum Fenster über mir. Die Handvoll Himmel, die ich sah, war so fleckig wie die Scheibe.

Ich mußte an den Richter denken. Jenen Jünger Salomons, der mir die sieben Monate Logis in dieser Zelle mit dem roten Punkt verschrieben hatte. Schade, daß er jetzt nicht bei mir war.

War er überhaupt jemals in so einer Zelle gewesen?
Und war er es länger als eine Viertelstunde gewesen?
Und unter den Bedingungen eines Verurteilten?
Ich stierte in die Handvoll fleckigen Himmels und grübelte über den Strafvollzug nach. Als Artikel eins formulierte ich: Jeder Mensch, der befugt ist, ein pensionsberechtigtes Leben lang andere Menschen auf mehr oder minder lange Zeit in Gefängnisse oder Zuchthäuser zu verbannen, hat vor Erhalt solcher Befugnis drei Monate lang wie ein Strafgefangener sämtliche Strafvollzugsformen ohne Ausnahmebedingungen schätzen zu lernen.
Vielleicht war das kein neuer Gedanke.
Vielleicht formuliert jeder am ersten Tag seines ersten Gefängnisaufenthaltes so einen Artikel eins. Der erste Tag ist der verletzendste.
Am zweiten Tag lernte ich Atze kennen.

Es geschah in der Freistunde.
Die vollzog sich auf dem Hof des Hauses Nr. II und rundherum, im Sinne des Uhrzeigers. »Na?!« hörte ich plötzlich neben mir.
Ich guckte.
Das »Na« kam von einem ansehnlichen Herrn, der sich im selben Augenblick auch als Profi auswies. Denn ehe ich noch »Hallo« oder irgend etwas ähnliches antworten konnte, steckte er gegenüber der gleichfalls im Kreis marschierenden Umwelt seine Einflußsphäre ab. »Det ihr klar seht und nich friert: Mit dem Schauspieler jeh bloß ick und sonst keener!«
Ich spürte ein Frösteln.
Ich fragte mich, war das ein Vorzug, zum ständigen Begleiter eines Profis auserwählt worden zu sein? Eines Profis, der

zudem noch ein regierender Macker der Handelsklasse A zu sein schien. Ich wußte keine Antwort.
Alle Leute, die mir in den Tagen vor meinem Antritt in Tegel letzte Tips gegeben hatten, waren bemüht gewesen, mich speziell vor der Gesellschaft von Profis zu warnen. Du mußt dich gut führen, du willst doch vorzeitig raus, hatten sie mir einzutrichtern versucht.
Jetzt wurde mir bewußt: keiner der Tipgeber hatte seine Tips persönlich vor Ort gesammelt. Denn der Tip, wie man einen tonangebenden Macker in einem Haus für schwerere Jungens elegant abwimmeln kann, fehlte.
Er fehlte zu meinem Vorteil.
So lernte ich Atze kennen.
Niemand hat mir für die einschneidendsten Monate meines Lebens bessere Hinweise gegeben als er. Ohne Atze wäre es schlimmer gewesen.
»Na«, interessierte ihn, »wie lange haste denn?«
Ich sagte: »Sieben Monate.«
Und womöglich machte ich dabei ein Gesicht wie sieben Tage Regenwetter. Atze konterte auf der Stelle: »Wat is det schon? Sieben Monate sind jar nischt, denn davon schenken se dir doch ooch noch'n paar.«
»Ja, wieviel hast du denn?«
»Ach.« Er verzog das Gesicht. »Drei Sonntage noch.«
»Drei Sonntage?« Ich wunderte mich. »Da biste ja gleich raus!«
Er fuhr herum. »Wat?«
Aber ich blieb verwundert. Und Atze erkannte, so 'nem grünen Jungen wie mir mußten wahrhaftig erst die primitivsten Regeln der Knastologie unter die Weste gejubelt werden. »To-ten-sonn-tage«, verdeutlichte er da.

Mir war sofort wohler.
Mein Gott, sagte ich mir, dagegen biste ja tatsächlich 'n Glückspilz.
Dann nahm Sybil den ersten Besuchstermin wahr, und ich offerierte ihr mein so abgestütztes Seelenleben. Sie rang nach Luft.
Im Frack begrüßte ich sie, im Knastfrack aus blauem Drillich. Doch (man ist schließlich Schauspieler) um den Hals war ein Schal geschlungen. Ein Pepitaschal. Von ferne sah ich aus wie der Tenor aus »Maske in Blau«.
Sybil erschien zum Pas seul als Grande Dame, das Antlitz, das edle, von Schmerz erfüllt. So hätte sie auch meiner Verbrennung beiwohnen können.
Ich mochte daran nicht denken.
Ich ging auf sie zu, blickte ihr tief in die schönen Augen, küßte ihre Hand und sagte: »Willkommen.«
Sie erschrak. »Wie geht es dir«, erkundigte sie sich.
Ich fühlte, wie sie bereit war, dem Grauen ihr Ohr zu leihen. Wie sie die Muskeln spannte, es abzuwenden. Halb Jeanne d'Arc, halb Florence Nightingale. Ich erwiderte trotzdem: »Prima.«
»Prima?«
»Ja, prima.«
»Und das Essen?«
»Auch prima.«
»Das Essen ist prima?«
»Ja, auch das Essen ist prima.«
Sybil faßte es nicht. »Dann ist wohl alles prima?!«
»Fast alles«, schränkte ich ein. Und dabei lachte ich wie der Operettentenor im Finale.
Sybil war verzweifelt. Sie war es schon deshalb, weil ich nicht verzweifelt war.

Ich hatte mich der Society des Hauses Nr. II angepaßt. Was hätte ich auch anderes tun sollen: mich sträuben und dann Stück für Stück zerbrechen lassen?
Ich kehrte weder den feinen Pinkel hervor, noch differenzierte ich, wenn mir Kollegialität signalisiert wurde. Ohnehin kriegte ich schnell spitz, welche Unterschiede sich auftaten, sobald man ins Detail ging. Durch den Kleinen, der mir verriet, er säße wie ich wegen eines Verkehrsdelikts, war ich darauf gestoßen.
»Sooo«, sagte ich ahnungslos. »Wat haste denn jemacht?«
»Mopeds jeklaut«, strahlte er.

Ich saß in Einzelhaft.
Atze befand: »Wichtich is, dir fällt nich de Decke uff'n Kopp. Sonntags kannste da wat jejen tun. Denn kannste andere treffen und wat tauschen. Butter jejen Zijaretten oder Zijaretten jejen Wurscht.«
»Wieso? Is sonntags Flohmarkt?«
»Nee, Gottesdienst.«
Ich staunte. »Wie geht denn das?«
»Det merkste nach drei Sekunden schon. Det muß ich nich erklärn. Aber«, schärfte er mir ein, »merk da, wie de da überhaupt hinkommst.«
»Ja, sag mal.«
»Nu, zuerst is für de Katholen Gottesdienst. Da steckste den Stab raus und meldesta damit an, denn schließen se die Tür uff.«
»Ich bin nich katholisch«, wandte ich ein.
»Macht nischt. Bei'n Evangelen steckste ja den Stab ooch raus und jehst noch mal. Eh se dir druff kommen, vajehn drei Wochen.«
»Und wenn se drauf kommen?«

»Dann sachste: du hast dir noch nicht entschieden.«

Als der Gefängnisdirektor mich fragte, ob ich irgendwann geistlichen Beistand wünschte, konnte ich daher antworten: »Danke, den habe ich jeden Sonntag.«
Der Herr Direktor stattete mir einen Besuch ab, nachdem ich mich bereits eingelebt hatte. Ich stand wie ein entschärfter King Kong unterm Zellenfenster, die Hände im Nacken verschränkt. Er sagte: »Nehmen Sie die Arme runter.«
Das Bett war tagsüber hochgeschlossen. Ich konnte dem Direktor nur meinen Hocker anbieten.
Er lehnte jedoch ab.
Er war so höflich wie ein Hoteldirektor. Er wollte sich lieber stehend mit mir unterhalten.
Wie es mir ginge, begehrte er zu wissen.
Ich sagte ihm, ganz gut. Lediglich das mehrmals am Tage sich wiederholende Händehoch-Ritual würde mich bedrükken. Ob man glaube, daß ich jemanden umbringe?
Nein, versicherte er mir, das glaube man nicht. Aber gegen das Reglement sei kein Kraut gewachsen. Und das Reglement sähe in meinem Urteilsfall nun mal die Händehoch-Geste vor.
»Doch vielleicht kann ich Ihnen in anderer Weise entgegenkommen«, bot er mir zum Ausgleich an. »Nennen Sie mir, was Sie sonst noch stört.«
Mir fiel das Flugzeug ein.
Jeden Tag hörte ich es. Jeden Tag um halb zehn rum. Es flog, wie ich wußte, nach München. Jeden Tag um halb zehn empfand ich Sehnsucht, da mitzufliegen.
Und mir fielen die Abende ein. Die Abende in der Zelle. Wenn das Bett aufgestellt worden war und ich da drin lag und mir den Kopf zerbrach über die Antwort auf die Frage:

Wie konnte geschehen, was geschehen war?! Ich war doch noch nie als randalierender Volltrunkener aufgefallen. Aufgefallen und ausgefallen.
Aber davon sagte ich nichts. Ich bat bloß um zwei Dinge. »Mehr Bücher hätte ich gern zum Lesen. Wenn möglich, Fachliteratur, die könnte mir meine Frau besorgen. Die beiden Bücher pro Woche aus der Gefängnisbibliothek habe ich nämlich in zwei Tagen aus. Ja - und dann würde ich am liebsten arbeiten. Draußen, in der frischen Luft.«

Ich weiß nicht, ob der Direktor einer Strafanstalt jedem Strafgefangenen einen (Antritts-)Besuch abstattet. Wenn nicht, muß ich meinem Direktor im nachhinein noch dafür dankbar sein. Er erfüllte mir zudem beide Bitten.
Beim nächsten Besuch sagte ich zu Sybil: »Jetzt verschaff mir mal Bühnenliteratur. Wenn ich rauskomme, möchte ich wieder Theater spielen.«
»Darf ich dir denn die mitbringen?«
»Klar. Der Direktor war doch bei mir. Zum Fünf-Uhr-Tee. Wir haben geplaudert. Und wir sind uns einig geworden, ich darf so viel lesen, wie ich will. Gestern habe ich Bescheid bekommen, ich kann ab nächster Woche sogar draußen arbeiten. Ganz in der Nähe von uns.«
»Draußen? Wo denn? Sieht man dich da etwa?«
»Glaub ich nicht. In Düppel soll das sein, in 'ner Gärtnerei. Die Gärtnerei ist 'ne Außenstelle der Strafanstalt.«
Sybil schüttelte ungläubig den fein frisierten Kopf: »Wie machst du das bloß immer?!«
Ich hob die Schultern. »Ich mach doch gar nichts. Ich bin nur'n bißchen fröhlich, das ist alles.«

In Düppel wurde es wirklich fröhlich. Das machte die

frische Luft einerseits, und andererseits machte es die verantwortliche Tätigkeit, der ich nachzugehen hatte.
Eine Tätigkeit, die den vollkommenen Einsatz des Auges verlangte.
Und zwar, weil ich das Objekt erkennen mußte und danach auch noch die Farbe des Objekts, um am Ende die Verfügung treffen zu können, ob das erfaßte Objekt diesen oder jenen Weg in die Zukunft zu beschreiten hatte.
Bei dem Objekt handelte es sich um die Tomate. Lateinisch: Solanum lycopersicum oder Lycopersicum esculentum. Mundartlich: Liebes-, Paradies-, Goldapfel, Paradeiser.
Bei der Farbe um rot.
Rot: die langwelligste sichtbare Farbe des Spektrums, die Farbe des Blutes, Sinnbild der Liebe und des Lebens, der Revolution, des Sozialismus und Kommunismus, signalisiert »Gefahr«.
Bei der anstehenden Verfügung ging es um die unzweideutige Feststellung, daß das erkannte Objekt eine Tomate war, weil es dem wissenschaftlich exakt beschriebenen Vorbild glich. Sodann ging es um die Feststellung, ob solche unzweideutig erkannte Tomate dem sie betrachtenden Auge des Menschen so viel von der Farbe rot bestätigte, daß der zu diesem Auge dazugehörige Mensch der Mutmaßung nachgeben konnte, Objekt (Tomate) und Farbe des Objekts (rot) befänden sich nach Erreichen des Idealmaßes im Zustand der Reife.
Diesen Zustand der Reife (in der Botanik Zustand genuß-, verwendungs- oder lagerungsfähiger Früchte und Samen von Kultur- und Wildpflanzen) zu vermuten, schoß indessen über meinen Aufgabenbereich schon hinaus. Ich hatte einzig und allein zu entscheiden, daß die unzweideutig als Tomate identifizierte Frucht unzweideutig rot war. Und ich

war erfreut über die Auftragserteilung, ich rüttelte nicht unnötig an den Grenzen meines Aufgabenbereichs.
Ich sah jedoch, daß durch meine akkurate Bestimmung das Schicksal jeder unzweideutig roten Tomate besiegelt war.
Denn während ich im blauen Knastfrack bedächtig durch die Haine von grünen Stauden schritt, um nach einwandfrei roten Tomaten zu fahnden, schritt einer hinter mir her. Ein Knastbruder wie ich, der aber kräftiger und (noch) roher als ich war. Er trug einen Korb, und jede von mir als rot bezeichnete Tomate riß er rücksichtslos ab und warf sie in seinen Korb.
Sich vorzustellen, wo die gepflückten Tomaten landeten, war nicht schwierig. Schwieriger war für mich einzusehen, weshalb mir der offensichtlich gewogene Herr Anstaltsdirektor diese Arbeit hatte zuteilen lassen.
Diese spezielle ausgerechnet.
Setzte er voraus, daß ein Schauspieler ein sorgfältiger Beobachter ist?
Ich überlegte: Er könnte bedacht haben, ein sorgfältig beobachtender Schauspieler namens Juhnke wäre außerdem geeignet, bestens die rote von anderen Farben zu unterscheiden, da er sonst wohl gar nicht hätte Aufenthalt im Haus Nr. II nehmen müssen. Gut.
Warum jedoch, so fragte ich mich, veranlaßte der Herr Direktor, daß ein sorgfältig beobachtender Schauspieler namens Juhnke, der vorübergehend Aufenthalt im Haus Nr. II zu nehmen genötigt worden war und insbesondere in einer Zelle mit einem roten Punkt – warum brauchte selbiger an der ausgesuchten Frucht nicht auch noch Hand anzulegen?
Ich kam zu dem Schluß, der mir offensichtlich gewogene Direktor hatte seine Zweifel, daß der vorübergehend seiner

Obhut anvertraute Juhnke die hierfür unerläßliche Rücksichtslosigkeit besäße.
Mithin, veranschaulichte ich mir, würde er auch befürworten, mich vorzeitig aus seiner Obhut zu entlassen, falls keine triftigen Gründe dagegen sprächen.
Ich stelzte durch die Reihen der Paradeiser und hütete mich mit Beflissenheit, Gründe zu liefern, die dagegen sprechen würden.
Ich hielt so emsig wie pflichtgemäß Ausschau. Ich hob die Hand und zeigte auf Entdecktes. Und ich konstatierte: »Rot!«
Mal nach links, mal nach rechts: »Rot!«
Immer wieder: »Rot!«
Ich war, ganz ehrlich, ausgesprochen gern Tomaten-Kalfaktor in Düppel.

Das sah mir auch Sybil an.
»Du hast wieder Farbe, und du hast endlich sogar etwas abgenommen«, sagte sie mir am Besuchstag. »Das steht dir.«
»Jaaa?« fragte ich eitel.
»Ja«, unterstrich Sybil ihre Beurteilung. »Und ich werde jetzt auch allen, die sich nach dir erkundigen, erzählen, sie sollten sich keine überflüssigen Gedanken machen. Dir muß keiner helfen.«
»Du übertreibst.«
»Nein. Ich hab' erst neulich wieder gesagt, wenn ich dich besuche, ist mir, als besuchte ich Harald den Ersten, der eine Audienz gibt.«
»Ja, soll ich gequälter erscheinen?«
»Neinnein. Nur irritiert mich das: ich komme, dich aufzuheitern. Und ich gehe, und du hast mich aufgeheitert.«
»Na, wenn du aufzuheitern bist, kann ich ja von Glück

sagen. Wie sieht's denn mit unseren Freunden aus? Hat uns einer fallenlassen?«

»Nein, bis jetzt noch nicht. Übrigens möchte dich in vierzehn Tagen mal Bubi besuchen, wenn es dir recht ist.«

»Türlich ist mir das recht.«

»Und ein paar Produzenten haben auch angerufen. Ich habe das offengelassen, wann du rauskommst.«

»Ist ja auch noch absolut offen, ja. Und was macht der Zusel?«

»Zusel ist erstaunt, daß du diesmal nicht anrufst.«

»Ich würde schon, wenn ich dürfte.«

»Ich weiß. Denk nicht dran. Ich hab' ihm gesagt, du seist in Südamerika. Und Südamerika ist unheimlich weit weg.«

»Südamerika? Das ist gut: mittlerweile weiß ich, da kommen die roten Tomaten her.«

Was ich nicht weiß, ist, ob die roten Tomaten dann auch noch dafür gesorgt haben, daß ich ins Krankenhaus eingewiesen wurde. Genauer: nicht die roten Tomaten, sondern die Mittelchen, mit denen die Tomaten bespritzt wurden, um prall und proper rot zu werden.

Jedenfalls tat mir plötzlich der Ringfinger weh. Ein Panaritium breitete sich aus. Ich streckte den Finger hoch und bat um Behandlung.

Ich bat nicht vergebens.

Nur war die Behandlung völlig vergebens. Der Arzt machte eine ernste und danach eine tiefsinnige Miene. Dann öffnete er den Mund und sprach: »Der Finger muß ab.«

Ich dachte an den Richter, der mich verurteilt hatte, um ein Exempel zu statuieren.

Ich dachte an den roten Punkt an meiner Zellentür.

Ich dachte daran, daß allein gute, also widerstandslose Füh-

rung die vorzeitige Entlassung ermöglichte. Ich protestierte dennoch. Laut und vernehmlich.
Der Arzt beschloß, mich ins Krankenhaus zu überweisen. Ins Gefängniskrankenhaus in Moabit.
Ich ahnte nicht, was das bedeuten sollte. Meine Zimmergenossen, die kranken, brachten es mir rasch bei: im deutschen Strafvollzug sind, wenn sie krank sind, alle gleich.
Da war der Bruder im Knast in dem Bett rechts von mir. Ein Sohn eines äthiopischen Botschafters aus früherer Zeit. Er sollte vierzehn Jahre zuvor seine Geliebte ermordet haben. Er war der Meinung, es nicht gewesen zu sein. Er legte Wert darauf, auch noch nach vierzehn Jahren diese Meinung zu vertreten.
Das war normal. Ich hatte bis zu dieser Stunde keinen Bruder im Knast angetroffen, der nicht behauptete, unschuldig zu sein.
Mein zu lebenslänglich Zuchthaus verurteilter Geliebtenkiller im Bett rechts von mir tat es nur so lauthals und ruppig.
Der Knastbruder im Bett links von mir betonte gleichfalls, unschuldig zu sein. Er betonte es auf eindringliche Weise: Nachts weckte er mich, schnitt furchterregende Grimassen und weidete sich an meinem Entsetzen.
Der Knastbruder im Bett links von mir befand sich noch im Stadium eines Untersuchungshäftlings. Ihm wurde Straßenraub vorgeworfen.
Er tat sein Bestes, um mich von seiner Unschuld zu überzeugen.

Ich wurde direkt aus dem Krankenhaus zurück in die Gesellschaft entlassen. Vier Monate waren insgesamt vergangen. Vier Monate im Haus II für schwerere Fälle von sechs Monaten bis zu zehn Jahren Gefängnis in Berlin-

Tegel, unter Tomaten in Düppel, neben Mördern in Moabit. Ein feinsinniger Redakteur eines Berliner Boulevardblatts kommentierte: »... der reuige Sünder kam gar nicht erst dazu, sich an die Anstaltskleidung zu gewöhnen.«
Ich wurde entlassen mit Finger. (Er ist nach wie vor an der Hand.)
Das Absitzen der restlichen drei Monate Gefängnis entfiel. Ich tauschte es gegen drei Jahre Bewährungsfrist ein.

Vielleicht war dem Gerechtigkeitsempfinden damit Genüge getan. Dem Gerechtigkeitsempfinden, wie es mein einfühlsamer Richter empfand.
Vielleicht war es ihm aber auch zuwenig Strafe gewesen, denn der Gerechte wollte ja mit seinem Urteil ein Exempel statuieren. Ich sollte den Brei für alle zukünftigen Amokfahrer vorkosten.
Ich fand, ich hätte lange genug gekostet.
Und ich kam raus, und ich fragte mich: Was kann jetzt noch passieren? Nu biste im Drachenblut eingetaucht worden, nu biste gefeit.
Ich machte einen Kopfsprung in die Freiheit.

Das Schönste am Wiedereinleben war, wie sich die Abgeschiedenheit verflüchtigte und sich der Stress meldete. Wie mir aufging: Weiter, Harald, weiter, weiter!
Wie das Telefon klingelte.
Dieses Klingeln klang musikalisch.

Am dritten Tag rief Heinz Willeg an. Heinz Willeg war Produktionsleiter bei Kurt Ulrichs Berolina-Film.
»Du, hör mal«, sagte er, »wir haben hier 'ne Rolle für dich. Staudte dreht mit Held. Titel ist ›Der letzte Zeuge‹. Die

Rolle ist klein, aber du möchtest doch sicher gleich wieder zu tun haben.«
»Ja, am liebsten schon gestern.«
»Gut. Dann komm morgen raus. Du spielst 'n Kriminalbeamten, der 'n Untersuchungsgefangenen in die Mangel nimmt. So einer müßte dir doch jetzt liegen.«
»Ohja, den kann ich jetzt aus'm Effeff.«

Im übrigen zog mich Martin Held an.
Und Wolfgang Staudte.
Sonderbar, ich kam aus dem Gefängnis und hatte die Chance, den Fuß in die Tür eines guten Films zu stellen.
Na ja, es waren die Zehen.

XI.

Später kamen wir dahinter.
Später, als Sybil erzählte, daß Wilfried Seyferth sie genauso angespitzt hatte mich kennenzulernen, wie er mich angespitzt hatte, Sybil kennenzulernen. Als sich herausstellte, daß es sie gereizt hatte, diesem jungen, ungebärdigen Weddinger Löwen die Mähne zu kraulen, so wie es mich gereizt hatte, dem Schwan die Federn zu putzen. Als wir bejahten, daß es richtig gewesen war, diesen Reizen erlegen zu sein. Als wir beschworen, es ganz gewiß auch aus Liebe getan zu haben.
Aber da waren wir auch dahintergekommen, daß wir deshalb noch lange nicht hätten heiraten sollen.

Nach neun Jahren ließen wir uns scheiden.
Wir waren zu der Auffassung gelangt, uns ganz und gar auseinandergelebt zu haben. Und es gab keinen, der sich die Mühe machte, uns diese Auffassung auszureden.
Hubert von Meyerinck, der uns beide kannte, hatte vielmehr schon vorher gesagt: »Eure Ehe, Harald, das ist nichts anderes als Erotik. Die Sybil ist auf dich geflogen, verstehst du, die wollte dich haben. Und darüber hat sie überhaupt nicht bemerkt, daß du niemals zu ihr gepaßt hast.«
»Und was war mit mir?« fragte ich ihn.
Hupsi riß die Brauen hoch und formte die Lippen, als wollte er einen Kern ausspucken. »Duuu?« tat er entrüstet. »Du

hattest natürlich dein bißchen Verstand in der Garderobe gelassen.«

Zusel blieb bei Sybil.
Was hätte er auch bei mir anfangen sollen?
Ich konzentrierte mich noch immer nicht so total auf die Karriere, wie sich das Sybil von Anfang an vorgestellt hatte.
Ich war aus dem Ferienheim Nr. II der Berliner Justiz in Tegel marschiert und dachte wie vorher: Leben, ja, gut leben willste auch.
Und so tat ich es denn.

Gut leben, kamen wir dahinter, war für mich soviel wie unruhig leben. Leben wie ein Junggeselle.
Aber da waren wir auch dahintergekommen, daß sich diese Auffassung nicht sonderlich gut mit Sybils Auffassung vom Leben mit Harald vertrug.

»Menschen von dem zweiten Range werden weise«, sagte Konfuzius – »lernen aber lange!«

*

»Kommen Sie«, sagte Hans Wölffer, »kommen Sie her, wir müssen reden. Sie haben das Stück doch gelesen?«
»Zweimal. Ich hatte ja Zeit.«
Zeit im Knast. Es war die erste Woche danach. Wölffer hatte es eilig.
Hans Wölffer war der Direktor der Berliner ›Komödie‹. Ein Direktor, der auch schon fast dreißig Jahre sein eigener Chef

war, der kulinarisches Theater machte, Boulevard-Theater. Ich fuhr in sein Büro.
Er schwärmte: »Ist das ein Stück oder ist es keins?«
Ich schwärmte nicht minder: »Es ist 'n Stück, 'n sehr gutes. Wann beginnen die Proben?«
»Ja, darum will ich mit Ihnen reden: ein wenig kalte Füße habe ich nämlich bei der Sache. Wir beide, meine ich, sind nicht ausschlaggebend. Wir finden manches komisch, uns schreckt kein Thema, aber...«
»Sie meinen...?«
»Ja, eine Pariser Straßennutte als Hauptfigur?« Er schüttelte den Kopf. »Ich weiß nicht, ob ich mir leisten kann, so was dem Publikum vorzusetzen.«
»Na hörn Sie«, warf ich ein, »in Cannes, dieses Jahr, ist doch gerade so'n Film abgegangen wie 'ne Rakete! Dieser ›Sonntags nie‹. Und die Griechin, die Mercouri, hat sogar einen Preis bekommen. Unser Stück ist doch weit komischer als der Film.«
»Sicher. Nur: was im Kino läuft, verstößt im Theater gegen die guten Sitten. Ich fürchte, das ist noch heute so.«

Heute war Ende 1960. Das Jahr des Lumumba, des John F. und der Jacqueline Kennedy; Chruschtschow trommelte in der UN mit dem Schuh auf den Tisch, über der UdSSR wurde ein US-Fernaufklärer Typ U 2 abgeschossen; Kuba brach mit USA; Israelische Agenten schnappten Eichmann; Baudouin freite Fabiola, Margaret Rose ihren Anthony; Spion Frenzl wurde verhaftet; Armin Hary ersprintete Gold; 12 000 Tote forderte das Erdbeben in Agadir; Wilhelm Pieck starb; es starben Camus und Pasternak, Vicki Baum und Curt Goetz, die Porten, die Körner, Paul Abraham, Clark Gable, Hans Albers, Jakob Tiedtke; die Kinohits hießen: »Frühstück bei Tiffany«, »Der brave Soldat Schwejk« und »Letztes Jahr in Marienbad«; die Schlagerhitliste im November verzeichnete« 1) Elvis Presley »O sole mio«, 2) Connie Francis »Die Liebe ist ein seltsames Spiel«, 3) Edith Piaf »Mylord«, 4) Caterina Valente »Itsy-Bitsy-Teenie-Weenie-Honolulu-Strand-Bikini« und 5) Vico Torriani »Kalkutta liegt am Ganges«; in die TV-Röhre guckten schon 4,5 Millionen Gerätebesitzer plus Anhang, ihr Knüller war der 6-teilige Durbridge-Krimi »Es ist soweit«, gefolgt vom 5-teiligen »Am grünen Strand der Spree«, die »Schölermanns« gingen, die »Hesselbachs« kamen, Rudolf Platte war »Der Hauptmann von Köpenick«, die Knef hörte Cocteaus »Geliebte Stimme«, »Perry Mason« fesselte so wie »77 Sunset Strip«, »Nur nicht nervös werden«, riet Blacky Fuchsberger, »Spaß mit Ernst« machte Ernst Stankovski, die Meysel linste aus dem »Fenster zum Flur«, zu »Bon soir, Kathrin« lud die Valente ein; Mady Manstein war die bewundertste Ansagerin; die bewundertsten Deutschlandbesucherinnen waren Sirikit und Marlene; Paris diktierte hohe Hüte, lange Handschuhe, halsferne Kragen, die Friseure toupierten Farah-Türme, die Männer schwitzten in Nylonhemden; vom Miller ließ sich die Monroe scheiden; Fellini präsentierte »Das süße Leben«, man schwafelte über Papagalli und über's Heimweh von Freddy, Soziologen werteten: Freizeit sei begehrter als Geld, keiner wolle dem anderen mehr dienen.

»Was schlagen Sie vor?« fragte ich.
»Nach dem amerikanischen Prinzip zu verfahren«, sagte Hans Wölffer. »Wissen Sie, ich habe die Rechte, der Verlag besteht auch auf Vertragserfüllung. Aber er kann mir nicht vorschreiben, wo ich erfülle.«

»Sie wollen die Uraufführung vergeben?«
»Hm.« Wölffer lächelte schlau. »Und genau beobachten, was passiert: wird's ein Erfolg, bringen wir's anschließend am Ku'damm raus, wird's keiner, vergessen wir's.«
»Also muß ich noch warten?«
»Nein. Darum reden wir. Tannert in Baden-Baden will es rausbringen. Ein Harald Juhnke in der Hauptrolle würde ihm sehr gefallen. Hätten Sie Lust?«
Baden-Baden?
Ich dachte ans Spielcasino, an die Lichtentaler Allee und Brenners Parkhotel: mir hüpfte das Herz. Ich dachte an das Theater: klein, aber fein. Und spielen wollte ich ja. Endlich wieder Theater spielen.
Ich nickte. »Von mir aus in Baden-Baden.«

Wölffer regte an: »Fahren Sie nach London. In London wird das Stück gerade gespielt. So eine kleine Spritztour haben Sie sich ja verdient.«
Verdient?
Verdient war geprahlt.
Doch ich fuhr nach London. Und ich sah das Stück, das eigentlich ein vier Jahre junges Musical war (ein französisches allerdings, kein US-Musical) und »Irma la Douce« heißt und von den unglaublichen Begebenheiten im Leben des Nestor Patou berichtet. Jenem Pariser Polizisten, der wie ein Posaunenengel ins Strich-Quartier um die Rue Casanova einfällt, um das Quartier zu säubern und es doch dabei fertigbringt, sich zu verlieben. In die Irma, Irma, die süße, die zu den begehrtesten und bestbezahlten Damen in der Rue Casanova zählt.
Diese »Irma« gefiel mir enorm.
Am nächsten Abend guckte ich mir noch die »West Side

Story« an. Danach fuhr ich von London nach Baden-Baden und beratschlagte mit Hannes Tannert: »Wir sollten die ›Irma‹ 'n bißchen mit dem Touch aufpeppen, den die ›West Side Story‹ hat. Aber sagen Sie: Haben Sie nun endlich 'ne Irma?«

Tannert verneinte. »Im Ensemble nicht. Und ich weiß keine. Suchen Sie eine aus.«

Ich? Ich wußte auch keine.

Dann fuhr ich weiter nach München. In München, bei meinem Manager Gerhard Lentz, war eine Party. Ich hielt mich an einigen Gläsern fest und fantasierte von Irma.

»Irma la Douce?« unterbrach mich eine weibliche Stimme.

Ich sah Margit Saad. Ich sagte: »Irma la Douce, genau diese, jawoll.«

»Aber die hab' ich gesehn. In London. Eine hinreißende Rolle, die möcht' ich spielen. Los, erzähl, was hast du vor?«

Ich erzählte von Baden-Baden.

Sie juchzte noch mal. Und unterbrach wieder: »In Baden-Baden ist Jean-Pierre stationiert, stell dir vor! Der macht seinen Militärdienst. Du, das ist überhaupt die Idee: Jean-Pierre bittet um Urlaub und macht das Bühnenbild! Na – sag was?!«

»Dufte«, sage ich und zog sie gleich mit zum Telefon.

Ich rief Hannes Tannert an.

»Was würden Sie denn dazu sagen, wenn Jean-Pierre Ponnelle das Bühnenbild bauen würde?« fragte ich. »Zum Vorzugspreis. Sie müßten nicht mal Spesen zahlen.«

Tannert schnalzte mit der Zunge. »Da würde ich sagen: Das ist gebongt.«

»Aber Spesen müßten Sie rausrücken für Frau Ponnelle: Margit Saad möchte die Irma spielen.«

Tannert rief: »Prima, der Vertrag ist schon unterwegs.«

Den Jean-Pierre Ponnelle kannte ich aus Berlin. Wir hatten seinerzeit eine gemeinsame Freundin gehabt. Oder umgekehrt: die sehr schicke Gattin eines außergewöhnlich beschäftigten Chefredakteurs gestattete sich ihrerseits, zwei jugendliche Liebhaber zu beschäftigen.
Mitunter begegneten wir uns, der Jean-Pierre und ich. Unsere Freundin führte ein bemerkenswert gastliches und elegantes Haus.
Ich weiß noch, der Wein wurde in fein geschliffenen Kristallgläsern gereicht.
Gereicht!
Das war ein Gipfel für mich. Ein Gipfel der High-Society des Peter Stuyvesant in Berlin-Zehlendorf.

Jean-Pierre Ponnelle das Bühnenbild gestalten zu lassen, war schon der halbe Gewinn.
Insgesamt 27 Intendanten und Direktoren aus Deutschland, Österreich und der Schweiz reisten zur deutschsprachigen Uraufführung nach Baden-Baden an. Hannes Tannert, Regisseur und Intendant, rieb sich die Hände.
Er konnte sich die Hände auch nach der Premiere noch reiben. »Irma la Douce« kam, sah und siegte.

Rund ein Jahr später, im März 1962, zog Wölffer dann in Berlin nach. Harry Meyen sollte Regie führen.
Aber Harry mochte nicht. Denn unterdessen war Friedrich Luft in London gewesen, hatte die Londoner »Irma la Douce« gesehen und verrissen.
»Was sagt der erst in Berlin?« fürchtete Harry sich.
Wölffer nahm sich Kutschera. Rolf Kutschera aus Wien. Die Irma spielte Violetta Ferrari (und später Chariklia Baxevanos) – Berlins Theaterpublikum war begeistert.

Das sprach sich sogar bis in Kutscheras Heimat rum: als das Theater an der Wien bald darauf einen Direktor suchte, holte es sich Rolf Kutschera.
Das Theater an der Wien bedurfte seitdem keines weiteren Direktors. Rolf Kutschera hievte es zur Nummer eins der deutschsprachigen Musical-Bühnen hoch.

Soviel über »Irma«, die liebliche Dame, die mich aus dem Tegeler Tief zog. Ich stand wieder unter der Höhensonne der Bühnenscheinwerfer, ich vernahm den Applaus.
Applaus ist eine Partitur, die weder Bach noch die Beatles hätten grandioser schreiben können. Theaterleute, die behaupten, Applaus und Publikum seien das Entbehrlichste bei einer Aufführung, sollten nicht Komödianten, sondern Sektierer werden.
Subventionierte Sektierer, was sonst?

*

Wir lernten uns kennen und wußten, da passiert irgendwas. Irgendwann.
Baxi spürte es so wie ich.
Es war auf der ersten Probe zu »Wolken sind überall«. Es war 1961. Nach neun Jahren spielte ich die Rolle zum zweiten Mal. Und übrigens: wenn die Stelle kam, wo ich gefragt wurde, wie alt ich sei, lachte ich nun übers ganze Gesicht, ehe ich sagte: »27.«
Harry Meyen arbeitete hartnäckig mit uns. Und erfolgreich. Wir spielten »Wolken sind überall« ziemlich lange: Chariklia Baxevanos, Wolfgang Lukschy und ich.

Chariklia Baxevanos oder Baxi.
Große Augen, dunkle Augen, ein ovales Gesicht, sehr viel mahagonifarbenes Haar und Sex-Appeal. Sex-Appeal bis in die Zehen. Dieser unaufdringliche, der immer nur glimmt; wenn's drauf ankommt, aber lodern kann wie eine Fackel.
Noch kam es nicht darauf an.
Wir hatten uns kennengelernt und gewußt, irgendwas passiert mit uns beiden noch. Irgendwann.
Das Irgendwann drängte nicht.
Die Gedanken, die insgeheim jeder von uns dem anderen widmete, waren Gedanken, wie sie bei Fahrten in Bussen aufkommen: morgens, wenn der Betrieb seinen jährlichen Ausflug macht. Wenn A von Platz 3 nach Platz 19 blickt, wo B sitzt, das betriebsneue Wesen. Nachts, das ahnen sie, werden sie im dunklen Bus zueinanderrücken oder auch vorweg schon im Taxi ausgerückt sein.
Es enthielt etwas Unausweichliches, das Denken an den anderen. Etwas Beruhigendes: irgendwann.
Ostern 1962 war es soweit.
Fast ein Jahr war vergangen.
Ich hatte mich von Sybil getrennt, Baxi von Horst Frank, ihrem Mann. Den zog es nach Tanganjika.
Da wollte Baxi, die Zürcher Griechin aus Wien, nicht hin.
Puhhhh! erschauerte sie vor der Chance, Schakale hören, Hyänen riechen, Geier sehen und gleichzeitig auch noch Fliegen erschlagen zu müssen. Puhhhh! Baxis Beziehung zum Kolonialwarenerdteil Afrika beschränkte sich aufs Schlürfen eines Mokkas, eines Einspänners oder Türkischen, aufs Delektieren an Sachertorte, Indianerkrapfen und Pralinés.
Baxi, fertig zum Ausgang, war ein Praliné.
Ein Praliné in Afrika zergeht.

Ostern rief ich sie an.
»Baxi«, sagte ich ihr, »es is alles Käse, nicht?«
Was Baxi bestätigte.
»Weißte«, sagte ich, »du spielst ja dein nächstes Stück in Berlin – komm doch her. Jetzt schon, zu Ostern!«
Was Baxi nachdenklich stimmte.
»Siehma«, sagte ich, »wir machen es uns jemütlich, wir beede Verlassenen. Ich hab doch wieder 'ne schöne Wohnung und auf'm Wannsee 'n Motorboot. Wenn's Wetter schön is...«
Was Baxi erst lächeln, dann lachen, dann fragen ließ: »Und wenn nicht?«
»Denn bleibenwa im Nest, du. Is ja Ostern, Baxi.«
Da packte sie einen Koffer. Und kam.
Ostern.
Als aus dem Irgendwann ein Anfang wurde. Als Nana Mouskouri träumte: »Ich schau den weißen Wolken nach...« Und Frankie-Boy fetzte: »Day by day«.

Das mit der Baxi, das war wohl die Liebe auf den zweiten, dritten Blick. Eine Liebe, die sich so folgerichtig wie zufällig ergibt und auf Freundschaft baut. So eine hatte ich nie zuvor erlebt. Aber nun. Und nun so nachdrücklich, wie sie vielleicht bloß wir beide erleben konnten, Baxi und ich.
Wann passiert denn, daß eine Berliner Weiße vorm Öffnen geschüttelt wird? Und eine Helena düpiert.
Uns passierte das oft.
Später.

Mir gefiel ihr Vertrauen. Das Schulter-an-Schulter-stehen. Das Pläneschmieden. Mir gefiel ihre Freude.
Sie lachte so gern.

Sie lachte wie eine Siebzehnjährige, die aus Versehen vom Heuwagen rutscht. Ihr Lachen klang wie die Glöckchen klingen in Bing Crosbys »White christmas«.

Und wenn es darum ging, ob so oder so gemacht wurde, was gemacht werden sollte, wollte, mußte, so hatte sie's gern, wenn ich's machte, wie ich es für richtig fand. Für sie gab es keine Debatten, ob man dasselbe auch noch hätte ganz anders machen können. Baxi war auf den Mann ausgerichtet, den Mann an ihrer Seite: auf mich.

So komplett hatte ich das bisher auch nicht erfahren. Es gefiel mir so gut wie die Kameradschaftlichkeit, die Fröhlichkeit, die Zärtlichkeit.

Ich sagte ihr: »Du, paß mal auf, ich hab mir was durch den Kopf gehen lassen.«

»Und?« fragte sie und betrachtete ihre Zehen. Die Zehen wackelten wie Kasperlefiguren.

Ich sagte: »Du bist jetzt alleene, ich bin jetzt alleene, wollen wir uns nicht lieber zusammentun?«

Da blieben ihre Zehen einen Moment lang stehen. Wie Tannenzapfen. Dann knautschten sie sich erneut, und Baxi antwortete: »Ja.«

Danach kam auch die Mutter. Sie hatte Desiree am Arm, Baxis kleine Tochter. Und Mutter, Baxis Mutter, sagte ebenfalls ja.

Sogleich wurde sie damit auch meine Mutter. Die Mama eben. Das Herz und die Seele der Sippe.

Denn das war die überwältigendste Erfahrung am Anfang mit Baxi: Ich zählte plötzlich dazu. Ich war nicht mehr zuerst der Juhnke, Vorname Harald, sondern ich war plötzlich das -zigste Glied des für mich unübersehbaren Baxevanos-Clans. Ein Kandidat zwar noch, der sich um die Voll-Mitgliedschaft erst verdient machen muß, doch schon nützlich im Kampf. Im Kampf Rücken an Rücken gegen die Nachbarn, die Behörden, die Regierung. Im Kampf Griechen gegen Türken, Bulgaren, Albaner, Italiener. Im Kampf gegen die uneinsichtige östliche und die ungehobelte westliche Welt.

Grieche sein, bekam ich mit, ist Schicksal. Ein sehr fettiges manchmal, vor allem aber ein wohlschmeckendes. Und zu trinken gibt's reichlich.

Ich wurde ein Grieche fortan.

Ein Hilfs-Grieche präzise, II. Klasse, mit Aussicht auf Übernahme ins Beamtenverhältnis.

Desiree jedenfalls, nachdem sie sich an mich gewöhnt hatte, fragte Baxi schon mal: »Warum heiraten wir den Harald eigentlich nicht?«

Ja, warum eigentlich nicht?

Am Anfang hätte es sein müssen.

Am Anfang nur wird geheiratet, später verhindern's die Vorbehalte, die nach dem Anfang sich ansammeln.

Baxi und ich waren fürs Ansammeln von Vorbehalten außerordentlich talentiert. Insbesondere waren wir talentiert für die Erzeugung von Ursachen, die zur Produktion von Vorbehalten notwendig sind.

Ich speziell.

Das kann daran gelegen haben, daß ich mich auf dem Pfad zum Voll-Griechen wähnte. Zum Griechen à la Alexis Sorbas. Anthony Quinn hatte dieses Urmuster eines Griechen gerade in den Kinos zur Nachahmung empfohlen.

Baxi wurde mißtrauisch.

Sie wünschte Auskunft über jeden Schritt, den ich schritt, wenn sie einmal an meiner Seite nicht mitschreiten konnte. Da Baxi auch in dieser Auskunftei-Rolle verführerisch war,

lehnte ich mich nur kurz auf. Dann gewöhnte ich mich an die Ausfertigung von Rechenschaftsberichten.
Rechenschaftsberichte über Zeiträume von einer halben Stunde bis zu Tagen, Wochen und Monaten. In dreifacher Ausfertigung.
Mitunter fertigte ich geschönte Berichte.
Mitunter deshalb, weil ich kalkulierte, daß Baxi sich fuchste, wenn sie erführe, die oder jene Person hatte ihre langen Beine unter den Tisch gesteckt, unter dem zum gleichen Zeitpunkt auch meine steckten.
Ich tat es aus Fürsorge. Ich fand, was man nicht weiß, macht einen nicht heiß.
Mir lag am Herzen, Baxi zu schonen.
Fast immer indessen war das verlorene Mühe. Baxi kam hinter jegliche Beine. Wie, weiß ich nicht.
»Warum haste denn nicht gesagt«, bohrte sie dann, »daß die Dings gestern dabei war?«
»Hab ich es nicht gesagt?« tat ich befremdlich.
»Nein, das hast du nicht gesagt.«
»So? Na ja, hab ich vergessen.«
»Nein. Vergessen hast du das nicht.«
»Ach, das weißt du?«
»Ja, ich weiß das.«
»Woher?«
»Ich kenne dich.«
»Mich?«
»Dich, ja! Du lügst wie gedruckt. Du machst den Mund auf und schwindelst. Du hast...«
»Sekunde – du verwechselst mich nicht?«
»Dich? Dich kann man doch nicht verwechseln, du...«
»Du schmeichelst.«
»Ich?! Da ham wir's: wieder drehst du es um. Du drehst

jedes Wort um. Du bist ein Umdreher, ein Versteller, ein Roßtäuscher und Lügenbold, ein Schlawiner, ein elendiger Teppichhändler, ein...«

»Gaukler.«

»Gaukler? Gaukler! Das möchtste, jaaaa – hast du nicht gestern abend im zweiten Bild bemerkt, daß du wieder den Satz falsch gebracht hast?!«

»Ich? Quatsch. Ob ick sage: ›Es wird der Tag kommen, an dem ich dich liebe‹ oder ›Eines Tages liebe ich dich‹, das is doch gehuppt wie gesprungen.«

»Ist es nicht, du – du mußt das doch hören, wenn du Ohren hast! Hast du keine Ohren? ›Es wird kommen‹, das ist Futur, Zukunft, verstehst du?! Aber da hast du ja geschlafen, oder du bist im Kino gesessen, als das in der Schule dran war, du...«

»Und was ist ›Eines Tages liebe ich dich‹?«

»Das? Das – das ist gar nichts. Verhunzt ist das, vermanscht. Präsens mit Zeitansage. Geschlunzt, geschlampert, geschludert, du Fetzenschädel, du!«

»Du Fet-zen-schä-del?«

»Du Fet-zen-schä-del, jawoll.«

»Komm her.«

»Ich denk nicht dran.«

»Komm heeer.«

»Bin ich verrückt?«

»Komm heääär!«

»Niemals!«

»Komm!«

»Nein.«

»Doch!«

»Nei – ohhh.«

»Er wird kommen. Wird sein. Er ist – er ist da, du Hexe!«

Mit Baxi zusammen zu leben, war Leben ohne Pause. Jeder Tag barg Kriegsgefahr. Jeden Tag brach Krieg aus. Jede Nacht kapitulierte einer, und wir rasten in den Frieden. Bis zum nächsten Tag.

Tage ohne Baxi gab es kaum.

Wir spielten ja auch gemeinsam Theater.

Das Publikum mochte uns, da mochten uns die Direktoren. Es war eine ganze Serie von Stücken, in denen wir beide spielten. Eine Serie, die über Jahre hinweg lief und auch mein erstes Fernsehen einschloß.

Ein Zwei-Personen-Stück spielten Baxi und ich, das »Ich liebe dich« heißt.

Dazu hatte uns der Sender Freies Berlin (SFB) engagiert. (Das ist bemerkenswert, weil ich seitdem nie wieder vom SFB engagiert worden bin. In annähernd zwanzig Jahren nicht.) Wir spielten so oft zusammen, daß die Meinung laut wurde: Gibt's jetzt kein anderes Paar mehr als Baxevanos/Juhnke? Und ich ausscherte und sagte: »Baxi, die Leute wissen, wir braten uns zu Hause ooch die Kartoffeln, et jibt nischt, überhaupt nischt, wat wir nicht zusammen abziehen, weißte, wir sollten mal was anderes machen. Jeder für sich.«

Jeder für sich?

Das bedeutete, über Tage, Wochen oder gar Monate getrennt zu leben. Du irgendwo, ich hier.

Du, ausgerechnet!

Ich sagte: »Denk doch aber mal an die Schauspielerpaare, die zusammen leben und ständig auch noch zusammen spielen: Ist denn bei denen auf Dauer was Vernünftiges rausgekommen? Hörn se nicht alle nach 'ner Weile von selber auf? Ich sag dir, warum: Da schmorste im eigenen Saft. Jahraus, jahrein. Da wachste auf, guckst zur Seite und denkst: Ob se wohl heute abend det Stichwort mal richtig bringt? Du denkst so, Baxi, weil du an nichts anderes mehr denken kannst. Es gibt kein Ausklinken, wir machen die Augen auf und spielen. Und weil das so ist, spürn wa richtig Rivalität. Wir wachen auf, wir gucken zur Seite und denken: Warte, heute abend im dritten Bild – warte nur ab.«

Ist das so? Empfindest du nicht den Schutz? Uns kann vereint doch nicht das Geringste passieren. Wir lassen uns nicht an der Nase rumführen, wir verkaufen uns teuer, unsere Leistung ist optimal, ohne daß wir uns auspressen müssen wie Zitronen.

»Aber darin liegt ja die Gefahr«, meinte ich. »Wir machen es uns zu bequem. Ich könnte doch dreimal mehr arbeiten, ich werde ja nicht müde, und ich bin nicht ausgelaugt. Was ich vermisse, ist die Herausforderung. Ich möchte gefordert werden, verstehst du?!«

Das verstand Baxi schon.

Was ich anstellte, um mich müde zu arbeiten, verstand Baxi weniger: ich nahm wieder Filmangebote an von der bewährten Sorte.

Die bewährte Fließband-Sorte in der ersten Hälfte der 60er Jahre unterschied sich von der Fließband-Sorte der 50er Jahre nur durch die weiter entfernt gelegenen Drehorte.

Als ich Hongkong, Manila, Rio angeboten bekam, war ich happy.

Ich sah solche Produktionen als Pauschalreisen an. Als die vom Typ A: Zimmer zur Seeseite, Wasserwellen garantiert 26 Grad plus, Whisky on the rocks. Das bißchen Arbeit nebenbei verscheuchte die Langeweile. Das bewirkte, daß jeder Abend zum Feier-Abend geriet. Feier-Abend in Hongkong, Manila und Rio.

Ja, ich war happy. In Hongkong, Manila und Rio hatte ich noch nie Feier-Abend gemacht.

Ich lud Baxi zu jeder Reise mit Drehverpflichtung ein. Aber entweder hatte Baxi für diese Zeit einen Theatervertrag unterschrieben, oder sie fuhr zur Mama und zu Desiree nach Wien und von Wien in die Ferien nach Griechenland. Auf die Idee, mal Ferien außerhalb Griechenlands zu machen, kam Baxi nicht.
Ihr Hauptargument dagegen war:
»Was soll ich dort, wenn du einen Film machst? Das macht mir keinen Spaß.«
Ich wandte ein: »Du lebst doch den ganzen Tag dort wie 'ne Prinzessin. Und abends komm ich. Ist det nischt?!«
Baxi behauptete: »Nein.«
Wenn schon, wollte sie mich in Hongkong oder Rio auch tagsüber haben.
Ich sprach gewöhnlich dann über verschmähte Liebe.
Sie sagte, das sei ja gar nicht der Kern. Ich brauchte doch nur nicht zu filmen, das sei der Kern.
Der Kern? Ich schnappte ein. Als Ehefrau könnte ich es von ihr verlangen, mich zu begleiten, erwiderte ich, aber nee, Ehefrau des notorisch heiratswilligen Juhnke zu sein, lehnte Frau Baxevanos ja ab.
Sie äußerte, Vorsicht sei die Mutter der Porzellankiste.
Ich entgegnete, sie rede von Vorsicht, wo es angebracht wäre, von verschmähter Liebe zu reden. Der Kern sei, sie liebe mich nicht.
Sie antwortete, ich würde mich wiederholen.
Ich rief, sie täte nichts anderes.
Sie befahl: »Leiser!«
Ich donnerte: »Ruhe!«
Sie höhnte: »Phhh!«
Ich griff zu. Sie kreischte. Ich polterte. Sie zeterte. Ich johlte. Sie krähte. Ich röhrte. Sie pfiff. Ich gluckste. Sie

kollerte. Ich schnurrte. Sie piepte. Ich küßte – wir befanden uns in der 666sten Szene des Duos Baxevanos/Juhnke.

In Hongkong, bei der Pauschalreise mit Drehverpflichtung, traf ich Horst Frank.
»Det kann isch Ihnen sagen«, hatte mich der Produzent Wolf Hartwig mal gewarnt, »sehn Se sisch vor dem Frank vor, der will Sie töten.«
»Töten?«
»Töten, was isch Ihnen sage. Der denkt, Se haben ihm die Baxi weschjenommen. Also dat weiß isch: Öuch beide engaschier isch nit zesammen.«
»Blödsinn«, sagte ich und beschloß, einfach nicht dran zu denken.
In Hongkong mußte ich daran denken.
Ich traf Horst Frank.
Na, dachte ich, wat wird er tun? Hatta's verjessen, oder ziehter 'n Ballermann – wir sind ja beim Kino.
Aber beim Kino wird auch verdrängt.
Horst zog 'ne Flasche.
Wir tranken auf die Vergangenheit, die Gegenwart und die Zukunft. Dann umgekehrt auf die Zukunft, die Gegenwart und die Vergangenheit. Dann begannen wir wieder von vorn.
Es war nichts mit Töten.
Wir tranken uns Freundschaft zu. Und außerdem: da war ja längst Marion dabei, Marion, die dritte der Ehefrauen von Horst. So eine nette.

Als ich nach Rio flog, flog Baxi auch dorthin nicht mit. Erregt hatte ich wieder von verschmähter Liebe gesprochen. Gelassen hatte sie wieder bemerkt, ich brauchte ja nicht soviel zu filmen.

Wir hatten die 888ste Szene.
Endlich landete ich in Rio.
Und natürlich, ich bekam mein Zimmer zur Seeseite, das Wasser war warm, die Wellen hoch. Es roch nach Atlantik, nach Rindfleisch am Spieß, weißem Rum mit Limonen. Aus jedem Lautsprecher tönte ein Bossa Nova. Jeder Mann, der ihn hörte, federte mit den Schultern, jede Frau mit den Hüften.
Es wimmelte von Frauen mit federnden Hüften.
Weißen, braunen, schwarzen Frauen. Schlanken Frauen. Frauen mit langen Beinen, kleinen Busen und winzigen Tangas.
Es wimmelte.
Das hätte beinahe das vorzeitige Aus für Baxi und mich bedeutet. In Rio traf ich nämlich auch auf Juanita.
Juanita war Mannequin.
Mannequin und aus Rio: das war schön, fröhlich und unbekümmert sein, Juanita hatte Samba im Blut. Das Blut perlte wie Kohlensäure.
Ich wollte sie mitnehmen nach Deutschland. Nach Berlin. Ich sagte ihr, bei uns könnte sie das Doppelte und Dreifache verdienen, sie könnte ferner Paris erobern und nach Paris gleich die ganze – »Stop!« sagte sie.
Stop.
»Ich bin Brasilianerin. Wir Brasilianer lieben unser Land sehr. Wir sind so überzeugt davon, daß wir behaupten, auch Gott ist Brasilianer. Und da willst du mich mitnehmen: wohin? In ein schöneres Land?«
Schöner?
Nein. Wäre Goethe je bis nach Rio gekommen, er hätte Neapel als Vorspeise betrachtet. Und bei Juanita wäre er vermutlich in Rio geblieben. Ich glaube, Frau von Stein

wenigstens würde es ihrem Johann Wolfgang zugetraut haben.
Baxi war da selbstsicherer.
Und Baxi behielt recht: weder blieb ich in Rio, noch kehrte ich mit Juanita zurück. Ich brachte nur einen Hauch von der guten Laune zurück, die den Cariocas, den Bewohnern Rios, anhaftet wie Berlinern die Klappe.
Diese gute Laune hatte auch René Deltgen erfaßt. Deltgen und Pierre Brice waren bei diesem Rio/Belem/Amazonas-Trip die Begleiter.
Deltgen zählte fünfundfünfzig, er hatte sich frisch verheiratet, war noch mal Vater geworden. Ein ungemein besorgter Vater und verliebter Ehemann. Ein ruhiger Mann sowieso, der erst vor der Kamera und auf der Bühne explodierte.
Deltgen sorgte sich auch in Brasilien um mich.
Ich tauchte in Brasilien ein und tauchte unter. Und tat so, als würden dieses Land, seine Musik, seine Frauen verboten werden. Vom Cachaça, dem Zuckerrohrschnaps, ganz zu schweigen.
Deltgen rührte den Zucker im Cafézinho. Er sagte: »Na ja, du bist zwanzig Jahre jünger als ich, aber du kommst auch mal in mein Alter. Ich kann mir nicht denken, daß du dann noch so rumtobst wie jetzt.«
Er versuchte, mich und meine Begeisterung für Brasilien zu bremsen. Er meinte es gut, keine Frage. Aber dann waren wir wieder zu Hause. Und da zeigte sich, daß selbst der besonnene Deltgen vom brasilianischen Bazillus infiziert worden war. »Sagen Sie mal«, fragte seine Frau mich, »was haben Sie bloß mit René gemacht? Der tanzt durch die Zimmer im Bossa-Nova-Schritt!«

Frau Deltgen war von ihrem tanzenden René angetan. Baxi

beurteilte meinen Bossa-Nova-Schritt kritischer. Wir notierten die 900ste Szene des Duos Baxevanos/Juhnke.
Ich machte wahr, was ich angekündigt hatte: Ich gastierte in Hamburg. Allein.
Professor Dr. Kurt Raeck, Chef des Berliner Renaissance-Theaters, hatte auch noch die Intendanz des Thalia-Theaters übernommen. Er bot mir an, in Hamburg den Liliom zu spielen.
Ich sprang an die Decke.
Meine Partnerin war Ingrid Andree.
Baxi sah (zu Unrecht) Gespenster.
Wir verzeichneten die 1001te Szene unserer aparten Zweisamkeit. Sie war so eindrucksvoll wie die vorhergehenden. Nur wer uns nicht kannte, bildete sich ein, sie wäre die letzte gewesen. Wer uns kannte, hätte gewettet, ohne Szenen könnten wir gar nicht leben.
Ein gemeinsamer Freund bildete sich ein: »Seit ich weiß, daß die Baxi den Traum von dem Ritter gehabt hat, der sie im Wald auf sein Pferd reißt und mit ihr durchgeht, seitdem seh' ich euch beide mit 'nem Pony zu Hause: Abend für Abend reitet Ritter Harald mit Baxi für Deutschland!«

Also, soviel Einbildungskraft hatten wir nicht.
Doch die, die wir hatten, reichte. Und sie schwappte immer dann über, wenn wir beruflich getrennt waren und der eine dem anderen (zu Recht oder Unrecht) unterstellte, daß er oder sie... ich weiß noch, ich las es in der Zeitung in München. Da stand: »Chariklia Baxevanos, die in Berlin zusammen mit Harry Meyen Theater spielt, wird auch privat immer öfter mit ihrem Partner gesehen. Gestern besuchten beide das Lokal –« Ich sah rot!
Der Harry! Nun schlägt's vierzehn.

Ich war in München, weil ich ein Fernsehspiel mit Elfriede Kuzmany und Peter Pasetti probierte.
Ich verließ das Studio, setzte mich in ein Taxi und fuhr zum Flughafen. Ich stieg ins nächste Flugzeug und flog nach Berlin. Ich kam im Theater an, da lief schon die Vorstellung. Baxi war noch in ihrer Garderobe.
Ich riß ihr die Perücke vom Kopf und sagte: »Du trittst nicht auf! Mit dem Harry nicht, hörst du! Nicht heute abend, nicht morgen abend! Überhaupt nicht mehr mit dem Harry! Wo ist der? Ist der in seiner Garderobe? Ich werde ihn verhauen! Du kannst zugucken, komm! Komm mit!«
Ich rannte in den Flur.
Ich schrie: »Harry, ich komme!«
Harry Meyen meldete sich nicht. Er war bereits auf der Bühne. Aber Harry hörte mich. Ich übertönte die Aufführung. Harry verständigte den Inspizienten. Der Inspizient die Polizei.
Ich wartete in Harrys Garderobe. »Komm her, Harry«, brüllte ich, »komm her!«
Und weil mir davon der Hals trocken wurde, trank ich den Whisky aus, der in Harrys Garderobe stand. Der Whisky in Harrys Garderobe war stets eine unmittelbar vor der Vorstellung angebrochene Flasche. »Komm her, Harry, wir rechnen ab, Harry, komm her!«
Harry kam nicht.
Zwei Polizisten kamen.
»Nehmen Sie bitte den Juhnke mit«, hatte Harry sie informiert. »Den bändigt ja keiner. Vielleicht kann er sich bei Ihnen in einer Zelle ausschlafen, morgen wird er sich über sein Benehmen eh ärgern.«
Harry war clever.
Beim Anblick der Polizisten ärgerte ich mich noch früher.

»Harry, du Feigling«, dröhnte ich. Aber dann ging ich mit. Ich stieg in den Funkwagen, wir fuhren zur Wache. Ich bat unterwegs schon (gegen den kalten Regen und die drohende Grippe), sämtlichen Wachenden auf der Wache eine (flüssige) Vorbeugung kredenzen zu dürfen. Großmütig wurde mir die Bitte gewährt. Wir schluckten die Vorbeugung (vorsichtig, damit nichts verschüttet wurde); wir verwünschten gleichermaßen das Wetter wie die Weiber; wir wurden uns einig, so einer wie ich, der vor Übereinstimmung mit den wachenden Freunden und Helfern strotzte, konnte nur ein Friedfertiger sein.

Ich bat, einen Kasten flüssiges Brot für meine wachenden Freunde und Helfer von heute, morgen und übermorgen als eiserne Ration deponieren zu dürfen. Auch diese Bitte wurde mir großmütig gewährt.

Ich fragte, ob ich meine wachenden Helfer allein in der rauhen Nacht zurücklassen dürfte, wenn mich ein Mensch abholen würde. Gewiß doch, sagten sie, wenn nur der Mensch garantiere, daß in dieser rauhen Nacht nichts mehr mit mir geschehen würde.

Es war beruhigend, wie die Helfer um mich bangten.

Ich rief Werner Müller an. Den RIAS-Tanzorchester-Müller. »Hol mich mal ab«, sagte ich. Werner stutzte. »Bitte, ich erkläre es später.«

Werner eilte. Keine zwanzig Minuten vergingen, meine Helfer waren Zeugen.

Sie waren auch Zeugen, als Werner nun aber überlegte: »Für dich soll ick die Verantwortung übernehmen? Das'ja wie Flöhe hüten...«

»Werner!« ermahnte ich ihn. Es war mir peinlich vor meinen Zeugen. »Bis morgen früh nur. Morgen früh muß ich schon wieder nach München.«

Werner wiegte den harmonischen Schädel. »Na gut, denn gehn wir zu mir, und da impfen wir uns gegen das Böse in der Welt. Ich unterschreibe.«
Er machte es. Ich verabschiedete mich von meinen Helfern und wünschte ihnen nur noch Umgang mit so verträglichen Mitmenschen wie mich. Dann fuhren wir zu Werner und erwarteten den Morgen.
Am Morgen gab's wieder Verdruß. Am Morgen in München. Der TV-Produktionsleiter trat an mich ran.
Der Produktionsleiter war kein Ex-Filmheini, er war so'n Aufrechter mit Kreuzschmerzen und Versorgungsanspruch.
»Das gibt Konsequenzen«, drohte er.
»Was für Konsequenzen?«
»Sie müssen was bezahlen«, richtete er.
»Tu ich. Für wen denn?«
»Fürs Rote Kreuz«, bestimmte er.
»Wieviel?«
»800 Mark«, diktierte er.
»Was? Sie haben doch gar keinen Verlust gehabt.«
»Der Regisseur sagt, er konnte nicht weiter probieren«, schob er den Regisseur vor.
»Der red' doch viel, wenn der Tag lang ist. Ich war nicht mehr dran. Ich wäre auch nicht mehr rangekommen.«
»Doch. Eventuell wären Sie noch rangekommen«, wußte er's besser.
»Na, nun bin ich ja hier.«
»Und nun müssen Sie 800 Mark zahlen«, weidete er sich.
Ich ließ ihn sich weiden.
Das Geld wurde von der Gage einbehalten, man verabschiedete mich herzlich und versprach, mich ganz gewiß nicht mehr zu engagieren.
Ich zog die Stirn hoch. »Soviel Wasser fließt die Spree runter

– dann lassen Sie's.« (Neulich mußte ich sie daran erinnern.)

Wir lebten wie Pütz und Klärchen: küßten und hauten und balgten und liebten uns. Als sie mir nach Wien mal entwischte und Mama anwies, die Tür nicht zu öffnen (»Um keinen Preis, Mama, hörst du?! Um keinen Preis!«), öffnete ich sie um den Preis einer neuen Tür (und eines schmerzenden Fußes). Als sie mich in München mal in einer bestimmten Wohnung vermutete, klingelte sie so lange, bis die Wohnungsinhaberin aufmachte, schoß an der vorbei, griff mich am Schopf und bestimmte: »Du kommst mit!« (und zur Wohnungsinhaberin: »Sie bleiben hier!«) Als wir wie Pütz und Klärchen lebten, war ich sicher, nur so könnten wir leben, so sei es original griechisch.

Das Stück hieß »Alfie«. Ich hatte es in London gesehen. Michael Caine spielte Alfie, einen Londoner Vorstadtcasanova, der seinem Publikum sieben Stationen seines anstrengenden Lebens erzählt.
Sieben Stationen im Bühnenleben von Alfie haben sieben Namen. Mädchennamen.
Ich war von »Alfie« begeistert. Ich teilte meine Begeisterung mit. Der Direktor des Kölner Theaters am Dom, Hubertus Durek, handelte am schnellsten. »Ich hab' das Stück, ich laß es übersetzen, wollen Sie spielen?«
»Selbstverständlich«, sagte ich und freute mich.
Ich freute mich laut.
Das mochte die Baxi nicht.
Sie argwöhnte: »Deine Freude über diese Rolle ist durchschaubar. Mir machst du nichts vor. Worauf du dich freust, weiß ich: auf die Lösung einer einzigen Frage, die in dieser Sache noch offen ist.«

»Was für 'ne Frage?« staunte ich.
»Ich sag's dir: Wenn du da mit sieben Mädchen spielst, gibt's nur zu fragen: mit welcher fängst du was am Montag an und mit welcher hörst du am Sonntag auf!«
Ich holte tief Luft. Die 1999ste Szene unserer wilden Ehe hatte begonnen.
Ich klagte, so etwas sei die Ausgeburt eines kranken Hirns und bloß der unehelichen Tochter Draculas zuzuschreiben. Ich jammerte, in würdigeren Zeiten sei so eine gerädert, gevierteilt und verbrannt worden, ich aber, ich sei verdammt, mit dieser Megäre die Zahnpasta teilen zu müssen.
»Ohhhh«, stöhnte ich aus tiefstem Herzen über diesen Brotneid, »dann spiel du doch alle sieben Rollen selber.«
Ich stöhnte es laut heraus, weil ich es in dieser Sekunde für einen Brocken hielt, an dem selbst Baxi sich die Zähne ausbeißen würde.
In der nächsten Sekunde kamen mir Zweifel.
In der Sekunde danach merkte ich, die Zweifel waren berechtigt.
Denn genau drei Sekunden lang herrschte Stille. Baxi wälzte das Sieben-Rollen-Problem wie Kaugummi von links nach rechts. Dann sagte sie: »Damit du's weißt: Das mach ich!«
Ich sprang auf.
Sieben Rollen! Dieses Vorhaben war aufregender als die Aussicht auf sieben Mädchen.
Ich rief in Köln an.
Durek war Feuer und Flamme.
Ich warf den Hörer auf die Gabel, stieß einen Schrei aus, Baxi fiel darin ein: wir warfen uns ins Ziel unserer 1999sten Szene.

»Alfie« (oder die sieben Verwandlungen der Baxevanos)

verschaffte Theaterbesitzern in Köln, Düsseldorf und Berlin das seltene Gefühl von Behaglichkeit. Baxi und mir verhalf »Alfie« zu einer zweistündigen abendlichen Szene nach erprobter Arithmetik: Zank + Streit : 2 = Versöhnung.
In Köln war das zu unserem szenenreichen Alltag noch 50 Vorstellungen lang eine zusätzliche Szene. In Düsseldorf und Berlin war es schon Nostalgie. In Düsseldorf und Berlin krachten wir uns nur noch auf der Bühne.

Die Mama, Baxis Mutter, erwies sich als die klügste der Sippschaft. Seit Jahren warnte sie auf ihre spezielle Art: »Ich kann vähstän grossse Liebä! Was soll man maachen?! Abäär – ihr seid beide so: rreibt ihr euch auf wie Ziindholz.«
Ich konnte es ganz gut mit Mama. Manchmal machte ich sie wütend, manchmal imponierte ich ihr. Wenn sie anderen von mir erzählte, engagierte sie sich.
»Kiindär, Kiindär, der Harald – was fürr ein Mann! Nu gut, hat er mal die Tür eingeträten, waas iist: hat er sich geeärgert, war er beesoffen. Sorbas! Vährstäst du?! Liebt er Frau, iist er grosszigig. Ich sähe noch: Athen. Eelägant kommt er rrunter von Maaschine. Ich saage: Schau, wie er aussieht, mit die schwarrze Maantel. Ich saage: Habe ich schäänes Zimmär, billig in Pänsion. Sagt er: Hilton, Mama, Hilton gäähen wir. Schmeißt er Champagnär, ganze Griechen eingäladän, kommt er wie Sorbas – liebän ihn allää!«
Aber mich fuhr sie an: »Was mußt du teeläfonierän? Wann du rufst an Hongkong Teeläfon an Abänd: ›Ich liebä dich, jaa, liebst du mich, jaa...‹« Sie hob die Augen und herrschte: »Kann man niicht aanrufen: ›Baxi, gäht's-dir-gut-ich-liebä-dich-du-mich-auch-auf-Wiedärsähn!‹« Sie riß die Hand durch die Luft, als zöge sie einen dicken Strich. Sie rief: »Gäniiegt, vährstäst du?! Muuß man nicht lange

Gäspräche fiihren, und die Uhr, die tickt da nach Hongkong!«
Einer Freundin gegenüber putzte sie mich zum James Bond made in greece auf.
»Wänn er macht Film irrgendwo, und er bäkommt keine Tickät, vährstäst du, er würde, wänn es kommt drauf an, und er will sähen Baxi in Bärlin und kann nicht fliegen mit Priivatflugzeug, er würde mit Diisenmaschinä von Bundeswähr in Tiefflug gähen über DDR weg.«
Als gesichert sah sie an: »Giibt es nichts, was der Harald nicht macht. Hat er keine Luust Theater – trinkt er, sagt er: ›Hab keine Luust zu spielän!‹« Und fest stand für sie: »Meine Tochtär hat nurr verrickte Männärr immär. Sie geht in Sporrtpalast, sucht sich eiinen raus – kann ich jetzt schon saagen, ist er verrickteste von allän! Weil, wään haben wir gähabt? Haben wir gähabt Hoorst Frank, Harald Juuhnke – was kann kommen?« Sie hob die Hände: »Kiinski!!!«

Wir ahnten, daß wir anfingen, uns voneinander fort zu bewegen.
Irgendwann, erkannten wir, würden wir auseinander sein.
Es kam nur darauf an, daß einer von uns jemanden kennenlernte, der ihn veranlaßte, zu springen. Jemand, der ganz anders sein müßte als gewohnt. Der außer Liebe Behutsamkeit und zur Liebe Geborgenheit geben könnte.

XII.

Ein Typ wie Sie, hat man mir oft gesagt, sollte eigentlich solo leben. Im Penthouse. Für die Sauberkeit tritt eine Wirtschafterin ein, fürs Ansehen ein Sekretär. Ein promovierter (jur.) natürlich, mit Nadelstreifen. »Und für alles übrige ham Se'n Telefon. Nu sagen Se selber: fürn Typ wie Sie wäre das doch 'n Dasein nach Maß!«

Kann sein, ein Typ wie ich erweckt diesen Eindruck. Dieser Eindruck aber trügt. Ich hätte außerdem nichts falscher machen können, als diesen Eindruck nachzuleben: Lebte ich solo, flippte ich aus. Flippte ich aus, käme ich ins Rutschen. Rutschte ich, rutschte ich tief.
Ein Typ wie ich neigt zur Maßlosigkeit. So einer spielt unablässig Roulette. Das übliche französische und mitunter gar russisches.

Ein Typ wie ich ist dabei der Meinung, ein Herr zu sein. Ein Herr ist ein Mann, der tut, was er sagt, und einsteht für das, was er getan hat.

Der totale Un-Mann war für einen wie mich O. W. Fischer. Als absoluter Mann erscheint mir Frank Sinatra.

So einer wie ich hat viel zu viel Dampf, um damit das bißchen Kaffee für sich allein kochen zu wollen. So einer braucht eine Familie. Am besten wär's, so einer hätte ein eigenes Theater, um den Überdruck loszuwerden.

Ich habe das erste Mal zu früh geheiratet. Aber ich habe geheiratet. Und ich habe danach nichts unversucht gelassen, wieder zu heiraten.
Ich bin kein Single-Typ. Ich brauche Widerhall. Weshalb es mich gibt, will ich spüren. Wenn Oliver, mein jüngster Sohn, sich an mich hängt, spüre ich es. Und schon, wenn Susanne mich an- oder zur Decke blickt.

Für die beiden bin ich da. Immer. Und selbst die Bardot (in ihren schönsten Jahren) könnte nichts daran ändern. Ich würde vielleicht mit ihr schlafen (ja, sicher sogar), aber ich würde deswegen nicht meine Ehe kaputtgehen lassen.

Mir muß man keine Krise andichten. Wenn ich eine nehmen will, gehe ich ans Eingeweckte.

Sybil wuchs in Krisen zur Heroine. Sie litt gern und möglichst lange. Baxi schürte Krisen. In einer Brennstelle stocherte sie so lange, bis daraus ein Flächenbrand wurde. Susanne guckt nach innen.
Ich liebe Susanne.

Ich bin ein (fröhlicher) Starrkopf.
Am leichtesten kann ich auf Rat verzichten. Mich muß niemand engagieren, niemand muß mich mögen, aber ich freue mich sehr, wenn's einer tut.
Ich bin ein (sehr fröhlicher) Starrkopf.

Ich glaube nicht, daß ich mich jemals ändern werde. Ich

glaube auch, falls ich es täte, wäre ich nicht mehr der Juhnke, der mir (und zu meiner Freude noch einigen anderen) gefällt.

Im Flieger kam ich mal neben Franz Barsig zu sitzen. Da war er noch SFB-Intendant. Fein, sagte ich, daß ich Sie treffe. Ich hätte eine Frage. Können Sie sich denken, fragte ich, daß die ORF in Wien eine Berliner Crew und mich verpflichten würde, um den »Liliom« fürs Österreichische Fernsehen aufzuzeichnen, während zur gleichen Zeit Helmut Lohner in einem Wiener Theater den Liliom spielt und von der Presse gefeiert wird?

Nein, sagte Franz Barsig, nicht mal im Traum.

Sehen Sie, sagte ich, aber umgekehrt kann der SFB das in Berlin fabrizieren.

Er sagte, das weiß er ja gar nicht.

Ich sagte, Sie sollten es wissen. Und noch was dazu: Ihr Sender ist gestorben für mich. Gestorben bis in die Steinzeit. Bei meinem »Musik ist Trumpf«-Einstand im ICC in Berlin habe ich dieses Bekenntnis erneuert. Ich wiederhole es jetzt: So dreckig wird es mir nie gehen, daß ich für den SFB arbeiten müßte.

Ich bin ein (nach wie vor fröhlicher) Starrkopf.

Ich hatte noch nie gar keinen Erfolg. Ich habe immer etwas und häufig etwas mehr gemacht. Ich bin sicher, ein Theater, an dem ich spielen kann, finde ich immer. Egal wo.

Ich habe mir nie den Weichmacher ›Existenzangst‹ ins Mundspülwasser geschüttet. Und ich habe ihn mir auch nicht reinschütten lassen.

Vermutlich habe ich mir dadurch manches nicht einfacher,

sondern komplizierter gemacht. Ich kann jedoch nur so leben, wie ich bin.

Ich bin ein hartnäckiger Optimist. Ich nehme kaum etwas so ernst, wie es ernstlich bejammert wird. Mir liegt Molière näher als Goethe. Die Leiden des jungen Werther waren nie meine Leiden. Die Art, wie man in München Hysterie im Bierfaß ersäuft, ist mir sympathischer als die öffentlich exerzierte Grübelei in Kleinberlin.
Ich bleibe in Berlin.
Ich bin ja Berliner.

Ich bin eher bereit, meine Fehler von mir aus einzugestehen, als darauf zu hoffen, man würde sie übersehen (ich hoffe bloß, deshalb am Herzinfarkt vorbeisegeln zu können).

Ich bin ein Schauspieler.
Schauspieler spielen ab dem Augenblick, da sie die verklebten Augen auftun und sich erinnern: Da ist im Zimmer noch eener. Es ist gleich, wer das ist. Für einen Schauspieler ist jedermann zuerst Zuschauer.
Das Zusammenleben mit einem Schauspieler ist daher mühsam. Es enthält die Wahrscheinlichkeit, auf so viel Irrtümer zu stoßen, wie es Rollen gibt.

Ein Schauspieler ist ein Abgucker. Die Ähnlichkeit eines Schauspielers mit einem Menschen (homo sapiens) ist rein zufällig. Ein Schauspieler übertreibt am heftigsten, sobald er a) einen Schauspieler trifft, b) gegen sein Fach (beruflich wie privat) anspielt.
Ein Beispiel:
Ich spielte »Irma la Douce« in Berlin. Irgendwer gab eine

Party. Auf der Party war eine Dame, mit der ich mal liiert war. Die Dame hatte geheiratet, ihr Gatte begleitete sie zu der Party. Dortselbst stürzte sie sich auf mich. Ich (eitel) mimte Porfirio Rubirosa plus Gunther Sachs plus Ali Khan. Das waren wohl (drei) zuviel.
Der Gatte versicherte sich des Kaminhakens. Als mich seine Angetraute ins Ohr biß, sprang er hinzu und zog mir den Haken durchs Gesicht.
Er tat es nach Gutsherrenart. Ich revanchierte mich auf Rausschmeißerart. Die Spur des Hakens blieb.
Den Film, den ich zur selben Zeit drehte, drehte ich mit der unverletzten Gesichtshälfte zu Ende. Im Theater abends sah ich aus wie Belmondo für Arme. Erik Ode saß im Parkett. Er dachte: Was für 'ne Maske!

Es ist humorlos, einen Schauspieler zu entlarven. Einer, der das will, fängt auch an, Krimis von hinten zu lesen.

*

Ich hatte es schon mal geschafft, ein halbes Jahr gar nichts zu trinken. Ich meine, gar keine Flüssigkeit, die zur besseren Haltbarkeit mit Alkohol versetzt ist. Und einmal hatte ich es – unglaublich – auf fast zehn Monate gebracht. Zehn trokkene Monate.
Ich klopfte mir fortwährend auf die Schultern. Ich redete mit mir. Ich sagte: Braver Harald, guter Harald.
Ich sprach, wie ich früher öfter mit meinem Hund gesprochen hatte. Petruschka hieß er und gehörte eigentlich Sybil. Petruschka, erinnerte ich mich, hatte aber außer solchen

Sprüchen, die nichts kosten, immer auch noch ein Anerkennungshäppchen bekommen. Petruschka erwartete das.
Nach sechs bzw. zehn Monaten erwartete ich gleichfalls ein Anerkennungsschlückchen. Und ich gönnte es mir.

»Kein Problem« nannte sich das Stück. Es war auch keins. Doch ich machte eins daraus.
Das Stück wurde in der Kleinen Komödie in München aufgeführt, es war Mitte 1970. Grit Boettcher spielte die weibliche, Peer Schmidt die männliche Hauptrolle.
Ich die zweite.
Diese zwei störte mich.
Ich war überhaupt nicht ausgelastet. Der Erfolg war endenwollend, das fand ich keineswegs gut. Ich hatte Durst. Ungeheuren Durst.
Baxi urlaubte in Griechenland.
Ich wohnte bei Baxis Freundin in München, bei Elisabeth Volkmann.
Elisabeth Volkmann liebte es, hinter zugezogenen Fenstern über die Unbill menschlichen Daseins zu sinnieren. Hinter zugezogenen Fenstern, bei rotem Licht und Champagner. Auf Turnvater-Jahn-Erkenntnisse kam sie nicht.
Die zweite Geige auf der Bühne, das dunkle Zimmer, das rote Licht – Harald, sagte ich mir, da haste dir wahrscheinlich 'n Schluck verdient.

Ich hätte mir sagen müssen, Harald, die erste Rolle in diesem Stück ist gar nicht deine Rolle. Du hast ja ein anderes Fach, Harald.
Ich sagte's mir nicht. Ich schluckte.
Zur Einstimmung begann ich mit dem Champagner von der Elisabeth. Zur Fortsetzung fuhr ich ins Theater. Das heißt,

ich fuhr ins Hotel Bayerischer Hof, in dessen Haus sich die Kleine Komödie befindet, die »Kein Problem« auf dem Spielplan hatte.
Und statt in die Garderobe, ging ich an die Bar. Ich setzte mich und bestellte wie gehabt.
Es schmeckte nach mehr.
Ich bestellte mehr.
Ich bestellte auch für einige Damen und Herren neben mir, und ich sagte »Prosit« zu den Damen und Herren neben mir, denn ich war allmählich in Stimmung gekommen.
Das war eine Stimmung, die mir die Kleine Komödie mitsamt der zweiten Rolle in dem Problem, das keines war, so klein werden ließ, daß ich folgerte, dort nicht hineinzupassen.
An diesem Abend wenigstens nicht.
»Prosit!« sagte ich zu den Damen und Herren links und rechts von mir an der Bar. Und ich fragte: »Wollen Sie heute abend in die Vorstellung?«
19 Uhr 30 war es inzwischen geworden, die Frage damit ganz aktuell.
Mehrere Damen und Herren antworteten mir: »Ja, heute abend wollen wir uns ›Kein Problem‹ anschauen. Sie spielen doch darin mit?«
»Ich? Nein«, widersprach ich. »Heute abend nicht. Heute spiele ich hier an der Bar. Und Sie müssen da auch gar nicht erst raufgehen: die Vorstellung fällt aus.«
»Die fällt aus?«
»Hundertprozentig. Prost, meine Damen und Herren!«

Wie ich's gesagt hatte, so ereignete es sich.
Die Uhr schlug acht, das Haus war gefüllt. Selbst Damen und Herren, denen ich an der Bar vorausgesagt hatte, sie

sollten sich dem Problem widmen, wie sie den angebrochenen Abend ohne Theaterbesuch beenden könnten, selbst so bestinformierte Damen und Herren hatten Platz genommen. Die Uhr zeigte Viertel nach acht an.

Die Unruhe hinter den Kulissen der Kleinen Komödie sprang aufs Parkett über. Es wurde geraschelt, getuschelt, gekrächzt und gehustet. Peer Schmidt schob sich durch den Vorhang und trat an die Rampe. 20 Uhr 17.

Ich hob gerade mein Glas. Ich sagte den Damen und Herren links und rechts von mir an der Bar mein freundliches »Prosit!« Da blickte Peer in die plötzlich gespannte, lautlose Zuschauerrunde und formulierte mit feuchtem, gequältem Blick und Tremolo in der Stimme: »Sehr verehrte Damen und Herren – äh – es tut mir außerordentlich leid, Ihnen mitteilen zu müssen – äh – daß die Vorstellung ausfällt: Herr Juhnke – äh – leidet unter Kreislaufstörungen. Die Direktion ...«

»Kreislaufstörungen!« unterbrach ihn da eine Stimme aus dem Parkett. »Nennen Sie das jetzt so?!«

Peer guckte in die 7. Reihe.

Hunderte guckten in die Reihe 7.

Der Herr aus der Reihe 7 fuhr fort: »Also dafür, daß der Herr Juhnke Kreislaufstörungen hat, dafür schluckt er allweil ganz kräftig an der Bar!«

Der Direktor des Theaters gab sich so großzügig wie erschrocken. Er kannte mich gut. Er kannte mich sogar einschlägig. Rund zwei Jahre zuvor hatte ich zum ersten Mal wegen Kreislaufstörungen an seinem Theater ein Problem beschworen.

»Harald«, sagte er nun zu mir, »hoffentlich passiert das nicht wieder.«

Ich sagte: »Nie wieder.«
Prompt vierzehn Tage später passierte es wieder.
Elisabeth rief Baxi in Griechenland an.
Baxi besänftigte per Telefon: »Typisch! Und ich seh's kommen: du wirst noch in der Gosse landen!«

Das war vorgegriffen.
Ich landete im Tiefschlaf in einer Klinik. Anschließend landete ich bei Marmelade und Ölsardinen.
Permanent Marmelade und Ölsardinen: Der Direktor hatte zur Kasse gebeten.

*

In der Regel schließe ich Verträge zwei, drei Jahre im voraus ab. Das hat den Nachteil, daß ich mitunter an Kreislaufstörungen leide, wenn ich bemerke, worauf ich mich zwei, drei Jahre zuvor eingelassen habe. Es hat den Vorteil, auch nach Kreislaufstörungen sofort wieder gefragt zu sein, um den nächsten Vertrag zu erfüllen.

Nach »Kein Problem«, im Sommer 1970 in München, flog ich zurück nach Berlin. Auf meinem Spielplan stand »Liliom«. »Liliom« in der sogenannten Albers-Fassung (d. i. die mit dem Lied »Komm auf die Schaukel, Luise«) in Paul Essers Schauspielhaus Hansa. Anlaß: die Berliner Festwochen. Ich flog am vorletzten August-Sonntag.
Den Abend vorher hatte ich noch das »Problem« zu Ende gespielt. Am Montag sollten die »Liliom«-Proben beginnen. Nur ein freier Tag.

Zuviel Freiheit für einen Schauspieler.
Ich erkundigte mich bei Hans Wölffer, ob ich mir am Abend in seiner ›Komödie‹ die Vorstellung ansehen könnte. Wölffer sagte: »Leider, Harald, wir sind ausverkauft.«
Schön für ihn, dachte ich, doch wat machste nun? Baxi war in Wien. Sie spielte Theater mit Karlheinz Böhm. So'n Abend alleene – ich blickte auf die Anzeigenseite in der Zeitung.
De Kowa spielte im Renaissance-Theater. Ich las, auch Inge Wolffberg spielte mit. Inge, die ab morgen mit mir zusammen den »Liliom« proben sollte. Sie hatte die Rolle der Karussellbesitzerin übernommen.
Ich kannte Inge seit zwanzig Jahren.
Ich kannte sie vom Kabarett her, von den »Stachelschweinen«. Theaterspielen hatte ich sie noch nie gesehen. Warum eigentlich nicht ins Renaissance-Theater gehen?

»Gastspiele« hieß das Stück, das ich sah. Viktor de Kowa führte eine Karajan-Parodie vor. Einen Dirigenten, der an den verschiedenen Stationen seiner internationalen Karriere Zeichen gesetzt hat. Zeichen in Gestalt von bezaubernden Töchtern. Eine wisperte beim großen Töchtertreffen, sie sei die aus Tokio. Eine mit leicht schrägen Augen und Kleidergröße 36. Wie sie aussah, wie sie ging!
Mir war, als hätte mich jemand mit Himbeergeist übergossen und ein Streichholz entzündet.
Es gab einen Schlag.
Ich war flambiert.
Ich fühlte es in den Knien kribbeln und im Hals. Ich sagte mir, dieser Abend kann noch ein schöner Abend werden.
Als die Pause kam, blätterte ich im Programm. Den Schmelz aus Tokio spielte eine Susanne Hsiao.

Wat is denn das fürn Name?
Ich ging nach hinten, um de Kowa zu begrüßen. De Kowa, der Meister, war so freundlich, nicht viel Zeit zu haben. »Schade, Harald, sonst hätten wir noch plaudern können.«
»Schade«, fiel ich ein und überlegte, wie günstig das war. Anstatt dem Meister zu lauschen, könnte ich der Elevin etwas erzählen. Und wieder laut sagte ich: »Dann schau ich mal noch bei den Damen rein, tschüs denn, schönen Abend auch!«
Und ich machte vier Schritte: da saßen sie alle.
Ich begrüßte Inge Wolffberg und Edith Schollwer und die übrigen Damen. Ich sagte: »Hallo, das ist ja 'ne reizende Sache, die ihr da spielt, sehr hübsch: und was macht ihr denn nach der Vorstellung?«
»Nach der Vorstellung? Ja – was machen wir da?«
Der Name »Diener« wurde genannt.
Wenn sich mehr als drei Schauspieler in Berlin den Kopf zerbrechen, wo sie den Abend beschließen sollten, wird stets der Name »Diener« genannt. Und nicht mehr als einer, zwei oder drei Schauspieler kommen automatisch auch darauf. »Franz Diener« ist *die* Berliner Schauspieler-Drehscheibe mit Schank-Konzession und Bratkartoffel-Produktion.
Ich hakte ein. »›Diener‹, ja, das ist gut.«
Dann drehte ich mich um und fragte: »Da gehn wir doch alle – oder?«
Ich hörte: »Sicher« und »Klar« und »Was denn«. Nur diese Perle aus Tokio hörte ich nichts sagen.
Ich wußte, wenn ich sie jetzt direkt fragte, würde das von dem versammelten Damenflor registriert werden. Am aufmerksamsten von der argusäugigen Edith Schollwer. Gele-

47 *Jestatten: Juhnke im »Preußenkorso«. Eine Familiengeschichte aus dem alten Berlin.*

48 Am Anfang unserer Zusammenarbeit gab's Krach. Als Erik Ode den »Preußenkorso« III. Teil inszenierte (Mitte: Barbara Schöne), waren wir längst Freunde

49 »Buschflieger« hieß eine 13teilige TV-Serie. Stefan Behrens war mein Partner. Gedreht wurde in der südlichsten Ecke von Kolumbien.

50/51 Zunächst wollte ich den Wagenseil in der Fallada-Verfilmung »Ein Mann will nach oben« gar nicht spielen. Nur weil der Typ säuft? Aber dann wurde eine richtige Charakterrolle daraus (oben mit Anita Kupsch, unten mit Matthieu Carrière).

52–54 Als Grit Boettcher auf die erste Probe fürs »Verrückte Paar« kam, sagte sie: »Verrücktes Paar – na, da konnten die ja nur auf uns kommen!«

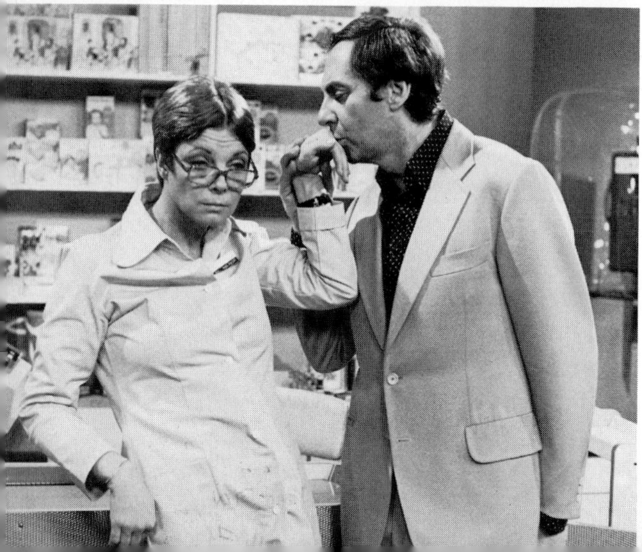

55 Schon nach der ersten Serie des »Verrückten Paars« behauptete Produzent Wolfgang Rademann: »Det wirste sehn, det wird 'n Knaller. Da machen wir noch mehr von!«

Zum ersten
al in meinem
ben unterschrieb
einen Vertrag,
ß ich während
Dreharbeiten
m »Verrückten
ar« nichts trin-
Das hat nie
der einer von
verlangt.

59 Als ich anfing
habe ich immer so
dacht: Im Frack
möchtste mal auftr
ten und massenwe
Mädchen um dich
rum … Im März
war's soweit: mein
erste »Musik ist
Trumpf« – Sendu
lief an. ▷

57 Curth Flatow hatte die Idee: Laß uns doch mal eine Geschichte machen um einen Mann, der sich selber vermietet: »Ein Mann für alle Fälle« (hier mit Johanna von Koczian).

58 Es war wie bei einer Rose, auf der immer noch Schnee lag: uff eenmal brach da etwas auf. Die Angebote überschlugen sich. Hier war ich bei Anneliese Rothenberger zu Gast.

umpf
Musik
ist

60–64 Peter Frankenfeld brachte »Musik ist Trumpf« auf seine Art. Ich mach' die Chose jetzt auf meine Art.

gentlich verspürt die Schollwer die Verantwortlichkeit einer Oberin.

Ich fragte trotzdem: »Kommen Sie auch mit?« Ich war mir bereits einig, falls sie ablehnte, müßte ich mir auf der Stelle etwas anderes einfallen lassen.

Ich brauchte mir nichts anderes einfallen zu lassen.

Die scheue Wohlgestalt antwortete mit einer Gegenfrage, die hoffen ließ: »Jaaa – legen Sie Wert darauf?« Ich nickte heftig.

Es war mir plötzlich gleichgültig, daß ich so viele Zuhörerinnen hatte. »Ich lege großen Wert darauf«, sagte ich.

»Na gut, dann komme ich mit«, versprach die Anmutige, und ich entschloß mich, ganz rasch zu verschwinden. »Bis nachher dann«, winkte ich und war draußen.

Ein guter Abgang ist das Entree für den nächsten Auftritt. Mein nächster Auftritt bei »Diener«, umgeben von den Damen, geriet zum Solo mit Chor.

Ich berichtete, der Chor lachte.

Ich berichtete aus meinem Leben: vom Knast bis zu den Kreislaufstörungen. Als beifallgieriger Komiker trug ich lauter Pointen auf. Nur beiläufig warf ich der fernöstlichen Mimose einen forschenden Blick zu.

Ihre Augen spiegelten, was sie empfand.

Ich hatte den Eindruck, sie empfand, einem Fasan zuzuschauen. Dem Phasianus cholchicus oder Edelfasan, dessen Buntheit zu beschreiben auch dem alten Brehm mißlang.

Ich wußte dennoch beim Aufbruch, was ich vom ersten Blick auf die Mandeläugige über sie wissen sollte: geborene Berlinerin, Tochter einer Ostpreußin und eines chinesischen Ku'damm-Gastronoms mit Dr. phil. et rer. pol.-Titel, fast

sechzehn Jahre jünger als ich, vom CCC-Film-Brauner als Dekoration für den Kino-»Dschingis Khan« entdeckt, eine Saison lang »Stachelschwein«, jetzt de Kowas Regie-Aperçu.
»Und daß de's dir gleich abschminkst, Harald«, blockte Edith Schollwer beim Rausgehen ab, »es ist nischt zu machen bei dem Kind.«
Ich reagierte mit einem ungläubigen »Ach«.
»Jaaa«, plusterte sich die Schollwer, als gelte es, das Küken vorm Habicht zu schützen. »Susannchen hat wen in Hamburg. Industrieller: so viel Mäuse, wie's Flundern gibt und fabelhaft aussehend! Nee, Harald, das schaffste nich.«
»Ach«, sagte ich noch mal.
Doch nun war es ein abwehrendes »Ach«. Und ich hing meine Zuversicht an. »Wart's ab, Edith, und laß mich.«

Natürlich wäre es mir lieber gewesen, wenn die Schollwer nichts gesagt hätte, als die Blumen geschickt wurden. Aber den Gefallen tat sie mir nicht.
Rosen hatte ich ausgewählt. Fünfundzwanzig Stück.
Ein Bote übergab die Rosen Susanne vor der Vorstellung am nächsten Abend. Susanne griff nach dem Kärtchen, da plauderte Edith schon los: »Die sind vom Harald, da wett' ich, das ist seine Tour; du, das sag' ich dir, das ist ein Filou, ich warne dich; der kann sich verstellen wie'n Senator; das is'n Rempler, so'n Taschendieb, weißte, der zuerst rempelt, dann höflich den Hut zieht, und wenn er sich umdreht und abhaut, hat er dir deine Uhr geklaut; seh dich vor; so einen muß man nicht näher kennen, bei so einem genügt's, wenn de ihn durch die Lupe betrachtest; durch's Mikroskop noch besser; nimm die Rosen – sind ja schön, spendabel is er nämlich: wie'n Großfürst – nimmse und laß ihn abblitzen; ich rat' dir: denk an dein Hamburg, blond, blitzblank,

gediegen; der Harald ist kein Mann für dich; wenn er heut abend zu ›Heini Holl‹ kommt, sag ihm das; sag: Danke für die Blumen, aber du hättest leider nicht so viele Vasen, du bekommst jeden Tag aus Hamburg schon rote Rosen; sag dreißig rote Rosen, fünfunddreißig, sag in jedem Fall mehr, das kann er nicht vertragen, dann quartiert er sich aus...«

Dreißig?
Ich hätte vierzig dagegengehalten, wenn sie's gesagt hätte. Und ich hätte mich gesteigert bis zur LKW-Ladung. Ich hätte versucht, den Blumenmarkt leerzufegen, ich hätte es Rosen regnen lassen, rote Rosen, rosa Rosen, weiße Rosen – ich war rettungslos verliebt.

Ich kam zu spät am Abend, die Damen saßen längst bei »Heini Holl« vor vollen Tellern.
Ich kam zu spät, weil ich vergessen hatte, daß der Verleger von »Liliom« abends mit mir essen gehen wollte. Ich hatte es vergessen, weil mich neben der »Liliom«-Probe nichts mehr interessierte. Einzig das Fräulein Hsiao interessierte mich.
»Warum sind Sie so unruhig«, hatte mich der Verleger gefragt. Und festgestellt: »Sie sind so unruhig.«
Ich schielte zur Uhr. Ich sagte: »Ich bin doch nicht unruhig. Nein, das sehen Sie falsch. Ich habe – allenfalls habe ich Appetit. Wo bleibt unser Kellner?!«
»Fühlen Sie sich mit der Rolle etwa nicht wohl«, pochte der Verleger weiter. »Sie machen heute einen Ungeselligen, ja, einen Ungeselligen.«
Er ließ nicht locker: »Sie sind doch sonst so gesellig?«
»Nicht wahr? Ich bin gesellig. Ich bin immer gesellig...«
Ich erspähte den Kellner. »Da ist er ja, Gott sei Dank. Herr Ober, bitte...«

Die Damen saßen an einem der langen Tische bei »Heini Holl«. Ich trat an den Tisch heran und sagte: »Hallo!« Und: »Es tut mir leid, ich hab mich verspätet.« Und: »Ich hab schon gegessen.« Und: »Ich hoffe, es schmeckt, guten Appetit.«

Alle antworteten irgend etwas.

Da nahm ich die Zeitung, die ich in der Hand hielt, und warf sie auf den Tisch. Direkt neben Susannes Teller. Ich sagte: »Hier rückt ihr 'n bißchen auseinander, ja?! Hier möchte ich gern sitzen.« Ich wandte mich um.

Ich ging an die Theke, um Heini ›Guten Abend‹ zu sagen. Ich dachte, wenn sie mir jetzt den Platz einräumt, dann steh ich an der Zugbrücke. Und sie an der Kurbel. Und wennse die Kurbel betätigt, dann senkt sich die Brücke ganz langsam, dann –

Ich schaute mich um.

Der Platz an ihrer Seite war frei.

Ich holte Susanne vier Wochen lang vom Theater ab. Jeden Abend. Danach konnte ich sie nicht mehr abholen. Danach hatte das Theater den Spielplan geändert. Und de Kowas »Gastspiele«-Inszenierung hatte sich auf Tournee begeben. Es waren nur noch wenige Tage bis zu meiner »Liliom«-Premiere. Ich telefonierte jeden Tag mit ihr. Ich telefonierte endlos.

Ich hätte Susanne so gerne bei mir gehabt. Nach drei Jahren Abwesenheit meldete ich mich beim Berliner Publikum zurück. Es gab nicht wenige darunter, die hatten noch Albers als Liliom gesehen.

»Toi, toi, toi«, flüsterte Susanne in die Leitung. Und sie versprach: »Ich bin bei dir. In Gedanken bin ich immer bei dir.«

Tatsächlich kam tout Berlin.
Da nur 686 Plätze zur Verfügung standen, mußten notgedrungen welche draußen bleiben. Welche von denen, die sich auch zu tout Berlin zählen.
Aus München war Sybil eingeflogen. Sybil und Peer, mein Sohn. Vierzehn Jahre war er bereits.
Die beiden saßen in der ersten Reihe.
In der zweiten Reihe, schräg hinter ihnen, saß Elsa Wagner, die neunundachtzigjährige Grande Dame der deutschen Schauspielerinnen. Die Wagner war so aufgedreht wie seit fünfzig Jahren.
»Brravo! Brravo! Brrravo!« trompetete sie mit ihrer berühmten baltischen Stentorstimme, als ich mich mit Christine Diersch, meiner glänzenden Partnerin, zum Schluß verneigte. »Brrravo! Brrravo!« übertönte sie mehrere Reihen.
Wir hätten sie umarmen mögen, die Diersch und ich.
Dann holte sich erst die Diersch ein paar Vorhänge allein, danach ich. Man kriegt nicht genug davon. Die Zuschauer standen.
Auch Elsa Wagner erhob sich jetzt.
Und den Blick halb zu mir gerichtet, halb ins Publikum, röhrte sie lauthals: »Dorrt voorrrn sitzt seine errrste Frrau. Daneeben, das iist sein Sohn. Mit derr Baxevaaanos iist es auseinaanderr. Err hat was Neues. Aberr sie iist niicht in Berrrlin!«

Eine Stunde später feierten wir.
Ich feierte alkoholfrei. Die Kreislaufstörungen lagen mir noch so frisch auf der Seele. Wir feierten, und Klaus Schütz, der Bürgermeister, hielt eine Rede. Eine Rede für mich.
Er redete und redete.

Ich saß wie auf Kohlen.
Es wurde halb zwölf. Ich zischte: »Sie müssen mal unterbrechen, es tut mir leid, ich muß telefonieren.«
»Jetzt?« entgeisterte sich Schütz.
»Ja, jetzt. Es ist wichtig.«
Ich eilte.
Susanne nahm den Hörer sofort ab. Sie fragte: »Wie war's?«
»Wunderbar. Es ist immer noch wunderbar. Wir feiern. Komm bald. Und wenn du hier bist, bleibst du. Es reicht, daß ich Theater spiele. Ich spiel für uns beide. Hörst du? Ich brauche dich...«

XIII.

Ein sehr wichtiger Name in meiner Laufbahn ist Helmut Käutner. Ich begegnete ihm 1973. Im Juni. Ich hatte einen Halbjahresvertrag mit der Berliner Volksbühne abgeschlossen. Mit der Bühne also, bei der ich mir die ersten Sporen verdient hatte. Die Freie Volksbühne Berlin war unterdessen gewachsen. Gewachsen und umgezogen in ein eigenes, neu erbautes, großes Theater in der Schaperstraße, einer Parallelstraße zum Kurfürstendamm.
Mein Vertrag sah zwei Hauptrollen und eine Nebenrolle vor. Die erste Hauptrolle war »Der Damenschneider«, eine Farce von Feydeau. Der Intendant selber schoß sie in die Umlaufbahn. Ich flog platt auf die Schnauze. So platt wie noch nie. Dann folgte die Nebenrolle. Professor Leopold Lindtberg probierte neun Wochen »Othello«. Ich fühlte mich geehrt, mit Herrn Lindtberg den Gimpel Rodrigo zu proben. Aber nach neun Wochen, als es ernst wurde, kippten die Kritiker auch den »Othello« in den Keller.
Ich kam zu dem Schluß, bei Vertragsabschluß geträumt zu haben. Ich tippte, aller schlechten Dinge sind drei.

Da kam Horst Balzer auf mich zu. Das war der Chefdramaturg. Er sagte: »Du, ich habe von Pavel Kohout das Stück ›August, August, August‹ an der Hand. Das ist wundervoll. Das müßte dir auch liegen. In Wien hat's der Meinrad gespielt, ich meine, in Berlin solltest du das spielen. Und ich

werde versuchen, Helmut Käutner als Regisseur zu kriegen.«
Käutner sagte zu. Noch schöner: als er erfuhr, ich würde die Hauptrolle spielen, sagte er, das freue ihn besonders, denn mit mir habe er immer schon mal arbeiten wollen.

Das war nicht mal Schmus. Zu der Zeit, da Käutner seinen »Bel ami« fürs Fernsehen vorbereitete, stand ich zur Diskussion für die Titelrolle. Ich und sicher noch andere. Am Ende spielte ihn dann Helmut Griem so blendend kühl und kalt, daß ich mit Gewißheit nicht in das Käutnersche Regiekonzept gepaßt hätte.
Ins »August«-Konzept paßte ich.
Gleich nach unserem ersten Gespräch war da viel Sympathie füreinander. Was er sagte, sprach mich an. Er war kein Stoßtrupp-Regisseur (»Die Gruppe macht einen geschlossenen Sprung – sprungaufmarschmarsch!«), sondern ein Regisseur, der auf den einzelnen Schauspieler einging.
Seine Spezialität war vielleicht eine Detailverliebtheit. Kleinigkeiten waren ihm wichtig: eine Handbewegung beispielsweise – wann, wie, wie stark – war ihm manchmal wichtiger als viele Sätze, über die er einfach hinwegreden ließ. Es war eine sehr fruchtbare Arbeit.

Die »August, August, August«-Premiere Ende Juni war dann die letzte in der Spielzeit. Es wurde ein immenser Erfolg. Sowohl für die Volksbühne als auch für Helmut Käutner und für mich.
Man fand es beachtenswert, daß ich mal eine ganz andere Rolle spielte, eine große Charakterrolle. Man fand, ich sei von rührend bis ergreifend in dieser Rolle. Man fand Käutners Regieeinfälle sehr gut und sehr gut, wie wir beide, Käutner und ich, diese Einfälle verwirklicht hatten.

Es gab rundum frohe Gesichter über den Clown August.

Für mich und für meine Karriere war es wesentlich, Helmut Käutner kennengelernt zu haben. Ich erhoffte mir, es würde sich auch noch mehr Zusammenarbeit ergeben. Mehr auf dem Sektor des sogenannten seriösen Theaters vor allem.
Käutner hatte mir gesagt, daß er mich schon lange schätzte. Und daß er genau meine Boulevard-Klamotten schätzte. »So etwas können ja nicht viele«, sagte er. »Du kannst das eben. Mach das ruhig weiter, du wärst blöd, wenn du es nicht machtest. Aber zwischendurch solltest du immer mal wieder so ein Ding wie den August hinlegen, und ich bin gern bereit, wenn wir uns rechtzeitig zusammentun, so was mit dir zu machen. Wir müßten auch im Fernsehen was zusammen machen.«

Käutner sollte meinen zweiten TV-»Preußenkorso Nr. 17« drehen, er wurde aber darüber krank. Zu einer Fernseh-Zusammenarbeit kam es leider nicht mehr. Doch noch einmal zu einer Theaterarbeit.
Kurt Hübner war Intendant der Freien Volksbühne Berlin geworden. Eines Tages rief er mich an und sagte, Käutner mache demnächst bei ihm »Dreyfus«. Das ist Theater auf dem Theater: Es geht um den Versuch litauisch-jüdischer Laienschauspieler, 1930 die berühmt-berüchtigte Dreyfus-Affäre darzustellen. Das erfolgreiche Stück eines Außenseiters namens Jean-Claude Grumberg, das in München, an den Kammerspielen, Hans Schweikart mit Romuald Pekny rausgebracht hatte. Dessen Rolle des jüdischen Friseurs Arnold sollte ich spielen.
»Wenn Sie mich fragen«, gab Hübner zu, »ich wäre nicht darauf gekommen, worauf Käutner jetzt gekommen ist: Er

möchte Sie in der Titelrolle haben. Er sagt, er will da einen jungen Komödianten haben. Hätten Sie denn überhaupt Zeit?«
Nein. Aber ich nahm sie mir.

Die »Dreyfus«-Inszenierung wurde dann auch wieder ein Erfolg für Käutner und mich. Nicht so groß wie der von »August, August, August«, aber ein Erfolg. Und insbesondere ein Erfolg beim Publikum, das stärker mitzog als die Presse.
Käutner hatte dann noch sehr viel mit mir vor.
»Weißt du«, überlegte er, »wenn man noch mal ›Des Teufels General‹ macht, müßtest du ihn spielen. Der war ja in Wahrheit erst Anfang vierzig, der Udet... Natürlich, Jürgens war wundervoll, aber eigentlich war er zu schön. Der Udet war ja nicht schön. Der war ein Klotz, ein richtiger Klotz. Du bist auch größer als Udet war, der war untersetzt, aber von deiner Rotzigkeit her könnte ich mir vorstellen, daß du der General wärst.«
»Also«, sagte ich, »wenn wir das fertigbrächten und das dann vielleicht auch noch ins Fernsehen heben könnten, also das würde ja das Größte sein.« Es klappte nicht. Käutner verkaufte sein Haus in Berlin und zog in die Toskana. Er wurde krank. Sehr krank.

Helmut Käutner ist tot. Ich habe viel von ihm gelernt, ich habe ihm sehr viel zu verdanken. Über meine Sauferei bemerkte er milde, ich wäre damit ja nicht in der schlechtesten Gesellschaft, aber fertig werden müßte ich mit dem Thema alleine. »Der eine macht das, der andere macht das«, sagte er.

Der Intendant hatte gefragt: »Hätten Sie denn überhaupt Zeit?« Ich hatte erwidert: »Dafür immer.« Und so ergab es sich, einerseits unterwegs zu sein, auf Tournee, andererseits ein neues Stück zu probieren, in Berlin.
Ein Schlamassel.
Einerseits war die Komödie »Bleib doch zum Frühstück« mit Gaby Gasser daran beteiligt, wir reisten durchs Land. Andererseits Helmut Käutner mit seinem »Dreyfus«.
Weder Käutner noch die Intendanz bestanden darauf, mich bei jeder Probe sehen zu wollen. Das war entgegenkommend. Sehr entgegenkommend. Doch Käutner und die Intendanz bestanden auch ausdrücklich darauf, mich ab und an wenigstens auf den Proben sehen und hören zu können. Und dadurch entstand der Schlamassel.

Wir gastierten an jenem Tag in Locarno. Um 22 Uhr 30 war die Vorstellung zu Ende. Um 22 Uhr 40 kam der Tourneeleiter in die Garderobe und sagte: »In 'ner Viertelstunde steht das Taxi vor der Tür. Und bitte, denk dran, zurück morgen nach Zürich, ich schick den Fahrer, der holt dich ab.«
»Danke«, sagte ich. »Alles klar.«
Um 22 Uhr 57 war ich umgezogen, nahm meine Tasche, rief: »Bis morgen« und trat vor die Tür. Das Taxi stand dort. Ich stieg ein und fuhr nach Mailand.
In Mailand schlief ich in einem Hotel am Flughafen bis um 6 Uhr 30. Kurz vor 8 Uhr flog dann die Maschine nach Frankfurt. In Frankfurt wechselte ich in die Maschine nach Berlin über. In Berlin nahm ich ein Taxi. Das Taxi fuhr schnell. Um 10 Uhr 30, pünktlich zu Probenbeginn, erreichte ich das Theater.
Die Probe begann.

Die Probe dauerte bis 14 Uhr 30. Ich setzte mich ins Taxi, fuhr zum Flughafen, flog nach Frankfurt. In Frankfurt stieg ich um in das Flugzeug nach Zürich. Ich langte nach meiner Tasche und passierte den Zoll.
Wo war der Fahrer?
Ich ging in die Halle.
Ich sah keinen Fahrer.
Ich ging zum Informationsstand. Nein, tat es einem schmuckgekleideten Wesen leid, für Herrn Juhnke war nichts hinterlegt worden.
Ich lief wieder zurück zur Zollsperre. Ich sah keinen Fahrer.
Ich marschierte von einem Ende der Halle zum anderen Ende. Ich hielt Ausschau, wo es etwas zu trinken und wo es etwas zu trinken und zu essen gab. Ich sah keinen Fahrer.
Ich trabte in die Herrentoilette, ich guckte in den Friseursalon, in eine, zwei, fünf, sieben Boutiquen, am Postschalter, am Schalter der Fluggesellschaft, deren Flugzeug ich benutzt hatte, an den Schaltern sämtlicher übrigen Fluggesellschaften. Ich sah keinen Fahrer.
Ich flitzte wieder zurück zur Zollsperre. Ich hetzte wieder durch die Halle. Ich fegte vorbei an der Bar, ich jagte durchs Restaurant. Ich warf noch einen Blick in die Herrentoilette, -zig Blicke auf die Schalter. Ich sah keinen Fahrer.
Ich verließ das Flughafengebäude. Ich starrte nach vorn, nach links, nach rechts. Ich stellte mich auf die Zehenspitzen. Ich sah kein Tourneeauto, ich sah keinen Fahrer.
Ich holte tief Luft und blies die Luft wieder aus.
Ich schritt auf den Taxistand zu. Ich sagte zum Fahrer des ersten Taxis: »Ich muß nach Luzern. Ich bin Schauspieler. Ich habe dort eine Vorstellung um acht Uhr. Ist das weit? Schaffen Sie das? Ich muß pünktlich sein!«

Der Fahrer legte bereits den Gang ein. Er hatte ein breites, kräftiges Gesicht. Das Haar war schwarz, an den Schläfen grau und kurzlockig wie ein Schafsfell. Der Fahrer erinnerte mich an einen italienischen Schauspieler, den ich vor vielen Jahren in einem italienischen Film gesehen hatte. Als Lokomotivführer. In einem dramatischen Film.

Er machte den Mund auf, sagte: »Biittä, Platz nämmen: Lucerna, Teatro, avanti!«

Ich machte die Tür noch zu, da fuhr er an. Ich guckte zur Uhr. 18 Uhr 38. Wie weit war's bis Luzern?

Der Fahrer hob die Schultern. »Fimzieg, sächshig Chilometri. Wir gut kommän. Nix nervos machän. Wir gut.«

Gut kamen wir durch Zürich. Wir brauchten bloß eine halbe Stunde. Es war 19 Uhr 05, als wir auf die Autobahn fuhren. Ein Stück Autobahn nur. Dann wies ein Pfeil nach Zug und Luzern, und wir mußten von der Autobahn runter. Wir durchfuhren Ortschaften und hielten vor Ampeln. 19 Uhr 15. Da war der Pfeil wieder nach Zug und Luzern. Und wieder die Autobahn. Rauf und rutsch und runter. 19 Uhr 25. Fernstraße Nr. 4.

Auf dem nächsten Ortsschild lese ich »Sihlbrugg«. Es ist 19 Uhr 30. Fahren wir richtig?

Der Fahrer ruft: »Riichtig. Wir gut. Kommän piinktlich an Teatro Lucerna.«

19 Uhr 36. Der Ort ist größer. Ich zähle zwei, drei, vier Ampeln. Wir stehen dreimal.

19 Uhr 39, eine Stadt taucht auf. Ist das Luzern?

Der Fahrer ruft: »Nix Lucerna. Stadt ist Zugo. Zug! Wir gut kommän. In Lucerna piinktlich. Actore – nix spät Teatro. Missen piinktlich sein.«

Nach sieben Ampeln höre ich auf zu zählen. 19 Uhr 45. Ein Schild mit einem Pfeil weist nach Luzern. 25 Kilometer. Ich

sinke ins Polster zurück. Mir ist heiß. Ich öffne den Hemdkragen.
Der Fahrer fährt wie der Teufel. »Missen piinktlich sein, actore«, brabbelt er vor sich hin. Links das Seeufer verschwindet, ich sehe Berge. Immer nur Berge – wie spät ist es?
19 Uhr 54. Himmel, was mach ich jetzt?
Ein Bahnhofsgebäude. »Rotkreuz« steht daran. Rotkreuz: ob die später anfangen können? Natürlich, wo wird pünktlich angefangen. Aber warum sollnse später anfangen? Sie wissen ja nicht, daß ich unterwegs bin... Sie werden angerufen haben. Im Theater. In Berlin. Bin ja pünktlich abgeflogen. Pünktlich.
Es ist 20 Uhr. Die geht immer etwas vor, meine Uhr, zwei Minuten, manchmal sogar... »Missen piinktlich sein, avanti!«
Warum brabbelt der dauernd, ist der meschugge?
Dort!
Das ist 'ne Stadt. Das muß 'ne Stadt sein. Das ist Luzern. Ja! Luzern. Und jetzt durch und... Wo ist das Theater?
»Wissen Sie, wo das Theater ist?«
»Nix. Ich weiß niicht, wo ist Teatro. Ich nix kännen in Lucerna, ich bin hier ärstes Mal!«
Es ist 20 Uhr 06. Meine Uhr geht manchmal... schon wieder 'ne Ampel.
»Wir gut fahrän nach Bahnhof. Da fragän nach Teatro!«
Ich reiße die Tür auf. Sage: »Moment!« Springe aus dem Taxi, renne um das Auto links vorn von mir. Spreche zu dem Mann in dem Auto, ich muß ins Theater, ins Stadttheater, weil ich Schauspieler bin, und die Vorstellung... Der Mann ist ein freundlicher Mann. Er tut gleich besorgt. Er sagt, wir sollen hinter ihm herfahren, er würde voranfahren.

Ich renne zum Taxi zurück. Rufe: »Dem Auto nachfahren, das lotst uns dahin!« Hinter uns wird gehupt.
Ich ziehe die Tür zu. Mein Italiener gibt Gas. Mir ist fürchterlich heiß. Es wird jetzt wieviel Uhr...?
Ich will's nicht wissen. »Avanti«, brabbelt der Fahrer. Avanti, ja... wenn ich so bleibe – nee, ich brauch den Anzug ja morgen und – dann sind das zehn Minuten zum Umziehen noch mal. Ich könnte... ja, ich könnte erst vor den Vorhang gehen, mich entschuldigen... wie spät ist es? 20 Uhr 17. Das ist nicht wahr, das kann nicht... eine Brücke. Wo sind wir? Fährt der mit uns spazieren?
Der Bahnhof? Ja, der Bahnhof ist das! Mensch, ich will ins Theater! Zum Bahnhof hätten wir auch alleine... rechts. Du meine Güte, das ist'n Irrgarten hier, wir kommen nie an, ich komme zu spät, es ist aus, es ist...
»Da!« schreit der Fahrer. »Teatro Lucerna!«
Ja, das ist es. Auf einem Platz, in der Mitte. Leute! Leute kommen da!
»Warten Sie!« rufe ich und meine den Fahrer. Er hält. Ich stürze raus. Renne auf die Leute zu. Hebe die Arme. »Halt! Halt! Ich bin da! Bitte – bitte gehen Sie wieder rein! Mein Flugzeug hat sich verspä – ich bin in zehn Minuten fertig. In zehn Minuten! Bitte!«
Die Leute drehen sich um. Gehen zurück. Ich rase zum Bühneneingang. Wo ist der? Dort! Ja, da steht auch der Tourneeleiter, der mir den Fahrer schicken... »Kümmere dich um die Taxe, meine Tasche ist drin, muß noch bezahlt werden! Wo ist die Garderobe?«
»Hier«, ruft Gaby Gasser.
Ich höre sie nur. Ich stürme Stufen hoch, einen Flur entlang. Die Tür steht offen. Mantel und Sakko fallen. Hemd aus. Schuhe. Hose.

Wo sind die Klamotten?
Ohhhh, ist mir heiß, wenn ich nur noch...
»Ich mach bloß'n bißchen Puder auf die Nase, ja?« Ich schmecke einen Quast. Diese Hitze!
»Wie weit bist du«, fragt Gaby.
Wie weit? Ich weiß es nicht. Eine Minute, zwei, drei oder wieviel? Warum fragt sie. Warum fragt man mich dauernd. Warum fragen und glotzen und: wo war der Fahrer? Ich war ja pünktlich. Missen piinktlich sein! Meine Tasche! Gehen Sie rein, bitte, ich bin da!
»Hast du was?! Ist dir nicht gut?«
Mir? Großartig ist mir. Phantastisch ist mir. Ich bin soweit. Ich kann raus. Ich muß raus!
»Hier lang!«
Die Tür.
»Grüezi, Herr Feuerwehrhauptmann! Grüezi! Grüezi!« Ich weiß nicht, weshalb ich es tue. Ich greife einen Eimer und schleudere ihn gegen die Wand. Hebe ihn auf, werfe ihn wieder, hebe, schmeiße, hebe, schmei... es klirrt, es scheppert! Dann sehe ich Gaby. Gaby Gasser hält die Hand vorm Mund und unterdrückt ein Lachen. Ich erkenne ihre Augen. Die Augen purzeln.
»Was ist?« frage ich.
»Gar nichts«, sagt Gaby. »Du hast dich wohl abreagiert. Komm, wir fangen jetzt an.«

Da fingen wir an.
Und am nächsten Morgen flog ich von Zürich wieder nach Frankfurt und von Frankfurt nach Berlin. Und am Nachmittag flog ich von Berlin nach Frankfurt und von Frankfurt nach...

*

Ich kann ja auch ganz ordentlich sein. Mitunter beinahe pingelig. Ich versuchte es, nachdem ich Susanne kennengelernt hatte, gegenüber Baxi.

Baxi spielte in Wien, im Theater in der Josefstadt, ich in Berlin. Wir hatten uns voneinander verabschiedet mit dem Bewußtsein, auf Monate getrennt zu sein. Wir wollten getrennt sein. Wir suchten den Absprung.

Ich rief sie an. Ich sagte: »Nun ist es soweit, Baxi. Ich gebe die Wohnung auf. Ich wohne schon im Hotel, ich...«

»Wieso«, fragte sie, »wegen dem Chineserl?«

»Du weißt schon?«

»Selbstverständlich. Die Spatzen pfeifen mir das ja seit vierzehn Tagen zu. Ich höre nichts anderes, du...«

»Du bist nicht in bester Stimmung?«

»Ich? Ich fühle mich wohl. Sehr wohl. Aber du scheinst in Panik geraten zu sein: gibst die Wohnung auf, ziehst ins Hotel – was soll das? Du, da muß ich lachen.«

»Um so besser. Ich laß deine Sachen auf den Speicher stellen, meine stehen da vorläufig auch. Ich...«

»Stop! Ich muß lachen, weil du das so ernst nimmst. Bist du verliebt? Ha – wieder mal. Zum 196sten Mal. Aber ich werd dir was sagen: ich komm vorbei und red mit dem Chineserl, und dann wollen wir sehen, was dann ist. Dann ist die Geschichte nämlich vorbei, weißt', dann holst du die Möbel vom Speicher zurück und ärgerst dich, daß du die Wohnung hast aufgegeben.«

»Ach, Baxi, hör auf mit dem Blödsinn. Als du nach Wien gefahren bist, hast du damit gerechnet. Nun isset eingetroffen, nu rechne zu Ende, nun stimmt et.«

»Nichts stimmt. Du bildest dir etwas ein. Du hast dir oft was eingebildet, du hast Halluzinadingsbums!«

»Das weißt du wieder allet. Du weißt wieder so ville!«

»Ich kann ja denken. Du nicht.«
»Bloß denkst du verkehrt. Es ist aus und vorbei.«
»Du Bock, du!«
»Jaja.«
»Du Dachkater!«
»Sonst noch was?«
»Hengst! Bulle! Eber!«
»Aber das war'n se. Nu mach 'n Punkt. Einer muß schließlich anfangen. Ich...«
»Du! Na klar, immer du! Du fängst ja alles an. Und mit Vorliebe Narrisches, Blödsinniges. Du – aber du wirst sehn, was du davon hast, du wirst's sehn!«

Ich sah, das würde so nicht gehen: so elegant, mit Hut lüften und ›Habe die Ehre‹-Spruch. Da ist es gut, sich zu wappnen, dachte ich mir. Für die Zukunft. Denn die Zukunft sah vielerlei vor. Da stand eine lange gemeinsame Tournee auf dem Plan, und da standen rund acht Dutzend Vorstellungen in Düsseldorf und Berlin auf dem Plan. Da sorgt man besser für klare Fronten: macht Nägel mit Köppen.
Möchtest du denn, fragte ich Susanne, die Frau von so einem werden wie mich? So einem Radschläger, Rumtreiber und Saufbold.
Ja, sagte sie.
Und dann schob sie eine Sekunde die Stirn hoch, machte die Augen rund und sagte leise, es wäre allerdings schöner, wenn ich mich um neue Etikettierungen kümmerte. Um erträglichere.
So leise sagte sie das, wie nur sie sprechen kann. So zart. Ich hatte richtig 'n kleenen Kloß im Hals. Und hätte sie mich in diesem Augenblick schwören lassen, ich hätte geschworen. Alles.

Sogar, ein braver Mann zu werden.

Susanne verlangte das nicht.
Sie verlangt nie etwas.
Susanne ist sanft, wo ich grob bin, ist ruhig, wo ich zappele, ist sicher, wo ich schwanke. (Zu Mütterchen Sorge reifte sie außerdem, seit sie Frau Juhnke wurde.)

Wir heirateten am Gründonnerstag 1971.
Es war der vierte Anlauf.
Zuerst sollte es Anfang November 70 stattfinden. Ich konnte es nicht erwarten. Anfang November indes war zu früh angesetzt. Susannes Tournee verlängerte sich. Dann sollte es kurz vor Weihnachten sein. Doch Weihnachten mußte ich schon (mit Baxi) in Düsseldorf spielen, und ein paar Tage Ferien wollten wir an unser Ja auch anhängen. Danach hatten wir den Februar im Auge. Aber im Februar war ich auf Tournee. Mit Baxi. Natürlich. Und mit Claus Biederstaedt. Und wieder war keine rechte Zeit zum Ja-Sagen, zum Feiern und zum Ausschlafen. Wir verschoben es endgültig auf den April. Den 8. April 1971, um 12 Uhr 30. Die Zeit der letzten Nachhutscharmützel lief über die Bühne. Das Stück, mit dem wir reisten, war Feydeaus Komödie »Das System des Monsieur Ribadier«. Baxi nutzte es als Gefechtsfeld.
Sie betonte Sätze und Wörter mal so, mal so. Jeden Abend ein bißchen anders. Jeden Abend aber sollte dieses hintersinnige Spielchen dasselbe anzeigen: Heh, gib Obacht, du bist noch nicht verheiratet! Wenn ich wollte, könnte ich dich wieder einfangen, du Esel! Warum willste eigentlich nicht? War doch ganz lustig mit uns immer gewesen, nicht wahr? So was wie wir, so'n Pärchen gibt's ja gar nicht noch mal,

das müßte erst wieder erfunden werden – so was willst du Schafskopp aufkündigen?!

Wirklich, ich mußte schnellstens unter Vertrag kommen. Ich brauchte Sicherheit. Ich bin kein Held einer Widerstandsbewegung.
Und Susanne fuhr diese Tournee ja nicht mit. Diese Tournee von Ort zu Ort. Susanne fahndete nach einer Wohnung. Einer kleinen, schnuckeligen in Berlin. Damit hatte sie zu tun.
Ich mußte die Anfechtungen allein abwehren.
In jedem Ort traten sie auf.
In jedem Ort fragte ein Reporter der lokalen Presse, ob ich denn unwiderruflich die Absicht hätte, mich von der bezaubernden Frau Baxevanos zu trennen? Privat zu trennen. Ich, der doch Jahre über Jahre von der Zauberhaften so wenig privat wie beruflich zu trennen war.
Ja, sagte ich immer wieder.
Baxi saß neben mir und lächelte.
Nein, sie griente. Und in Gedanken, hatte ich den Eindruck, in Gedanken rieb sie sich die Hände.
Den Herren Reportern lief das Wasser im Mund zusammen, wenn sie Baxi ansahen. Baxi scheute keine Mühe. Zu jedem Interview erschien sie als die personifizierte Aufregung, deretwegen der Trojanische Krieg entbrannt war. Die Herren Reporter mußten folgern, der Juhnke kann entweder nur bekloppt oder impotent sein.
Ich las es von ihren Gesichtern ab: bekloppt oder impotent. Zum Aussuchen. – Baxi griente.
Ja, wirklich, ich benötigte nichts dringlicher als einen Ehevertrag. Ich bin kein Widerständler. Und schon gar nicht bin ich einer, der vorgeführt werden möchte.

Mit 'nem Ring durch die Nase.
Von der Dompteuse.

Die Gefechte endeten, als schließlich Claus Biederstaedt eingriff. Er pfiff wie ein Schiedsrichter und erklärte, das Spielchen sei unfair. Wir hätten uns nun mal entschlossen, Punktum. Und einer hätte es früher wahrgemacht als der andere, Punktum. Jetzt plötzlich auf Wiederbelebungsversuche zu dringen, sei Alberei, keiner von uns wolle doch tatsächlich wiederbeleben, was tot ist, am wenigsten sie. Sie tue nur so, weil es ihr Spaß mache, so zu tun. Und jetzt könne auch er den Schwachsinn nicht mehr hören, jetzt müsse es mal vorbei sein.
Seltsamerweise: da war es vorbei.
Und heute? Heute, da Baxi längst selbst wieder unter Vertrag ist, heute sind wir Freunde. Echte, von der Klasse A. Und dazu gehört ebenso noch die Mama.
Bin ich in Wien, besuche ich sie. Bin ich im Fernsehen, und es wird auch in Österreich gesendet, ruft sie mich an hinterher. Und immer noch moussiert sie: »Kiindär, Kiindär, der Harald – habän wir gegässän im Sacher und niicht in einäm Beisäl!«

Wir, Susanne und ich, hochzeiteten dann wahrhaftig am Gründonnerstag. Das Standesamt kannte ich.
Jede Stufe kannte ich. Ich kannte die Stühle und den kleinen Saal, die Sprüche sowieso. Denn vor fast genau einem Jahr hatte ich hier fürs Fernsehen »Hochzeit auf griechisch« gedreht.
Logo: mit Baxi.
Diesmal aber war der Standesbeamte ein Beamter. Und die Trauzeugen waren zwar Schauspieler (Inge Wolffberg und Paul Esser), doch sie spielten nicht.

Diesmal stimmte es bis zum i-Pünktchen: ich heiratete die Frau, mit der ich zusammen leben und älter werden möchte.
Ganz langsam, bitte schön.
Noch langsamer (und daß ich die Gegenwartsform wähle, soll diesen Wunsch erneuern).

O. E. Hasse hatte es von Hubert von Meyerinck erfahren. Brühwarm.
Hubsi hatte O. E. gefragt: »Haste die Kleine denn schon gesehen, die der Harald heiraten will?«
»Auf einem Foto, ja.«
»Ach, dann haste nicht alles gesehen. Ich hab sie in natura gesehen. Ein Bild von einem Mädchen. Ein Mädchen wie'n Knabe, O. E., ein knabenhaftes Mädchen. Merkste was?«
»Nee – schieß los!«
»Ganz einfach. Neun Jahre war er mit der Werden verheiratet. Dann hat er bald gleich lange mit der Baxevanos rumgetobt, und der Anstand verbietet es, alle die aufzuzählen, die da noch zu nennen sind; jetzt aber, jetzt hat er die knabenhafte Chinesin: es ist eine Entwicklung, O. E. – wart's ab, in fünf Jahren ist er 'ne Tucke!«

Keine fünf Wochen nach meiner Hochzeit empfahl sich Hupsi. Schade. Ich hätte ihm so gern noch meinen Jüngsten vorgestellt. So hat mir nur noch O. E. gratulieren können.
Im September, im Jahr darauf.
Oliver haben wir ihn genannt. Oliver-Marlon.
Er ist ein Wunschkind.
Ein Wunschkind mit'n bißchen mehr dran, als wir uns erträumt hatten.
Wir hatten ganz schlicht von einem Mädchen geträumt. So schlicht und so schön wie Susanne mal, dachte ich stets ganz

bescheiden, wenn ich dran dachte. Doch dann rief der Arzt an. Es war eine halbe Stunde nach Mitternacht. Und er sagte, nun sei es passiert. Und ich fragte, wie war es denn?
»Gut«, sagte er, »alles okay.«
»Und was isses?«
»Ein Junge.«
Ich stutzte. Ein Junge?
»Ach«, fing ich mich endlich, »is ooch ejal, wa? Issa denn gesund?«
»Kerngesund.«
»Na prima. Das ist ja die Hauptsache. Und so verkehrt ist det auch nich: 'n Junge – man muß sich nur erst daran gewöhnen, nicht wahr?«

Ich war von meiner Frühehe ausgegangen. Als ich es so halsbrecherisch eilig hatte. Ich kapierte damals überhaupt nicht, was das ist, Vater zu sein.
Ich machte da von Zeit zu Zeit Grimassen und sagte: »Deideideidei!« Oder: »Putschiputschiputschi!« Ich blickte auf etwas, das krabbelte und dauernd Bäuerchen machen sollte. Es machte, glaube ich, nicht ganz so viel Bäuerchen wie gefordert. Es machte dafür in die Windeln. Jedenfalls nach meiner unmaßgeblichen Meinung.
Ich hatte gar keine Meinung zu diesem Krabbel-Bäuerchen-Windel-Thema.
Jetzt dagegen, jetzt war ich dreiundvierzig. Nach Ansicht von Insidern war ich freilich damit auch noch nicht erwachsen, aber ich war vielleicht bereitwilliger geworden. Bereitwilliger, das Wunder des Wachsens mitzuerleben.

Das Wunder hört gar nicht auf.
Meine Bereitwilligkeit auch nicht.

XIV.

Das Gefühl, daß ich es allein nicht schaffte, meinen Durst unter Kontrolle zu bekommen, das hatte ich zum ersten Mal, als ich kurz hintereinander zwei Theatervorstellungen ausfallen ließ. Da war ich einundvierzig. Ich ging dann auch in eine Klinik. In München. Und ich machte so eine Art Schlafkur, die mir gut bekam. Zumindest bekam sie mir so gut, daß ich wieder raus und gleich weiterspielen konnte.
Das Gefühl, deshalb ein Pflegefall zu sein, das hatte ich jedoch nicht.

Ich habe das vorher überhaupt nicht ernst genommen. Ich habe mir immer gesagt, na ja, dann biste eben besoffen, andere Leute sind's auch.
Ich habe gescheut. Wie ein Pferd vor dem Hindernis habe ich gescheut, mir einzugestehen: Wenn du nicht aufhörst, ist das das Ende, du Idiot. Ich habe mich nicht getraut, da rüberzuspringen.

Vorher war es nur der alte Wölffer gewesen, der mich am liebsten mal zu einem Arzt geschickt hätte. Sogar die Kosten wollte er übernehmen. Er ging davon aus: So wie ich lebte, konnte ich keine Mark haben.
Ich ließ ihn in dem Glauben.
Zum berühmten Professor Bürger-Prinz, wohin er mich schicken wollte, ließ ich mich allerdings nicht schicken. Det is doch der Klappsmühlenpapst, warnte mich einer.

Dann war ich siebenundvierzig, und ich hatte einen neuerlichen Anlaß fabriziert, mich zum Arzt zu begeben. Ich suchte einen Professor in Berlin auf. Professor Edelmann im Urban-Krankenhaus. Er packte mich ins Bett und ließ mich ausschlafen.
Ausschlafen spielte also wieder die Hauptrolle bei der Behandlung. Hinzu kam lediglich, der Professor brachte mir die Methode des Autogenen Trainings bei. Und darüber hinaus unterhielt er sich mit mir. Möglicherweise war ich ihm ja auch nicht unsympathisch.
Ich blieb vierzehn Tage in dem Krankenhaus und wurde als gesund entlassen.

Ich weiß nicht, ob das eine regelrechte Entziehungskur war. Die meisten Zeitungen, die darüber schrieben (was wiederum die meisten waren), nannten es so. Und bekanntlich wissen ja Zeitungen am meisten. Wenn ich dennoch glaube, daß es eher so etwas wie eine Managerkur war, begründe ich das damit: niemand mußte meinen zittrigen Händen die tägliche Ration Schnaps entziehen, die Alkoholiker benötigen, um das Zittern zu verscheuchen. Bei mir zitterte nie was. Bei mir lief es (und läuft's wenn's läuft) umgekehrt: ich kippte so viel, bis ich zitterte.

Durch die Gespräche mit mir stellte der Professor fest, ich hätte Ehrgeiz. Diese Feststellung freute den Professor, und er benutzte sie gleich zur Unterstützung seiner Behandlung. Die Behandlung bestand vornehmlich aus der Vermittlung der Erkenntnis, jeder Tropfen Alkohol sei für meine Karriere ein Tropfen Strychnin. Strychnin in kleinen Dosen ist ein Heilmittel, warf ich (fröhlich, auch mal etwas zu wissen) ein. Wir einigten uns: jeder Tropfen Alkohol zuviel.

Wir einigten uns deshalb, weil der Professor kein gläubiger Zeitungsleser war. Den (Presse-)Ratschlag für Alkoholiker (von Ex-Alkoholikern), mich total aufs Trockene zurückzuziehen, ließ er nicht gelten für mich. Ich wäre vermutlich ein Nochnichtalkoholiker, der früher viel mehr vertragen hat, inzwischen aber anfälliger geworden ist. Anfälliger in bestimmten Situationen. Ich würde vollständige Austrocknung mit uneinsichtiger Bockbeinigkeit beantworten. Verglichen mit einem Dampftopf gelänge es mir, so viel Druck anzusammeln, daß das Ventil entzwei und der Deckel in die Luft fliegen würde.
Zu befürchten wäre ferner, eine uneinsichtig trockengelegte, künstlerisch tätige Person könnte Talent einbüßen. Es käme darauf an, mich einsichtig zu machen. Einsichtig auch für die Früherkennung des Zuviel.
Da der Professor bezweifelte, daß mir auf Anhieb das Abzählen und das Aussortieren der Tropfen von der Hand gehen würde, schlug er vor, zuerst eine Weile gar keine Tropfen in Gurgelnähe kommen zu lassen. Ich hegte dieselben Zweifel. Ich richtete mich daher nach dem Vorschlag des Professors eine Weile. Die Weile dauerte zwei Jahre an. Nach zwei Jahren fing ich an, vorsichtig zählen zu üben.

Fast genau 37 Monate waren seit dem ersten Gespräch mit dem Professor vergangen, da lag ich wieder im Bett vor ihm: Er kam sofort auf den Punkt. Er sagte: »Sie haben zwei Möglichkeiten noch: wenn Sie weitersaufen wollen, tun Sie's! Nur vergegenwärtigen Sie sich, was die Medien dann tun. Die Medien werden Sie von dem hohen Fernsehturm, auf dem sie Ihnen einen Platz eingeräumt haben, achtkantig runterschmeißen, denn indem man Sie schmeißt, trifft man auch die Leute, die Sie da hingesetzt haben; unten angekom-

men, ist von ihnen aber nicht mehr übriggeblieben, als der nächste Regen wegspült: ja, dann haben Sie einen Grund, sich vollaufen zu lassen. Doch den Weg können Sie auch abkürzen: mit'm Strick oder mit Tabletten. Wollen Sie das?«
»Nein«, schüttelte ich den Kopf vor dieser Horrorvision. »Neinnein.«
Der Professor schoß die letzte Salve: »Dann gibt es nur die zweite Möglichkeit – einsehen, das Saufen anderen zu überlassen. Klar!«
»Jajaja«, schüttelte es mich auch vor jener Horrorvision. Die Kur (schlafen plus reden) dauerte fünf Tage.

Der Professor mutmaßt, ab dem Tag, ab dem ich nicht mehr arbeite, würde ich wieder so viel vertragen wie in meinen scheinewerfenden Top-Schluckzeiten. Der Professor wittert, die nimmermüde Frau Angst sei meine ständige Begleiterin geworden. Sie souffliere mir ständig, ich dürfe nicht ausruhen, ich müsse mich steigern, ich habe heute besser als gestern zu sein und morgen besser als heute.
Ich bin beinahe 'n Fall von Interesse für den Professor geworden. Ich und die Frau Angst.

Peter Gerlach (ZDF-Unterhaltungschef) meint, meine Begleiterin sogar beschreiben zu können: »Sie hat die Füße von Fred Astaire, die Stimme von Sinatra, die Whisky-Hand von Dean Martin und den Charme und den Erfolg von allen dreien – so eine ist das«, sagte er. »Sie hockt dir im Kreuz und zeigt dir die Peitsche wie ein Jockey.«

Ich bin mir so sicher nicht wie die beiden Hellseher. Ich denke mir nämlich, gäbe es die Frau Angst in meinem

Nacken, müßte sie mir vor und während jeder Live-Show die Sporen zeigen. Das aber tut sie nicht. Ich habe wahrscheinlich weniger Lampenfieber als die Leute, die mich fiebernd nach draußen schicken.
Ich habe indessen immer dann ganz offiziell das Zählen der Tropfen vergessen, wenn mir aufstieß, daß ein Vertrag, den ich zwei, drei Jahre zuvor unterschrieben hatte, bei seiner Einlösung nicht den veränderten Bedingungen der Gegenwart entsprach, und ich daran nicht rütteln konnte. Ich brauche die Tropfen dann, um von den Zähnen den Staub wegzuschwemmen. Den Staub vom Knirschen.

Eine Krankenschwester sprach beim letzten Mal auch mit mir. Sie sprach jeweils dann, wenn der Professor nicht sprach. Sie sprach von ihrer Freude, mit der sie die nächste »Musik ist Trumpf«-Sendung erwartete. Und ganz gewiß würde es doch wieder dufte werden, ich sei ja nun mal so'n richtiges Berliner Paradepferd, das trabt und wiehert.
Eine patente Schwester war das. Die hat mir geholfen.

*

Ich mußte ausflippen: das zeigte sich schon bei den Proben. In zwölf Tagen hatte das Stück zu stehen. Das Stück »Hokuspokus« von Curt Goetz. Ein Goetz-Stück (und auch dieser »Reißer in drei Akten«, in dem sich ein geheimnisvoller Mord nach kaum entwirrbaren Verwicklungen verblüffend harmlos auflöst) in zwölf Tagen neu einzustudieren ist eine Zumutung. Die Gastspieldirektion, eine bekannte, mutete zu.

Dann war die Premiere, und es fehlten die Requisiten.
Danach fuhr die Tournee ab, und nun gab es zwar die Requisiten, aber nun wurden fortwährend die Mitspieler ausgewechselt. Alte gingen, neue tauchten auf, hatten keine Ahnung und versuchten, ihre Rolle mit dem Buch in der Hand zu spielen. Ich mußte ausflippen. Es war gar nicht anders möglich. Und ich flippte aus.
Es passierte in Rheinbach bei Köln. Im November 1976.

Wir hatten schon die Mitte des Stückes erreicht. Die große Pause war vorbei. Und mir schien, einige der rund 500 Zuschauer in der Stadthalle von Rheinbach wurden unruhig. Warum? Gab ich ihnen die Veranlassung dazu?
Ich hatte etwas getrunken. Ja. Aber ich hatte nicht so viel getrunken, um deshalb nicht spielen zu können. Doch so viel, um auf Ungewohntes anders als gelassen zu reagieren.
Ich trat an die Rampe.
Was war da hinten?
Ich vermochte es nicht genau zu erkennen. Ich bezog die Störung jedoch auf mich.
Ich unterbrach mein Spiel, hob die Hand, deckte damit das Licht der Scheinwerfer ab und sah jetzt: jemand war aufgestanden und bemühte sich, aus seiner Reihe zu kommen. Er bemühte sich geräuschvoll.
In diesem Augenblick zündete die Lunte da, wo ich Dynamit gespeichert hatte: unterm Scheitel. Ich fragte mich: Was veranlaßt den Zuschauer, so laut zu sein? Ist er so laut, weil er wütend ist? Wütend weswegen? Ich antwortete mir: Deinetwegen! Du bist schludrig heute. Du sprichst nicht sauber. Du hättest nicht trinken sollen. Ich verteidigte mich: Ist das etwa kein Laden, in dem man was trinken muß, um die Mängel zu übersehen? Ist das kein Dilettantismus um

mich rum? Bin ich mit dieser Tournee nicht aufs Kreuz gelegt worden? Ich bin, dachte ich.

Und die Lunte, die zischte.

Ich riß den Mund auf und rief: »Wollen Sie nach Hause gehen?«

Die Leute waren verblüfft.

»Wollen Sie gehen?« rief ich noch mal. Und die Lunte hatte ihr Ziel erreicht. Ich wartete keine Antwort mehr ab. Ich knöpfte mir mit großer Gebärde die Anwaltrobe, mein Kostüm, auf und verkündete: »Dann gehe ich auch. Jetzt ist es Schluß. Ich halte es nicht mehr für notwendig hier – wie heißt der Ort? Rheinbach – hier weiter Theater zu spielen. Aus. Ende. Auf Wiedersehen!«

Und ich drehte mich auf dem Absatz um und war weg.

Der Vorhang fiel.

Die Leute tobten: jetzt hatten sie ja auch 'n Grund.

In der Garderobe fielen die Kollegen über mich her: Ob ich einen Knall hätte? Einen Hammer?! Wo hätte es denn Unruhe gegeben? In der Reihe da hinten, wo der Mann aufstand? Der wollte raus, der hat vielleicht 'ne Sextanerblase, was geht das dich an! Du bist ja überempfindlich! Wenn die Leute bemerkt hätten, daß du was getrunken hast, hätten sie's dir zu Beginn der Vorstellung zu verstehen gegeben, aber nicht weit nach der Pause. Niemand hat was bemerkt. Wir höchstens. Du warst nicht so präzise. Aber das wissen wir, weil wir alle Vorstellungen kennen. Weil wir vergleichen können. Die Besucher heute haben so einen Vergleich nicht angestellt. Die Besucher haben im schlimmsten Fall annehmen können, dich schon mal besser gesehen zu haben. Na wenn schon? Du bist doch kein Automat! Hysterisch bist du! Überdreht!

Der Veranstalter tönte: »Das kostet Sie viel Geld.«
Ich sagte: »Das ist mir Wurscht, was das kostet.«
Die Explosion des Dynamits hatte die Bremsklötze in meinem Hirn pulverisiert. Ich hob ab. Ich flog. Ich flog unheimlich schnell, und ich flog durch die Wand. ›Das kostet Sie viel Geld!‹ Na und!?! Welche Kosten haben mich mal stoppen können? Wenn ich fliege, fliege ich.
»Das ist mir ganz und gar Wurscht, was das kostet«, schrie ich. Und ich langte in den Fettnapf und klatschte mir die Abschminke ins Gesicht.
Dann goß ich mir was zum Trinken ein. Was Hochprozentiges. Und ich drehte mich um und sagte zu Rick Parsé, einem Kollegen: »Besorg mir'n Taxi. Ich will hier weg.«

Ich ließ mich ins Interconti-Hotel in Köln fahren. Rick fuhr mit. Ich bestellte für uns beide eine Suite, und ich bestellte Champagner. Wir tranken den Champagner, und wir tranken auch noch alles übrige, was da so im Kühlschrank stand. Dazu hörten wir Musik.
Die Nacht war lang.
Am Morgen klingelte das Telefon. Rick hob ab. »Herr Juhnke? Ja...«
»Moment«, rief ich. »Wer ist das?«
»Die BILD-Zeitung.«
»Was wollen die?«
»Wegen gestern abend!«
»Ach so – hm. Wart ab. Da werden dann auch noch mehr anrufen. Und wenn se alle zusammen sind, geben wir 'ne Pressekonferenz. Is ein Aufwasch. Ich schlaf jetzt erst noch'n bißchen.«
Ich drehte mich um und tat, was ich sagte. Ich tat es bloß nicht lange.

Das Telefon störte immer öfter.
Ich stand auf.
Ich merkte, die Bremsen bremsten noch nicht. Ich startete durch.
»Ruf die Redaktionen an«, sagte ich zu Rick. »In anderthalb Stunden sollnse kommen. Bestell Frühstück, bestell Champagner und bestell gleich so viel, daß es für die Konferenz reicht.«
Rick telefonierte.
Ich marschierte unter die Dusche und pfiff. Ich pfiff: »Jawoll, meine Herrn, so habn wir es gern...« Und ich rasierte mich, und ich summte: »Aber bitte mit Sahne!« Und ich holte meinen elegantesten Anzug aus dem Gepäck und stellte mich rein.
Ich sah nicht übel aus. Ich mußte nur die Augen aufreißen, die Augen waren verquollen.

Dann kamen sie, die Vertreter der veröffentlichten Meinung. Ich sagte: »Bedienen Sie sich.«
Die Gläser waren eingeschenkt.
Ich fragte: »Was verschafft mir die Aufmerksamkeit? Was führt Sie zu mir?«
Da hieß es: »Gestern abend! Gestern abend haben Sie die Vorstellung abgebrochen!«
Ich sagte: »Gestern? Ach ja.« Ich griff nach meinem Glas.
Einer fragte: »Ja, ist das alles, was Sie dazu zu sagen haben?«
Ich legte den Kopf schief: »Ja, was soll ich dazu sagen?«
Da schmetterte ein anderer: »Das ist doch aber eigentlich unmöglich, nicht wahr?« Und ein dritter bohrte: »Wie wollen Sie das erklären?«
Mir fiel ein, daß ich ja überhaupt nichts erklären wollte, daß ich viel lieber schlafen oder schlucken oder beides abwech-

selnd machen würde. Und mir fiel ein, daß ich den Ton der Befrager nicht leiden konnte, es war der Ton von Verhörern. In wessen Namen verhörten sie mich? Im Namen von Frau Schulze aus Konstanz, Herrn Müller aus Hof, Familie Lehmann aus Kiel?

Ich legte den Kopf auf die andere Seite, ich blickte ins Glas. Gut so.

Denn nun fiel mir ein, Gott sei Dank, was mir einzufallen hatte: Den Schulzes, Müllers und Lehmanns schmeckten die Brötchen nicht, würde ihnen verheimlicht, wie ich den Verlauf des gestrigen Abends erklärte. Die Verhörer konnten nicht hart genug hören, um das zu erfahren, und ich durfte nicht zögern, was zu erklären – wir hatten insgesamt, Verhörer und Verhörter, allein an das Wohl & Wollen der frühstückenden Schulzes, Müllers und Lehmanns zu denken.

Ich dachte mir: Das Ausgefallenste ist gerade das Beste für sie. Und ich sagte: »Prosit!«, trank einen Schluck, und dann drehte ich einen Looping.

»Gut, ich werde Ihnen was sagen: Das war meine letzte Vorstellung.«

»Soll heißen?«

»Soll heißen, ich spiele nicht mehr Theater. Ich habe keine Lust mehr.«

»Was werden Sie dann tun?«

»Singen. Ich werde auf Tournee gehen und singen. Sauflieder werde ich singen. Sauflieder von dem alten Schweden Bellman. Das war ein Barocksäufer. Ich habe gerade 'ne Platte aufgenommen. Lauter Sauflieder.«

»Aha«, machte einer.

Dann erholte sich der nächste. »Und vorher müssen Sie aber noch mit Regreßansprüchen rechnen. Wegen Rheinbach.«

»Gewiß, ja, ich werde da noch Ärger kriegen.«
»Das kostet«, wußte einer.
»Ja, das kostet. Aber was soll's. Ich bin ja Millionär.«
»Millionär!?!«
»Sicher. Seit Jahren.« Ich hob mein Glas. »Sie sehen doch, wie ich hier lebe: ich brauche nicht zu arbeiten. In diesem Sinne: prost!«

Ich beugte mich vor.
Ich fragte, ob das so auch geschrieben würde. Man versicherte mir, ganz bestimmt so. Ich lehnte mich zurück. Ich fühlte Zufriedenheit: die Schulzes, die Müllers und die Lehmanns würden mir kaum nachsagen können, ich hätte sie nicht gut bedient.
So'ne Story regt doch auf, sagte ich mir.
Sie erfreut, weil ich schon Millionär bin und nichts mehr tun muß, oder sie macht sauer, und das auch, weil ich schon Millionär bin und nichts mehr tun muß.
In beiden Fällen sorgt sie für einen Adrenalinausstoß. Und der bewirkt Unternehmungsgeist. Ja, sagte ich mir, da haste viel Gutes getan.

Ich blieb in dem Hotel bis zum nächsten Tag.
Ich las sämtliche Zeitungsberichte, aß wenig und trank um so mehr.
Ich war high, als Rademann anrief. Wolfgang Rademann.
Er hatte gleichfalls die Zeitungen gelesen. Das Adrenalin war ihm ins Blut geschossen, die Gefäße hatten sich verengt, der Herzschlag beschleunigt. Wolfgang Rademann fragte entsetzt: »Was ist los?«
Ich antwortete: »Nischt, jar nischt. Ick hab ma bloß'n Jux jemacht, 'n kleenen.«

»'n kleenen nennste det?« Rademann stöhnte auf. »Du bist irre.«

*

Den Wolfgang Rademann kannte ich seit langem. Da war er noch Reporter, als wir uns das erste Mal begegneten. Ich moderierte Werner Müllers »Schlagermagazin«. In Hannover. Und Wolfgang Rademann interviewte mich.
Es war das Standard-Interview mit der Standard-Frage: Und was sind Ihre nächsten Pläne?
Wir haben uns dann über Jahre nicht mehr gesehen, obwohl wir beide in Berlin wohnen. Wir sind erst wieder aufeinander zugekommen, nachdem Rademann den Reporter an den Nagel gehängt hatte und selbständiger Fernsehproduzent geworden war (Peter-Alexander- und Anneliese-Rothenberger-Show). Er schrieb mir eines Tages einen Brief. Er teilte mir mit, er hätte mich im Theater gesehen, und ich hätte ihm so gefallen, daß er irgendwann irgendwas mit mir fürs Fernsehen produzieren wolle. Was, das wußte er vorläufig nicht. Und es verging auch noch viel Zeit, bis er es wußte. Ich spielte im »Preußenkorso Nr. 17« bei Produzent Otto Meissner, meinem Freund, erst fünf, dann neun verschiedene Rollen, die »Sergeant Berry«-Serie lief an – da fand Rademann, was er für mich gesucht hatte. Er sagte: »Was Musikalisches machen se alle. Aber da gibt's wat in Amerika, was es bei uns noch nicht gibt und wat du machen könntest: Sketche spielen.« Er begründete es: »Vielseitig biste, komödiantisch biste, Pointen setzen kannste. Wat hindert uns, so wat zu probieren?«

Nichts hinderte uns.
Auch nicht das ZDF als Abnehmer.
Zu überlegen war nur noch, mit welcher Partnerin diese TV-Sketch-Show einstudiert werden sollte (daß sie Wolfgang Spier einstudieren sollte, war klar; er ist der Beste). Rademann überlegte lange. »Sie darf nicht zu alt sein«, sagte er, »aber ooch nich zu jung. Sie muß 'ne Komödiantin sein und zu dir passen. So was wie du in weiblich sollte se sein, aber so was Verrücktes wie dich in weiblich ham wir wohl nicht.«
So was Verrück – ich habe nicht protestiert. Mich reizte es ja, die Show zu machen.

Grit Boettcher war von Anfang an Favorit. Sie hat die Vielseitigkeit, sie hat den Witz. Und sie ist auch verrückt.
Sie ist es auf ihre Art.
Ihre Art unterscheidet sich von meiner wie Kirschwasser von Kirschlikör. Ihre Art ist die Art einer Seidenraupe, die eingehüllt ist in ein Gespinst von Träumen. Mich mit ihr oder sie mit mir zusammenzuspannen, um ein »Verrücktes Paar« zu kreieren, das quittierte Grit schon als Garantie für Verrücktheit.
Ich hatte einmal erst mit ihr Theater gespielt.
In München.
In dem Stück, das »Kein Problem« heißt, und dessen Aufführung ich zweimal zu einem Problem gemacht hatte.
Getroffen hatten wir uns bereits früher.
Es war in Berlin.
Grit debütierte im Renaissance-Theater. Sie hatte Viktor de Kowa zum Partner. Sie war einundzwanzig Jahre und sah so ungewöhnlich gut aus, daß ihr eine ungewöhnliche Rolle zugemutet worden war. Grit spielte eine Schwedin, die sich in den Kopf gesetzt hatte, ein vollkommenes Kind zu gebä-

ren. Für die Schönheit fühlte sie sich selbst zuständig, für den Geist mußte es ein Professor (de Kowa) sein.

Ich sah Grit, und ich dachte, mit der möchtste mal tanzen.

Ich war dreißig.

Ich denke immer direkt.

Ich hätte mit fünfzig das gleiche gedacht; mit dreißig unternahm ich jedoch was, um zu erfahren, ob ich recht gedacht hatte. Ich ging in der Pause hinter die Bühne, und ich klopfte an die Tür ihrer Garderobe. »Herein«, hörte ich sie. Ich trat ein. Ich stellte mich vor, ich machte ihr Komplimente, ich sagte: »Und wie wär's, wenn wir mal tanzen gingen?«

Sie horchte auf. »Tanzen?«

»Ja«, sagte ich. Ich hatte den Eindruck, die Aussicht freute sie. Ich beschloß, das Tanzen sofort in Angriff zu nehmen. »Nach der Vorstellung hol ich Sie ab«, sagte ich.

Sie fragte: »Wohin gehen wir?«

Ich schlug die Black-Bottom-Bar vor. Ich sagte: »Da ist sehr dufte Musik.«

Grit freute sich immer noch.

Ich strahlte sogar.

Dann war die Vorstellung zu Ende.

Grit sah auch danach so ungewöhnlich gut aus wie auf der Bühne. Ich rief ein Taxi. Wir schwebten in die Bar. Der Kellner entkorkte eine Flasche, wir tranken, wir tanzten. Der Hit hieß »Am Tag als der Reeee-gen kam...«

Es kam der Kellner.

Wir hatten noch nicht das zweite Glas aus. Er bat um Entschuldigung und sagte zu Grit: »Draußen, an der Garderobe, wartet ein Herr. Er hat mir für Sie eine Nachricht gegeben. Bitte.«

Er reichte Grit einen Zettel.

Grit las die Nachricht. Sie schob mir den Zettel zu und stand auf. »Mein Freund«, sagte sie.
Die Nachricht ihres Herrn und Freundes lautete: »Ich wünsche diesen Abend beendet zu sehen.«

Vielleicht wünschte sich ja auch Wolfgang Rademann die Arbeit mit mir wieder beendet zu sehen, bevor sie noch richtig begonnen hatte. Als er mich nach meinem Rheinbach-Trip anrief, war mir, als hörte ich's knattern, so flatterten ihm die Hosen. »Wat hast du erzählt: du spielst keen Theater mehr, du bist Millionär?!? Du bist bekloppt«, behauptete Rademann.
Und er bekannte: »Ich bin unruhig, ick versteh det allet nich. Auch das ZDF ist unruhig.«
Ich fragte: »Warum ist das ZDF unruhig?«
»Na, wenn sie das lesen! Steht doch in jeder Zeitung: du läßt es in Zukunft, du hast keene Lust mehr.«
»Ach, Quatsch«, widersprach ich. »Das eine hat doch nischt mit dem andern zu tun. Ick hab ma um 'ne schöne Story verdient gemacht, na und? Deshalb kann ick doch die Sendung machen.«
»Wann?« entgegnete Rademann. »Du trinkst ja weiter. Du trinkst und trinkst!«
Ich protestierte: »Nee, das is'n Irrtum. Ich trinke nicht weiter. Ruf die Baxevanos an, wenn du meiner Frau nicht traust. Die Baxevanos kennt mich: das dauert jetzt drei, vier Tage, dann ist es vorbei. Und dann machen wir die Sendung. Da passiert gar nichts. Da kannste dabeisitzen und zugukken, ob ich in die Kantine gehe. Da gehe ich nicht.«
»So«, bezweifelte Rademann meine Worte. »So. Na ja, ich melde mich wieder.«
Er legte auf.

Ich bezahlte meine Hotelrechnung in Köln. Susanne holte mich ab. Wir flogen nach Berlin. Ich legte mich ins Urban-Krankenhaus und schlief.
Ich schlief fest und lange.
Dann klingelte wieder das Telefon.
Wolfgang Rademann war dran. Er erkundigte sich, wie es mir ginge. Er sagte, er hätte erfahren, ich sei nun mal so, wie ich bin. Aber auch Susanne habe ihm bestätigt, für 'ne Zeit sei erst mal Ruhe. Er versprach: »Ich warte das jetzt acht Tage ab. Dann werden wir sehen, was ist. Dann werde ich Bescheid geben.«
Ich bedankte mich.
Ich wollte die Show ja nie nicht machen.

Wolfgang Rademann meldete sich jeden Tag nun bei mir im Krankenhaus. Mein Geistes- und mein Gesundheitszustand interessierten ihn.
Er meldete sich auch am achten Tag.
Bis zum achten Tag hatte er noch Wolfgang Spier gesprochen. Wolfgang Spier hatte ihm gesagt, er wüßte keinen, der an meiner Stelle die Show machen könnte. Dann wäre es gescheiter, Rademann gäbe das ganze Projekt auf. Ich sei vielleicht irre, ich sei es bestimmt, aber ich sei es sporadisch.
»Paß mal auf«, sagte Rademann jetzt, »ich habe mir das hin und her überlegt. Ich bin zu dem Entschluß gekommen, die Sendung wird gemacht, aber du unterschreibst mir einen Passus im Vertrag, daß du nun wirklich während der Drehzeit nischt trinkst. Biste – ich meine, biste damit einverstanden?«
»Wenn dich det beruhigt: warum nicht?!«
Ich wollte die Show ja immer machen.

Die Show »Ein verrücktes Paar« wurde in Berlin probiert, in Hamburg produziert. Wolfgang Rademann sah es: Ich trank keinen Schluck Alkohol.
Bei der Abschlußfeier hatte er auch die allerletzte Falte aus der Stirn gebügelt. »Nu komm«, sagte er zu mir, »nu sollst du ooch 'n Glas kriegen...«
»Nee«, wehrte ich ab. »Weg, weg, weg damit!«
Ich wollte ja nicht bloß die eine Show machen.

Ich machte nicht bloß die eine Show.
Die eine, die erste, lief drei Monate später schon im Programm. Sie lief so gut, daß die Programmacher jauchzten. Da fiel die Entscheidung, weitere Show-Folgen zu senden, und ich ertappte Wolfgang Rademann, wie er für zehn lange Sekunden vergaß, dem Erfinder der Last, des Argwohns und der Plage zu gleichen.
»Wir ham 'n Knaller jeborn«, triumphierte er.
»Sachick doch«, sagte ich und nuckelte an einer Selter.

Im Februar 77 war »Ein verrücktes Paar« gestartet. Unmittelbar darauf starteten die Dreharbeiten zur Fallada-TV-Serie »Ein Mann will nach oben« für mich. Ich spielte den nicht sehr sympathischen Fuhrunternehmer Wagenseil: nicht sehr sympathisch und versoffen. Es gelang mir, beides zum Ausdruck zu bringen. Die Dreharbeiten waren eben beendet, da fing ich mit den nächsten an. Mit denen für »Ein Mann für alle Fälle«. Und ich spielte Theater außerdem. Jeden Abend. Das erste Stück war kein großer Erfolg, das zweite ein um so größerer: »Spiel mit dem Feuer«. Drei Kollegen halfen mit, drei Kollegen der Spitzensorte (Karin Eickelbaum, Barbara Schöne und Horst Niendorf); gute Regie (Jürgen Wölffer); sehr gute Kritik (Friedrich Luft) –

am Schluß hatten wir 288mal mit dem Feuer gespielt. Und ich erhielt obendrauf den Berliner Bühnen-Oscar für Arme, den »Goldenen Vorhang«. Es war wie bei 'ner Rose. Einer Rose, die noch nie vollständig erblüht war: auf einmal brachen alle Knospen auf. Die Angebote überschlugen sich. So viele Leute wie niemals zuvor waren sich einig geworden: auf den Juhnke, den Pumpaklacks, können wir nicht mehr verzichten. Susanne fragte: »Was ist das? Ist das Glück, ist das Entwicklung oder...?«

Ich nippte an einer Bitter Lemon.

»Schön ist's vor allem. Wunderschön. Und so kann es weitergehn oder...?«

Das Telegramm kam am Freitag. Freitag, dem 19. Januar 79. Darin stand: »Gratuliere für letzte abgedrehte Folge ›Verrücktes Paar‹. Erwarte dringend Anruf, Peter Gerlach.«

Ich rief ihn vom Theater aus an. Von der Kleinen Komödie in Hamburg, da spielte ich. Es war kurz vor der Vorstellung.

Gerlach meldete sich gleich und fragte, ob ich sitze. Ich erwiderte, nein, ich stehe, der Apparat im Theater hängt an der Wand.

Na ja, gut, halten Sie sich fest, riet er. Und dann stellte er die Frage, was ich zu »Musik ist Trumpf« sagen würde. Ich verstand ihn nicht. Ich erkundigte mich, ob er meinte, wie ich die Sendung fände.

Nein, sagte er, nicht das. Sondern wie ich es fände, wenn ich die Sendung weitermachte. Nun, nachdem Peter Frankenfeld tot war.

Ich wußte nicht, was ich antworten sollte. Das Angebot kam zu überraschend.

Peter Gerlach begriff es. Nichts sagen jetzt, sprang er mir

bei, legen Sie wieder auf und rufen Sie mich zurück bis Sonntagmittag. Bis Sonntagmittag deshalb, erläuterte er, weil er dann mit Dieter Stolte, dem Programmdirektor, nach Wien müßte. In Wien erwarteten die österreichischen und die schweizerischen Produktionspartner des ZDF einen Vorschlag, wie die Sendung fortgesetzt werden könnte. Er, Gerlach, wenigstens glaubte, ich wäre für eine Fortsetzung der Richtige.

Ihm zu widersprechen, hätte ich als unhöflich empfunden.

Ich verabredete den Rückruf bis Sonntag.

Ich dankte und legte auf.

Dann wählte ich Susanne an. Ich mußte mich mitteilen. Ich drohte zu ersticken: am liebsten hätte ich gesungen, gesoffen und mit Scheinen um mich geworfen. So ein Quentchen Vernunft hielt mich zurück. Ich wollte noch rauskriegen, was Freunde zu diesem Angebot sagten.

Susanne sagte nichts.

Susanne war sprachlos.

Ich hatte damit gerechnet: Susanne fürchtet sich weidlich vor Fußangeln. Ich sagte, ich würde noch ein bißchen rumtelefonieren. Ja, redete sie, tu das. Ich klingelte einen Freund an. Einen, der nicht aus der Branche ist. Ich fragte nur, was er sagen würde, wenn ich zu all dem, was ich schon machte, nun das ooch noch machen würde. Na Mensch: machen! schrie er. Mir war sehr wohl. Ich sah zur Uhr. Ein paar Minuten hatte ich noch Zeit. Ich wählte weiter. Eine Nummer war besetzt, eine läutete vergeblich. Endlich erwischte ich noch jemanden. Mohr von Chamier. Er mußte mir versprechen, kein Wort zu verraten, dann sagte ich's ihm, und er – er zögerte einen Moment. Schließlich meinte er: »Nee, Harald, ich würde das an deiner Stelle nicht annehmen.«

Ich hatte das Gefühl, er war als freier Produzent gegen dieses Angebot des ZDF-Giganten für mich. Er hat vielleicht Angst, sagte ich mir, mich dann nicht mehr für seine Produktionen zu kriegen. Aber das war doch Unsinn. Ich nahm mir vor, ein zweites Mal mit ihm zu reden, als er es von sich aus tat. Die Vorstellung war zu Ende, da wurde ich ans Telefon geholt. Er sagte, er hätte sich die Geschichte noch mal durch den Kopf gehen lassen: »Ja, das ist natürlich jetzt für dich die Sahne auf den Kuchen. Und vergiß mal, was ich vorhin geredet habe, ich denke, wenn du dich dazu berufen fühlst und vor dieser Aufgabe keine Angst hast, dann mach das, Harald, und ich drück dir die Daumen.«

Ich bin danach noch mit mir ins reine gegangen.
Das heißt, ich bin in mein Hotel gegangen, ich habe mich in die dunkelste Ecke der Bar gesetzt und habe mir eine dicke Zigarre servieren lassen. Dazu ein großes Glas Bitter Lemon. Bitter Lemon mit'm Tröpfchen Gehalt.
Nach der halben Zigarre war ich mit mir im reinen.
Das wirste tun, entschied ich. Und ich entschied auch, gleich am nächsten Tag, am Samstag, bei Gerlach anzurufen. Bis Sonntag konnte ich nicht mehr warten.
Ich mußte es loswerden. Ich schäumte vor Euphorie.
Ich rief schon am Samstag vormittag an. Peter Gerlach zeigte sich nicht überrascht.
Er gestand mir, er seinerseits hätte es auch nicht abwarten können. Er sei bei Stolte bereits gewesen. Er hatte einfach vorausgesetzt, ich würde dem Angebot nicht widerstehen. Er kenne mich ja schon ein Weilchen: wenn's ums Ganze gehe, wäre ich immer vorne zu finden. Und Stolte? Stolte sei gleichfalls sofort dafür gewesen, der hielte mich eh für'n Multitalent (hier unterbrach ich, hier gebot es das Schamge-

fühl: »Könnte ich das nicht vielleicht schriftlich haben«, fragte ich), spätestens am Montag früh dann also erhielte ich endgültig Bescheid, ob sich auch die Produktionspartner im Sinne des ZDF entschieden hätten. Er glaube bereits jetzt fest daran. Denn dem Supershowmaster Frankenfeld einen Showmaster folgen zu lassen, ergäbe den Verlust des Super. Ein Mehrzweckmann für alle Fälle wäre der Fortsetzung der Sendung dienlicher.

Um 11 Uhr, am Montag vormittag, wußte ich es dann sicher: ja, die Österreicher und die Schweizer hatten sofort zugestimmt. Um 16 Uhr, sagte Gerlach, geben wir an die Nachrichtenagentur ein Schreiben heraus. Um 11 Uhr 10 jedoch wußte es auch schon die BILD-Zeitung. (Wie macht die das?)

Ich sagte zum ersten Mal an diesem Tag, wie sehr ich mich freute. Bis zum Abend durfte ich es noch zwei Dutzend mal sagen. Bis zum Abend riefen zwei Dutzend Redakteure von ebenso vielen Zeitungen an. Ich staunte, was so'ne kleene Meldung fürn Aufsehen erregte.

Da wurde es 19 Uhr.

Im ZDF lief die »heute«-Nachrichtensendung an.

Mein Vater, vollreife einundachtzig, saß vorm Bildschirm und sah und hörte zu.

Plötzlich, zum Ende der Sendung, wird ein Foto von mir eingeblendet. Vater zuckt zusammen. Ein Foto von einem Schauspieler während der Nachrichten hat bisher noch immer was Schlimmes angekündigt, schaltet Vater, was – da beginnt der Sprecher: »Der neunundvierzigjährige Schauspieler Harald Juhnke...«

Vater greift zur Hörbrille, er will es deutlicher hören. Er greift zu hastig. Die Hörbrille rutscht ihm von den Ohren,

er sieht nichts, er hört nichts, er denkt bloß: Um Gottes willen, was ist da passiert?
Er findet die Hörbrille wieder, als das Wetter beschrieben wird. Er ruft bei Susanne an. Susanne meldet sich nicht. Er ruft einen Freund an. Der meldet sich auch nicht. Da sagt er sich, nun hilft es nichts, nun muß ich im Haus rumfragen. Und er klingelt einmal, er klingelt zweimal. Endlich, beim dritten Mal, öffnet ein Hausbewohner. Vater grüßt kurz, Vater ist aufgeregt, Vater will fragen...
»Aber da kam ich gar nicht mehr zu«, erzählte mir Vater, »da gratulierte der Nachbar schon. Und da hab ich mir gedacht, wenn der mir gratuliert, kann ja nischt Schlimmes passiert sein. Na ja, und drei Minuten später hab ich's ja dann auch erfahren. Drei Minuten hat's gedauert, bis ich erklärt hatte, weshalb ich noch immer nischt wußte.«

Danach lief alles auf mein »Musik ist Trumpf«-Debüt zu. Geradewegs lief es. Und mir schien, halb Deutschland beschäftigte das Rätsel: Fällt der Junge auf die Füße, oder fällt er auf'n Bauch?
Am 31. März 79, nach 120 »Trumpf«-Minuten, war es gelöst.
Die einzige miese Kritik, die ich bekam, stand im »Neuen Deutschland«. Auf Seite 1 brachte es ein Foto von mir und einen Artikel mit der Überschrift: »Neuer Showmaster der BRD bezeichnet Cottbus als BRD-Stadt«.
Ich hatte das gar nicht getan.
Ich hatte nur zu Anfang der Sendung gesagt: »Ich begrüße alle Zuschauer zwischen Flensburg und Konstanz, zwischen Aachen und Cottbus.«
Aber das macht ja auch nichts. Erwähnenswert ist daran vielmehr, daß das »Neue Deutschland« bescheinigt hat, des

Rätsels Lösung war bis einschließlich Cottbus 'ne deutschdeutsche Angelegenheit.

Ich nuckelte jetzt nicht mehr nur an Mineralwasser, alkoholfreiem Bier, Kaffee, Tee. Seit Jahresbeginn 79 gestattete ich mir hin und wieder ein Tröpfchen. Ich zählte sie bedachtsam. Ich bewilligte sie mir nicht täglich, aber alle paar Tage wieder.
Alle paar Tage wieder ohne Brimborium.
Ohne Reue sowieso.
Ich fand, ich hätte den Bogen allmählich raus. Ich würde beinahe schon so'n vollwertiger Mensch wieder wie früher sein. Ganz früher.
Ich suchte keinen Anlaß, die Probe aufs Exempel zu machen, der Anlaß stellte sich von selber ein.
Wie immer.

Am Morgen wußte ich es noch nicht; am Morgen wußte ich nur, abends werden sie alle heulen; es war die letzte Vorstellung im Münchner T(h)eater in der Brienner Straße: Abschied.
Uschi Glas würde vor sich hin weinen, der Naumann ein paar Wodka kippen; anfangs ganz traurig, später ein wenig gelöster; ein wenig nur: er hat sich so gut in der Gewalt.
Da ist die Drei-Liter-Flasche Champagner in der Garderobe, die wir geschenkt bekommen haben; Uschi hat gesagt, die muß sie mit mir trinken. Ich will das nicht, habe ich ihr schon geantwortet; ich kann heute abend nicht die Drei-Liter-Flasche mit dir trinken, ich muß meine Sachen noch packen; und was soll's denn: die ganze Zeit bisher wurde ich so runtergespielt und jetzt – jetzt wird sie sentimental.
Nein, wir werden die Pulle aufmachen, ein paar Gäste

bitten, jeder kriegt ein Glas, und dann hat sich das; und dann setz ich mich da auch nicht mehr hin, dann geh ich. Und die Barbara seh ich ja auf der Tournee gleich wieder. Diese Tournee...

Weshalb habe ich diese Tournee abgeschlossen? Und weshalb vor 'ner Ewigkeit und nicht jetzt? Jetzt ist alles ganz anders; jetzt würde ich gern die Uschi mit auf Tournee nehmen und nicht die: wie heißt sie? Ich kenn sie nicht. Ich will sie gar nicht kennenlernen...

Der Duna muß ein Bombengeschäft gemacht haben; meine Güte, so viele Doppelvorstellungen; ich weiß überhaupt nich: wir Schauspieler ham alle 'n Knall, daß wir dauernd so mit uns rumspringen lassen: wer schafft denn die vollen Häuser? Die Schauspieler...

Ist doch idiotisch, daß ich mich schon wieder an 'ne neue Partnerin gewöhnen muß, ist doch: na ja, vielleicht hat sich Uschis Freund dahintergeklemmt, daß der Landgraf keen Anjebot – Uschi würde schon. Ich wette, die würde, die – gut wär det aber wohl nicht...

Susanne ist sauer! Warum, um Himmels willen? Kennt sie mich immer noch nicht? Dann hätte sie 'n Bäcker heiraten müssen, 'n Bäcker is morgens um viere auf und abends froh, daß er ins jemachte Bett fallen kann, 'n Bäcker hat – sie ruft jar nich an! Warum ruft se nich – sie könnte wirklich, ich habe doch nichts gemacht, das wird doch alles bloß so aufgepustet mit Uschi, das hat doch nichts zu bedeuten: sie jefällt mir, na und? Sie hat so was – so was – aber det hatse ja ooch wieder nich, is ja Quatsch, det bilde ick ma ein, von wejen Happy-Girl. Sie ist 'ne Geschäftsfrau, 'ne bayerische: die lachen mit de Nase; die vom Viktualienmarkt riechen die Kundschaft, gloob ick, ›Grüaß Gott, der Härr, schaun'S...‹ Anrufen könnte se nu schon!

Wat macht Oliver?
Ick möcht ja wissen, wat los is, ick möcht mich ja ooch entschuldigen; sich umzudrehn und nach Berlin abdampfen is doch keene Art nich, hätte se ooch warten können...
Auftragsdienst! Wenn ick anrufe: Auftragsdienst!
Wat war denn dabei? Soll ich wie'n Mönch leben?
Auftragsdienst.
Ich kann nicht wie'n Mönch leben. Ick bin ooch keene vierzehn mehr, ick werd unruhig, wenn – viertel sieben? Muß ich los, muß ich ins Theater.
Scheiß-Auftragsdienst...

Diese letzte Vorstellung in München war – also wie war sie? Bacchantisch war sie, ja. Von einer Firma war sie gekauft worden, die Leute kamen beschwipst an; sie haben uns sofort Champagner hinter die Bühne geschickt, und es war ja schon genug dort. Da haben wir gesagt: Nu isset ejal. Und morgen is keene Vorstellung. Auch nicht für uns, die wir die Tournee machen sollen.
Aber wir mußten natürlich dorthin fahren. Am nächsten Tag. Nach Leverkusen: Hotel Ramada. Wat et für Namen jibt!
Und ich hatte noch kein Hemd eingepackt: kein Hemd, keine Hose. Nischt.
Und alle haben Auf Wiedersehn gesagt. Und jedes Wort haben wir begossen.
Bacchantisch war diese Vorstellung, ja: noch was getrunken und noch was und noch was. Ich war an dem Abend wie abgefüllt.
Und ich bin dann aber doch nach Hause, ich mußte ja packen, ich wollte es. Aber zuerst telefonierte ich. Ich telefonierte mit Gott und der Welt, und ich trank.

Als Uschi mich noch mal anrief, fragte sie: »Hast du denn schon gepackt?« Ich sagte ihr: »Noch keen Stück.«
»Soll ich dir helfen? Soll ich vorbeikommen?«
»Nee, kannst mir jetzt nich helfen«, habe ich ihr gesagt, »mir is nich mehr zu helfen.«
Und sie hat sich damit wohl nicht zufrieden gegeben. Sie hatte ihre Pfadfinderminute. Sie rief noch den Sekretär von Hellmuth Duna an und gab Bescheid: »Kümmerst dich mal um den Harald, gell, daß der morgen in der Früh in das Flugzeug steigt.«
Pfadfinderin.
Als ob ich – ich bin nicht in das Flugzeug gestiegen.
Der Helmut Schmid wollte mich ja abholen, der sah mich und erschrak. Er sah mich in einem Zustand, der eingerahmt war: Gläser standen da rum und Flaschen. Volle, halbvolle und leere. Helmut dachte auch, ich sei nicht alleine; ich war aber alleine, er hätte sich überzeugen können, ich war es, ich hatte nur nicht gepackt, und ich sagte, ich käme hinterher. Ich nähme das nächste Flugzeug.
Da ging Helmut. Und ich goß mir ein Glas voll. Und ich spürte, ich würde nicht gleich hinterherkommen, ich hatte eine Ausrede benutzt, die Tournee, diese Scheißtournee, ich wollte sie nicht machen, sie kotzte mich an. Wie eine Wand stand sie vor mir, ragte empor; ein Berg war sie: ich fühlte, ich flippte, und ich steuerte unmittelbar auf die Bergwand zu. Susanne hatte auf Auftragsdienst geschaltet.
Ich brauchte keinen Auftragsdienst.
Ich brauchte – ein Echo brauchte ich. Dieses Echo, das ich immer brauche, wenn ich flippe: ich zog mich sehr sorgfältig an. Sehr teuer. Ich ziehe mich immer sehr teuer und sorgfältig an, wenn ich flippe: ich fuhr in den Bayerischen Hof und setzte mich an die Bar. Ich bestellte Champagner und bedau-

erte das Verhängnis der Münchner, denn die Münchner mußten erdulden, was ich am stärksten bedauerte: ich hatte ihre Stadt zu verlassen. Ich beklagte ihr Los, und ich beklagte mein Los. Ich verfluchte die Tournee.

Ich trank zwischendurch. Ich hatte Durst. Riesigen Durst. Ich war mir klar, ich steuerte ohne Umwege auf den Berg zu. Ich zählte die Tropfen nicht. Schon lange nicht mehr.

Ich kam nicht an diesem Tag nach Leverkusen.

Ich kam noch mal in meine Wohnung. Für eine kurze Nacht. Und am nächsten Morgen kam der Theatersekretär. Der, der die gute Tat ausführen sollte. Ich war relativ nüchtern.

Er vollbrachte die Pfadfinderei, er lieferte mich bei der Lufthansa ab. Auf dem Flughafen. Clipper Club, Senator Lounge, wo die Stewardess war, die sich schon immer gewünscht hatte, ich würde einmal vorbeikommen. »Herr Juhnke«, glühte sie, »der Champagner steht kalt!«

Was sollte ich antworten? Ich antwortete: »Gießen Sie ein, bitte schön.« Und die Maschine – das kommt gewöhnlich zusammen – die Maschine hatte Verspätung. Die Flasche zu leeren war keine Mühe.

Nach dem zweiten Glas verriet ich der Stewardess, wie ungern ich München verließ. Nach dem dritten Glas verwünschte ich den Grund meiner Abreise. Nach dem vierten Glas – die Maschine war aufgerufen – bemerkte die Stewardess klug: »Fahren Sie doch nicht. Bleiben Sie, oder fliegen Sie nach Berlin. Erklären Sie, Sie können nicht. Gehen Sie zu Ihrem Arzt. Aus, Ende der Durchsage.«

Ich lachte etwas gequält. Ich sagte: »Neenee, das geht ja so nicht, ich muß da spielen, ich muß da hin.«

Und ich bin dann geflogen.

Nach Köln.

Von Köln bin ich nach Leverkusen gefahren. Ins Hotel. Im Hotel habe ich Jürgen Wölffer gesucht, den Regisseur.
»Du«, habe ich gesagt, »ich spiele nicht. Ich kann nicht.«
»Um mir das zu sagen, hättste nicht herkommen müssen«, reagierte er sauer.
Aber dann organisierte er: »Gut, bleib bei der Probe heut' abend weg, das mach' ich für dich. Schlafe. Und die Sachen im Kühlschrank, die nehm' ich raus, damit du nicht...«
»Blödsinn«, fiel ich ein. »Ich kriege, was ich will. Für Geld kriegste alles von Leuten, die wat zu verkoofen ham, Jürgen!«
So war's auch.
Er fegte den Kühlschrank leer, ich bestellte mir per Telefon, was ich wollte. Ich wollte allerhand.
Ich war noch am Flippen. Meine Position: zweitausend Meter vorm Aufprall auf die Bergwand.
Es hätte ein Orkan gegenanblasen müssen.
Der blies nicht.

Jürgen hatte gesagt, zweimal schon hätten Zeitungsleute nach mir gefragt. Sie witterten etwas. Da rief ich in Hamburg bei BILD an. Den Bartels, dachte ich, den kennste. Dem sagste, was los ist.
Und ich sagte, was los war. Ich sagte: »Ich werde wahrscheinlich nicht spielen, ich bin auf dem Schampus-Trip. Und Lust hab ich ooch keene.«
Bartels redete auf mich ein: »Mach keine Sachen, Harald. Spiele, und es ist alles in Ordnung. Nichts steht im Blatt. Und fürs Interview schick ich dir zwei Reporter. Denen erzählste, wieviel du in den letzten Wochen getan hast, und daß es dir in München so gut gefallen hätte, Abschieds-

schmerz undsoweiter – das hast du doch drauf! Du klingst doch gar nicht betrunken!«

Am nächsten Nachmittag war ich auch nicht betrunken. Am nächsten Nachmittag, als Jürgen aus meinem Zimmer ging, als in der Halle zwei Reporter warteten, und ich tausend Meter vor der Karambolage war.
Ich hätte spielen können.
Ich hätte wahrscheinlich so gut gespielt, wie ich diese Rolle seit Wochen, seit Monaten gespielt hatte. Wahrscheinlich. Jedoch war da dieses Gefühl der Schuld aufgetaucht, der Scham. Dieses schlechte Gewissen. Ich konnte es nicht verdrängen.
Ich kannte es auch schon.
Es ist bisher noch immer aufgetaucht, wenn ich geflippt bin. Und es beschleunigte auch noch immer das Tempo, mit dem ich hinlenkte auf den Zusammenstoß.
Es hockte im Nacken und löcherte mich mit Vorwürfen: Wie konnteste die Generalprobe ignorieren, sind doch zwei neue Kollegen! Wie konnteste dich aufführn wie 'n Graf Koks aus der Meiningerzeit – spielste auch so?! Biste denn eigentlich fit, daß se es dir nicht anmerken, was de dir da geleistet hast – die Kollegen und die Zuschauer?
Es hockte im Nacken und hämmerte wie 'n Specht.
Ich kannte den Vogel.

Ich hielt es nicht länger aus.
Ich stand auf, öffnete die Tür und bewegte mich auf die Treppe und von der Treppe auf die Bar zu. Ich bewegte mich wie programmiert. Ich sagte: »Geben Sie mir erst mal 'n bißchen Wodka…«
Ich sagte: 'n bißchen. Ich hätte auch sagen können: 'n

dreistöckigen. Es wäre auf dasselbe rausgekommen. Es kommt in solchem Moment immer aufs selbe raus: der Motor sprang an. Ich flippte aufs Aus zu.
Ich verließ das Hotel, die Reporter liefen hinter mir her. Ich sagte ihnen, sie wüßten von ihrem Chef ja, daß ich nicht spiele. Sie versuchten, mich umzustimmen. »Wir fahren Sie dahin, wo Sie hinwollen«, sagten sie. »Aber überlegen Sie doch, was das fürn Zoff gibt, wenn Sie nicht spielen...«
Ich überlegte es nicht.
Ich überlegte nur, wo ich ungestört etwas trinken konnte.
Wo ich ungestört gegen den Berg krachen konnte.
Ich zog durch die Kneipen.
Die beiden Reporter zogen mit.
Sie riefen ständig in Hamburg an, und sie schleppten mich ans Telefon. Am anderen Ende hing Bartels. Er beschwor mich: »Geh ins Theater, Harald, geh!«
Ich ging nicht. Kurz vorm letzten Termin dann prophezeite er mir: »Harald, wenn die Vorstellung platzt, haben das morgen alle auf der Titelseite. Und wir auch. Ich kann das nicht zurückhalten. Du bist die Headline, wenn du die Vorstellung nicht spielst.«
Es war mir egal.
Mir war alles egal.
Ich wartete auf den Krach.
Bartels rief: »Aber Harald, du weißt nicht, was du tust! Du ruinierst dich! Dich und Deine Familie! Du...«
»Dann tu ich's, dann isses eben so, dann isses aus und Ende und kaputt!«

Als mich Helmut fand, war die Vorstellung geplatzt. Er fand mich in einer Kneipe.
Ich erkannte ihn noch.

Ich fragte, ob er 'ne Pistole hätte, 'ne Pistole sei Medizin für mich. Helmut hatte keine Pistole. Er hatte Kraft.
Er warf mich in sein Auto und brachte mich ins Hotel. Er schaffte mich in mein Zimmer.
Lilo kam nach. Lilo Pulver, seine Frau, die am nächsten Tag ihren fünfzigsten Geburtstag zu feiern gedachte. Sie gaben mir Beruhigungsmittel. Ich sollte schlafen.
Lilo sagte: »Fahr nach Berlin morgen, leg dich ins Spital, du kommst sonst aus dieser Sache nicht raus. Alles andere bringt nichts. Du fängst andernfalls wieder an. Du hast dich in etwas verkrallt, du bist überarbeitet. Fahr morgen! Die werden hier schon für dich einen Ersatz finden, die Vorstellungen sind schon vorm Jahr verkauft worden, da war den Leuten das auch egal, ob du oder ob es ein anderer spielt. Und nun schlaf gefälligst.«
Ich schlief bis zum nächsten Vormittag.
Ich las alle erreichbaren Zeitungen, und ich wunderte mich, daß ich danach noch existierte. Dann holte mich der Fahrer ab.
Wir fuhren.

Wir fuhren mit dem Auto nach Berlin. Ich hatte es eilig, und ich hatte es nicht eilig. Ich hatte auch Angst. Ich war mir nicht sicher, wie sich Susanne verhalten würde. Die Verbindung war unterbrochen. In Hannover sagte ich zu dem Fahrer: »Ich kann jetzt nicht mehr weiter, ich schlaf jetzt hier im Hotel erst mal 'ne Nacht.« Der Fahrer bog von der Autobahn.
Im Hotel war eine Tagung. Eine Ärzte-Tagung. Und im großen Kongreßsaal gab es ein Unterhaltungsprogramm. Ich bestellte mir Whisky und guckte zu. Dann bestellte ich noch einen Whisky und ging ans Mikrofon. Ich sang: »Und der

Haifisch, der hat Zähne...« Die Ärzte applaudierten. Ich trank noch ein paar Gläser, ich war obenauf, als plötzlich der Motor aussetzte. Ohne Vorankündigung.
Ich sagte noch: »Ich will nach Hause.«

Es war gegen zwei Uhr, als ich zu Hause eintraf.
Susanne beobachtete mich.
Ich bin nicht gewankt. Ich bin ins Haus getreten, bin die Treppen nach oben gestiegen, fast so wie immer. Und ich habe wie immer meine Sachen ganz säuberlich ausgepackt und auf Bügel verteilt.
Ich habe jedoch nur sehr wenig gesagt.
»Na ja, so isset eben«, habe ich gesagt.
Und danach habe ich eine Weile geschwiegen, und dann habe ich gesagt: »Ja – da werd ich mir mal überlegen, ob ich nu in die Klinik gehe...«, als sie schrie.
Es war ihre erste Reaktion.
Ich war froh.
Sie schrie: »Du wirst dir gar nicht überlegen, ob du in die Klinik gehst oder nicht: du gehst!«

XV.

Sybil sagt heute noch, die Karriere, die ich gemacht habe, hätte ich längst machen können. Ich hätte nur, sagt sie, mehr auf die Pflege meiner Begabung, meines Äußeren, meines Umgangs und meiner Lebensführung insgesamt achten müssen. Sie glaubt fest, ich wäre in Hollywood gelandet.
Sybil gratulierte mir zu meiner »Musik ist Trumpf«-Premiere sehr herzlich. Sie anerkannte, daß es eine Karriere ist, die weder von Hintermännern gesponsert noch mit Hintermännern erschlafen wurde.

Ich bin nicht der Typ, der bewußt Karriere macht. Ich habe Karriere gemacht, ohne daß ich mir im klaren darüber war, was das bedeutet.
Vielleicht wäre ein anderer schon mit der Hälfte meiner Karriere absolut happy. Und der und viele weitere haben ja vielleicht darum so oft das Lift-Magensacken, wenn sie mich betrachten: wie kann ein Mensch, der solche Chancen hat, wie kann der die ständig aufs Spiel setzen, fragen die sich.

Als Ernst Stankovski in Hannover las, ich würde dort einen Tag nach ihm gastieren, hinterlegte er eine Notiz für mich. »Lieber Harald«, schrieb mir der selbstquälerische Grübler, »wenn es mir einmal gelingen würde, den Kuppelsaal in Hannover ausverkauft zu bekommen wie Du, wäre das die Genugtuung meines Lebens. Aber wie ich Dich Rattenfän-

ger kenne, gehst Du da wie nichts drüber weg! Herzlichst Dein…«
Ja, Ernst Stankovski hat recht. Ich bin unbekümmerter. Ich mache mir auch nicht den Kopf schwer mit dem Abwägen, wieviel feiner es wäre, als Hamlet den gleichen Beifall von Abertausenden zu gewinnen. Ich finde, der Beifall für einen handfesten Schwank klingt gut. Die bildungstümelnde Unterscheidung zwischen E- (ernst, seriös) und U- (unterhaltend) Beifall ist eine aufgezwungene. Top ist, wer E- wie U-Theater beherrscht.

Ich bin ein Komödiant. Ich nehme jede Rolle wichtig. Jede zu seiner Zeit.
Doch ich nehme keine Rolle so wichtig, daß ich vergesse, wer ich bin.

Wilfried Seyferth schärfte mir ein paar Grundregeln ein für den Aufstieg in die dünneren Luftzonen. Ich beachtete auch diese Regeln nicht selten. Ich beachtete sie aber nur so weit, wie ich sie mit Harald Juhnke aus Berlin NO 20 in Übereinstimmung bringen konnte.

Peter Gerlach hat mal gesagt: »Du kommst mir vor wie einer, der es wider Erwarten bei Tiffany's in New York zum Geschäftsführer gebracht hat. Und alle stehen um dich rum und starren dich an und denken: Hoffentlich macht dieser Elefant jetzt keine falsche Bewegung – sonst gehen die ganzen Vitrinen zu Bruch und damit der ganze Laden.«

»Wenn mir jemand sagt«, erklärte Hans Wölffer einst, »vorm Theater liegt der Juhnke mit'm Messer im Rücken, glaube ich das. Komm' ich aber hin, ziehe das Messer raus und sehe, Juhnke kann spielen, dann hat er zu spielen. Denn die Leute kommen und wollen den sehen.«

Ich denke, irgendeinen verrückten Direktor, der mich engagieren will, treffe ich immer. Mir kommt es nur auf die Rolle an. Wo ich die spiele, ist mir egal.
Natürlich spiele ich eine Rolle lieber am Staatstheater in München (Berlin, Hamburg etc.) als im Stadttheater in Magdeburg.
Ich denke, das ist ein Teil meiner Unabhängigkeitserklärung. Ein Teil, der nicht ausschließt, Wünsche zu haben. Ich wünsche mir, bei Peter Stein mal zu spielen.

Ich liebe Spannung, ich möchte gefordert werden, ich will mich messen. Als mir der Hans-Joachim Stuck erzählte, er fahre Autorennen, weil er den Kampf suche und die Gefahr, da habe ich gedacht, vielleicht hättste Rennfahrer werden sollen.
Oder Rennfahrer ooch noch.

Mein Ehrgeiz ist mit dem Liliom geweckt worden. Mein Rollenehrgeiz. Vorher habe ich den größeren Ehrgeiz gehabt, gut wie sehr gut zu leben. Gut bis sehr gut zu Hause, meine ich.
Ich erinnere mich an Sam Spiegel.
Der fand mich als Brando-Synchronsprecher so gut, daß er sagte, nun würde sein Auge auf mich gerichtet sein. Und zum Fixieren erbat er sich Fotos. Jede Menge. Wir wollten in Kontakt bleiben, und sowie ich Zeit hätte, sollte ich ihn in Amerika besuchen.
Ich schickte keine Fotos. Ich nahm mir nie Zeit.
Ich nahm mir auch nie Zeit, nach Rom zu fahren. Der Mann

der Rossana Schiaffino hatte mich dorthin eingeladen, ein Filmproduzent. Ich drehte mit der Schiaffino zusammen, sie gefiel mir sehr; der Gedanke dagegen, in Rom auf ein Filmangebot zu warten, gefiel mir nicht.
Und als ich eben Susanne kennengelernt hatte, habe ich einen US-Producer das Essen im ›Kempinski‹ allein essen lassen. Ich wußte noch gar nicht, ob ich Susanne heiraten würde. Ich wußte (und weiß) nur, von 1000 Leuten hätten für dieses Essen 999 selbst die Bardot schießen lassen.
Das ist wohl Veranlagung. Ich habe ja auch meinem Vater damals den Weisheitszahn gezogen, von 1000 Schauspielern würde einer was werden. Ich sagte, na gut, dann bin ich der eine.

Ich habe es gern, wenn jemand Herz zeigt.
Herbert Reinecker behauptete kürzlich, er habe noch für keinen Schauspieler geschrieben, der mehr Herzlichkeit ausstrahle als ich.
Er sagte das am Telefon. Hätte er mir gegenüber gesessen, hätte ich ihm für den Satz mein Herz in die Hand gedrückt.

Ich möchte deshalb aber nicht nur Herzbuben spielen. Ich möchte Schurken, Scharfmacher und Ungerechte genauso spielen. Den Löwen sowieso.
Ich möchte nicht, daß es eines Tages heißt, nun ist der Juhnke zu alt für den Hüftschwung im Smoking, und nun ist er erledigt.
Es war das Theater, weshalb ich Schauspieler geworden bin. Ich wäre erledigt erst, könnte ich nicht mehr Theater spielen. Ich möchte Theater spielen, bis ich gar nicht mehr spielen kann, und das, bitte, möchte auch im Theater sein.

Kein Theaterpublikum sollte mich lieben, weil ich so ein Netter bin. Der bin ich ja nicht (oder nicht ständig). Ich möchte, daß es mich liebt, weil ich so überzeugend spiele. Ich möchte, daß es Freude und Betroffenheit mit nach Hause nimmt, daß ich es an- oder aufrühren kann.
Ich möchte das gemeinsam mit großen Kollegen erzielen. Mit Bühnentieren wie Günther Pfitzmann (den nenn ich für alle), mit dem nie stillbaren Hunger auf die nächste Vorstellung und mit jener totalen Leere nach jeder letzten Vorstellung.
Ich möchte... ich möchte.
Ich möchte einmal in Frankfurt/Oder spielen.

Namenverzeichnis